— 财 务 人 员 进 阶 之 道 实 战 丛 书 —

一本书读懂基金管理

要点·实务·案例

新创企业财务人员进阶项目组 ———————— 编写

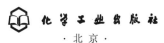

化学工业出版社
·北京·

内容简介

　　《一本书读懂基金管理：要点·实务·案例》一书包括基金管理概述、基金产品开发、基金募集与销售、基金项目投资管理、基金公司风险控制和基金公司客户管理6个章节，对日常应知的基金管理知识进行了系统解读，并结合案例供读者参考。

　　本书采用图文解读的方式，并辅以学习目标、学习笔记、实例等模块，让读者在轻松阅读中了解基金管理的要领并学以致用。本书注重实操性，以精确、简洁的方式描述重要知识点，尽可能地满足读者快速掌握基金管理知识的需求。

　　本书可作为企业管理者、基金管理相关工作人员的参照范本和工具书，也可供高校教师和专家学者作为实务类参考指南，还可以作为相关培训机构开展企业管理培训的参考资料。

图书在版编目（CIP）数据

　　一本书读懂基金管理：要点·实务·案例/新创企业财务人员进阶项目组编写． —北京：化学工业出版社，2023.8

　　（财务人员进阶之道实战丛书）

　　ISBN 978-7-122-43399-2

　　Ⅰ．①一⋯　Ⅱ．①新⋯　Ⅲ．①基金管理-研究　Ⅳ.①F830.91

　　中国国家版本馆CIP数据核字（2023）第077202号

责任编辑：陈　蕾　　　　　　　　　　　　　装帧设计：溢思视觉设计／程超
责任校对：宋　玮　　　　　　　　　　　　　　　　　　E-mail: isstudio@126.com

出版发行：化学工业出版社（北京市东城区青年湖南街13号　邮政编码100011）
印　　装：大厂聚鑫印刷有限责任公司
787mm×1092mm　1/16　印张14¾　字数283千字　2024年6月北京第1版第1次印刷

购书咨询：010-64518888　　　　　　　　　　售后服务：010-64518899
网　　址：http://www.cip.com.cn

凡购买本书，如有缺损质量问题，本社销售中心负责调换。

定　　价：78.00元

前言

　　本书中所说的基金主要指投资基金，基金是一种重要的投资工具，它由基金发起人发起组织，吸收许多投资者的资金，聘请有专门知识和投资经验的专家，运用吸收进来的资金进行投资，并将收益代为储存，定期按投资者所占基金比例分配给投资者。

　　基金管理是指依据有关法律法规及基金合同的约定，对基金产品的设计、资金的募集、基金份额的申购和赎回、收益分配、基金资产的投资运作、经营及风险控制等进行管理的各种活动的总称。基金管理公司（简称基金公司）是对证券投资基金进行发行、管理、登记和销售的机构。基金公司对基金并没有所有权，基金公司在投资过程中只是扮演着基金管理者的角色，基金公司根据所掌握的技术和资源对基金进行管理，使之达到盈利的目的。

　　基金管理业务是指基金管理公司根据专业的投资知识与经验投资运作基金资产的行为，是基金管理公司最基本的一项业务。作为基金管理人，基金管理公司最主要的职责就是组织投资专业人士，按照基金契约或基金章程的规定制定基金资产投资组合策略，选择投资对象，决定投资时机、数量和价格。基金管理公司的第二项业务即受托资产管理业务，受托资产管理业务是指基金管理公司作为受托投资管理人，根据有关法律法规和投资委托人的投资意愿，与委托人签订受托投资管理合同，把委托人委托的资产放在证券市场上从事股票、债券等有价证券的组合投资。基金管理公司的第三项业务即基金销售业务，基金销售业务是指基金管理公司通过自行设立的网点或电子交易网站把基金单位直接销售给基金投资人的行为。

　　基金管理并不是一件容易的事，对于初涉基金业务的经理人来说，更是如此。基于此，我们编写了本书，供读者学习参考。

　　《一本书读懂基金管理：要点·实务·案例》一书包括基金管理概述、基金产品开发、基金募集与销售、基金项目投资管理、基金公司风险控制和基金公司客户管理6个章节，对日常的基金管理知识进行了系统解读，并结合案例供读者参考。

　　由于笔者水平有限，书中难免出现疏漏，敬请读者批评指正。

编者

目 录

第1章
基金管理概述

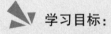 学习目标：

1. 了解基金的本质、与基金相关的主体，掌握基金一生的几个阶段。

2. 了解基金的分类方法及每个方法中的基金类别。

3. 掌握基金的基本要素——投资人、投资公司、基金经理公司、基金托管公司、承销公司、投资顾问委员会。

4. 了解与基金管理有关的法律名称，掌握一些关键内容。

1.1　基金是什么

基金（Fund）有广义和狭义之分，广义上的基金指为了某种目的而设立的具有一定数量的资金，如信托投资基金、公积金、保险基金、退休基金、各种基金会的基金等；狭义上的基金指具有特定目的和用途的资金，平常所说的基金主要是指证券投资基金。

1.1.1　基金的本质是什么

基金的本质就是受投资人的委托对投资人的资金进行理财的行为，如图1-1所示。

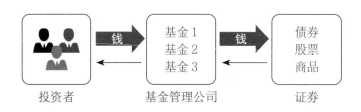

图1-1　基金的本质

1.1.2　与基金相关的主体

与基金相关的主体包括投资人、基金管理人（公司）、基金托管人（公司），如图1-2所示。

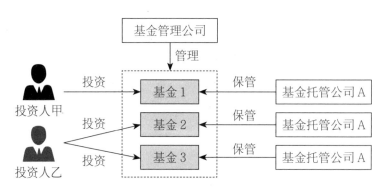

图1-2　与基金相关的主体

1.1.2.1 基金管理公司

基金管理公司(简称基金公司)就是负责管理基金的公司,其主要工作包括设立基金、进行基金运作、帮助投资者获得收益。一个基金管理公司,可以管理多只基金(大的基金公司,基本上都是管理几十只基金)。

1.1.2.2 投资者

投资者主要是投资基金的人,一个投资者可以同时投资多只基金。

当投资者投资了某个基金管理公司旗下的基金时,就相当于投资者与该基金公司签订了一份委托协议,即投资者委托基金管理公司进行投资。

1.1.2.3 基金托管公司

基金托管公司就是被托付来保管基金资产的公司,基金托管公司是基金持有人权益的代表,通常由有实力的商业银行或信托投资公司担任。基金托管公司与基金管理公司签订托管协议,在托管协议规定的范围内履行自己的职责,并收取一定的报酬。

(1)基金托管公司的作用

基金托管公司在基金的运作中具有非常重要的作用,可保障基金资产的安全,保护基金持有人的利益,如图 1-3 所示。

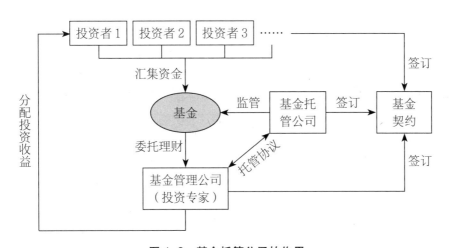

图 1-3 基金托管公司的作用

① 基金托管公司的介入,使基金资产的所有权、使用权与保管权分离,基金托管公司、基金管理公司和基金持有人之间形成一种相互制约的关系,从而防止基金财产挪作他用,有效保障资产安全。

② 基金托管公司通过对基金管理公司的投资运作(包括投资目标、投资范围、投资限制等)进行监督,可以及时发现基金管理公司未按照有关法规要求运作的情况。对于基金管理公司的违法违规行为,也可以及时向监督管理部门报告。

③ 基金托管公司通过会计核算和估值,可以及时掌握基金资产的状况,从而避免"黑

箱"操作给基金资产带来的风险。

每只基金都由一个基金托管公司进行托管，这是由基金管理公司委托基金托管公司进行的。

（2）基金托管公司的主要职责

① 安全保管基金资产。

② 执行基金管理人的投资指令，并负责办理基金名下的资金往来。

③ 监督基金管理人的投资运作，对于基金管理人违法违规的投资指令，不予执行，并向中国证监会报告。

④ 复核、审查基金管理人计算的基金资产净值及基金价格。

⑤ 保存基金的会计账册、记录15年以上。

⑥ 出具基金业绩报告，提供基金托管情况，并向中国证监会和中国人民银行报告。

⑦ 基金章程或基金契约、托管协议规定的其他职责。

1.1.3 基金的一生

基金的一生大概包括图1-4所示的几个阶段。

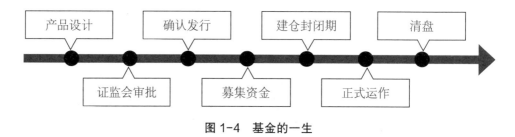

图1-4 基金的一生

（1）产品设计

在这个阶段，基金管理人主要考虑"设计什么样的基金"，他们需要根据市场需求、发展规划等去做决定，比如，预测到接下来的债市行情不错，那可能就设计一只债券基金。

（2）证监会审批

基金管理人决定了运营什么基金后，需要跟市场管理员（证监会）申报，然后由市场管理员审核基金管理人的基金计划。只有市场管理员觉得没问题了，基金管理人才能开始运营。

（3）确认发行

证监会审批通过后，基金管理公司就可以制订发行计划了，包括什么时候发行，在哪里发行等。

（4）募集资金

正式发行后，就会进入募集资金的阶段。

（5）建仓封闭期

新基金资金募集结束后，会有一个短暂的封闭期，即建仓期。这段时间，基金公司主要进行资金清算，并按照产品计划进行初步建仓。

（6）正式运作

经过了建仓封闭期后，就进入了正常的运作阶段。这个时候，基金就可以正常接受申购、赎回了。

（7）清盘

清盘就是一个基金的死亡。基金清盘是指基金资产全部变现，将所得资金分给持有人。而清盘的原因之一就是，基金规模很小，并且持有人不多，基金管理公司不想再运作了，所以根据程序申请清盘。当然，清盘需要达到一定要求，并且经市场管理人同意才行。

1.2 基金的分类

基金分类标准多种多样，依据不同的标准可以分为不同种类的基金，如图1-5所示。

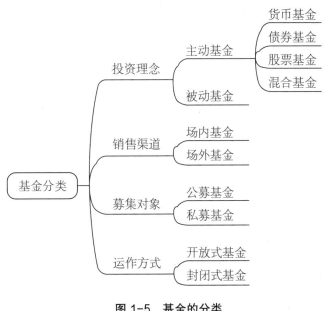

图 1-5 基金的分类

1.2.1　按投资理念划分

1.2.1.1　主动基金

主动基金是以取得超越市场的业绩表现为目标的一种基金。

主动基金根据投资标的的不同，又分为货币基金、债券基金、股票基金、混合基金。

（1）货币基金指仅投资于货币市场工具的基金。

（2）债券基金指基金资产80%以上投资于债券的基金。

（3）股票基金指基金资产80%以上投资于股票的基金。

（4）混合基金指股票投资和债券投资的比例不符合股票基金和债券基金规定的基金。

1.2.1.2　被动基金

被动基金一般选取特定的指数成分股作为投资对象，不主动寻求超越市场的表现，而是试图复制指数的表现，因而通常又被称为指数基金。

1.2.2　按销售渠道划分

（1）场内基金

场内基金，这里面的场指的是证券交易场所，而券商就给投资者提供了一个在交易所买卖的途径。场内基金和买股票一样，绝大多数情况是从投资者手上购买，而不是直接和基金公司买卖。

这种情况类似于从二手市场买卖基金，要在证券交易所进行，所以又叫场内基金，只能在券商软件里交易。

（2）场外基金

场外基金，简单来说是从一手市场购买基金——直接从基金公司购买。基金公司发行基金后，投资者可以向基金公司申购和赎回，也就是人们常说的买卖动作。

在基金销售平台（比如支付宝、天天）购买基金，就属于场外基金。

1.2.3　按募集对象划分

（1）公募基金

公募基金是指以公开方式向社会公众投资者募集资金并以证券为主要投资对象的基金。公募基金以大众传播手段招募，发起人集合公众资金设立投资基金，进行证券投资。这些基金在法律的严格监管下，有着信息披露、利润分配、运行限制等行业规范，主要特征如图1-6所示。

特征一	面向社会不特定投资者公开发行：不需要进行投资者认证，社会大众都可以认购
特征二	受益权凭证：购买以后享受基金上涨或者分红带来的收益
特征三	契约型组织形式：以合同的方式约定各方的权利和义务
特征四	受政府主管部门的监管：主要由证监会、各地证监局进行监管
特征五	以证券为主要投资对象：公募基金主要投资于货币市场、债券市场和股票市场
特征六	以大众传播手段招募：可以在网站、微信公众号、朋友圈等公开媒介进行宣传。私募基金不允许这样做
特征七	信息披露：公募基金管理人需要按照监管要求披露季报、半年报和年报

图1-6 公募基金的特征

（2）私募基金

私募投资基金（以下简称私募基金），是指在中华人民共和国境内，以非公开方式向投资者募集资金而设立的基金。私募基金的投资包括买卖股票、股权、债券、期货、期权、基金份额及投资合同约定的其他投资标的。

私募基金的类型主要有私募证券基金、私募股权基金、资产配置类私募基金。私募证券基金主要投资于公开交易的股份有限公司的股票、债券、期货、期权、基金份额以及中国证监会规定的其他资产；私募股权基金主要投资于未上市的企业股权、上市公司非公开发行或交易的股票以及中国证监会规定的其他资产；资产配置类私募基金主要采用基金的投资方式，对私募证券基金和私募股权基金进行跨类投资。

私募基金运作主要分为募、投、管、退四个阶段，具有图1-7所示的特点。

私募基金姓"私" ☞ 不得向合格投资者之外的单位和个人募集资金，不得通过公众传播媒体或者讲座、报告会、分析会以及布告、传单、短信、微信、博客和电子邮件等方式向不特定对象宣传推介

图1-7

私募基金要登记备案 各类私募基金管理人均应向基金业协会申请登记；各类私募基金募集完毕，均应向基金业协会办理备案手续。但基金业协会的登记备案，不构成对私募基金管理人投资能力、持续合规情况的认可，不作为对基金财产安全的保证

私募基金非"债" 私募基金管理人不得向投资者承诺资本金不受损失或者承诺最低收益，私募基金往往不具有固定收益证券的特点

私募投资重"匹配" 私募基金投资确定了合格投资者制度，从资产规模或收入水平、风险识别能力和风险承担能力、单笔最低认购金额三个方面规定了适度的合格投资者标准。同时，监管制度要求对投资者的风险识别能力和风险承担能力进行评估，并由投资者书面承诺符合合格投资者条件；要求私募基金管理机构自行或者委托第三方机构对私募基金进行风险评级，选择向风险识别能力和风险承担能力相匹配的投资者推介私募基金；要求投资者如实填写风险调查问卷，承诺资产或者收入情况；要求投资者确保委托资金来源合法，不得非法汇集他人资金投资私募基金

私募运作要"透明" 制定并签订基金合同，充分揭示投资风险；根据基金合同约定安排基金托管事项，如不进行托管，应当明确保障私募基金财产安全的制度措施和纠纷解决机制；坚持专业化管理，建立防范利益冲突和利益输送的机制；按照合同约定如实向投资者披露信息

图 1-7　私募基金运作的特点

（3）公募基金与私募基金的区别

公募基金与私募基金的区别如表 1-1 所示。

表 1-1　公募基金与私募基金的区别

区别点	公募基金	私募基金
募集方式不同	公募基金以公开的方式向社会公众投资者募集基金，可以通过电视、报刊、基金公司网站、银行代售等方式公开发行	私募基金不能公开，只能向特定的机构或个人发行

续表

区别点	公募基金	私募基金
产品规模不同	公募基金单只基金的资产规模通常为几亿至几百亿元，股票池通常有几十至几百只股票	私募基金单只基金的资产规模仅有几千万至几十亿元
投资限制不同	公募基金在股票投资上受限较多，如持股最低仓位为6成，不能参与股指期货对冲等	私募基金的仓位非常灵活，既可空仓也可满仓，且可参与股票、股指期货、商品期货等多种金融品种的投资
费用不同	公募基金的收入主要来源于固定管理费，由于公募基金规模庞大，每年的固定管理费足以维持公募基金公司的正常运作	私募基金的收入来源主要为浮动管理费，该费用的收取规则是，私募公司在基金净值每创新高的利润中提取20%作为提成，这就意味着私募公司必须在给投资人持续赚钱的前提下才能盈利
流动性不同	公募基金的流动性非常好	私募基金的流动性则相对较差，且部分私募基金在购买后有6个月至1年不得赎回的限制

1.2.4　按运作方式划分

（1）开放式基金

开放式基金是指基金发起人在设立基金时，基金单位或者股份总规模不固定，可视投资者的需求，随时向投资者出售基金单位或者股份，并可以应投资者的要求赎回发行在外的基金单位或者股份的一种基金运作方式。投资者既可以通过基金销售机构购买基金，使基金资产和规模由此相应地增加；也可以将所持有的基金份额卖给基金公司并收回现金，使基金资产和规模相应地减少。

开放式基金有图1-8所示的特点。

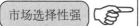

市场选择性强 ☞	如果基金业绩优良，投资者购买基金的资金流入会导致基金资产增加。而如果基金经营不善，投资者通过赎回基金的方式撤出资金，就会导致基金资产减少。由于规模较大的基金整体运营成本并不比小规模基金的成本高，这就使得大规模的基金业绩更好，买它的人更多，规模也就更大。这种优胜劣汰的机制对基金管理人形成了直接的激励与约束，充分体现了良好的市场选择
流动性好 ☞	基金管理人必须保持基金资产充分的流动性，以应对可能出现的赎回。开放式基金不会集中持有大量难以变现的资产，减少了基金的流动性风险

图1-8

透明度高 基于必备的信息披露制度，开放式基金一般每日公布资产净值，随时准确地体现基金管理人在市场上运作、驾驭资金的能力，这对能力、资金、经验均不足的小投资者有特别的吸引力

便于投资 投资者可以随时在各销售场所申购、赎回基金，十分便利。良好的激励与约束机制又促使基金管理人更加注重诚信、声誉，强调中长期、稳定、绩优的投资策略以及优良的客户服务

图 1-8　开放式基金的特点

（2）封闭式基金

封闭式基金是指基金发起人在设立基金时，限定了基金单位的发行总额，筹足总额后，基金即宣告成立，并进行封闭，在一定时期内不再接受新的投资。也就是说，封闭式基金在成立后是不接受申购和赎回的。

（3）封闭式基金和开放式基金的区别

封闭式基金和开放式基金的主要区别如表 1-2 所示。

表 1-2　封闭式基金和开放式基金的主要区别

区别点	封闭式基金	开放式基金
基金规模的可变性不同	封闭式基金有明确的存续期限（中国一般不得少于 5 年），在此期限内，已发行的基金份额不能被赎回。因此，在正常情况下，基金规模是固定不变的	开放式基金所发行的基金份额是可赎回的，而且投资者在基金的存续期间内也可随意申购基金份额，这导致基金的资金总额每日都在发生变化。也就是说，它始终处于"开放"的状态
基金的交易方式不同	封闭式基金发起设立时，投资者可以向基金管理公司或销售机构认购；当封闭式基金上市交易时，投资者就只能通过证券交易系统按市价买卖了	投资开放式基金时，投资者可以随时通过基金公司或第三方销售机构进行申购或赎回，申购、赎回的依据是该基金的净值
买卖价格的形成机制不同	封闭式基金在交易所上市，其买卖价格受市场供求关系影响较大。当市场供小于求时，基金份额买卖价格可能高于基金份额资产净值；当市场供大于求时，基金价格则可能低于基金份额资产净值	开放式基金的买卖价格是以基金单位的资产净值为基础计算的，真实反映了基金单位资产净值的高低
投资策略不同	由于封闭式基金不能随时被赎回，其募集到的资金可全部用于投资，这样基金公司可制定长期的投资策略，取得长期经营绩效	开放式基金必须保留一部分现金，以便投资者随时赎回，而不应尽数地用于长期投资
对市场条件的要求不同	封闭式基金适用于金融制度尚不完善、开放程度较低、规模较小的金融市场	开放式基金的灵活性较大，资金规模伸缩比较容易，所以适合于开放程度较高、规模较大的金融市场

1.3 基金的基本要素

基金有六大构成要素。

1.3.1 投资人

投资人是基金的出资人，也是受益人，他们是基金运营成败的承受者。

1.3.2 投资公司

投资公司是利用大量个人投资者的资金从事一揽子证券投资，以获得个人单独投资难以获得的利益的机构。

1.3.3 基金经理公司

基金经理公司也叫基金管理公司，是与契约型基金操作相适应的基金经营机构，是基金的委托公司，对基金的信托资产有直接的信托责任。

1.3.4 基金托管公司

基金的组成与运作都必须坚持经营与保管相分离的原则，基金管理公司只负责基金的日常管理和操作，对投资者提供基金买卖和咨询服务，并下达投资决策指令。基金管理公司为基金资产设立独立的账户，投资人的出资存放在独立账户内，由基金托管公司依据基金经理公司的指示保管和处置。

1.3.5 承销公司

基金设定后，需募集投资者的资金，并向基金的投资者发行受益凭证，从事这项工作的机构就是基金承销公司。

1.3.6 投资顾问委员会

基金经理公司在经营基金时，通常要聘请有经验的基金经理人或声誉卓著的投资机构或金融财团参与管理，以有效地取得基金资产的投资收益，并减少投资风险。这些经理人、投资机构或金融财团就成了基金的投资顾问委员会。

1.4 与基金管理有关的法律

1.4.1 基金公司管理办法

《基金公司管理办法》是为了规范证券投资基金活动，保护投资人及相关当事人的合法权益，促进证券投资基金和证券市场的健康发展而制定的。该办法未规定的事宜，适用于《中华人民共和国信托法》《中华人民共和国证券法》和其他有关法律、行政法规的规定。

1.4.2 设立及运营方面

（1）合伙制基金设立和运营适用的主要法律是《中华人民共和国合伙企业法》（主席令第五十五号，简称《合伙企业法》）。修订后的《合伙企业法》于 2007 年 6 月 1 日开始实施，确定了有限合伙制度，并单列一章阐述了有限合伙企业的关键要素。

（2）公司制私募股权基金是指以公司形式存在的投资基金，其设立和运营要遵守《中华人民共和国公司法》（简称《公司法》）中关于有限责任公司或股份公司设立和运营的规则。目前施行的《公司法》于 2023 年 12 月 29 日第二次修订通过，并于 2024 年 7 月 1 日生效。

1.4.3 备案管理方面

证监会是私募股权投资行业的主管部门。中国证券投资基金业协会于 2014 年 1 月 17 日根据中国证券监督管理委员会的授权，制定了《私募投资基金管理人登记和基金备案办法（试行）》（中基协发〔2014〕1 号），该办法目前是中国证监会主管期间发布的具体监管政策文件。中国证券投资基金业协会，简称基金业协会（下称协会）按照规定办理私募基金管理人登记及私募基金备案事宜，对私募基金业务活动进行自律管理。基金业协会每季度对私募基金管理人、从业人员及私募基金情况进行统计分析，并向中国证监会报告。基金业协会根据私募基金管理人管理的基金类型设立相关专业委员会，实施差别化的自律管理。

1.4.4 税收方面

（1）合伙制基金的税收主要适用于《关于合伙企业合伙人所得税问题的通知》（财税〔2008〕159 号），合伙企业以每一个合伙人为纳税义务人。合伙企业合伙人是自然人的，缴纳个人所得税；合伙人是法人和其他组织的，缴纳企业所得税。合伙企业生产经营所得和其他所得采取"先分后税"的原则。具体应纳税所得额的计算按照《关于个人独资企业和合伙企业投资者征收个人所得税的规定》（财税〔2000〕91 号）及《财政部国家税务总局关于调整个体工商户个人独资企业和合伙企业个人所得税税前扣除标准有关问题的通知》（财税〔2008〕65 号）的有关规定执行。

（2）公司制基金的税收主要适用于《企业所得税法》。根据《企业所得税法》第三条及第四条，未在中国境内设立机构、场所或在中国境内设立机构、场所但来自中国的收入与该机构、场所并无关联的非居民企业（指于境外司法权区注册且在中国无实际管理实体的机构或实体）均须就其源于中国的收入按20%的税率缴纳企业所得税。同时，根据在中国组建并由中国证监会批准的于中国股票市场买卖股票的证券投资基金（或国内基金）的现行税务体制，股票买卖中所产生的资本收益及国内基金自其所投资公司获得的股息均免征增值税及所得税。

1.4.5 优惠政策方面

中国各地为鼓励当地股权投资企业发展，以带动当地经济发展，目前已出台一些针对股权投资企业或创投企业的优惠政策，优惠政策涵盖税收、房租减免、奖励、办事服务等方面。

1.4.6 特殊行业规范

此外，银保监会（国家金融监督管理总局）根据相关政策对商业银行或保险公司从事的股权投资业务进行监管，商务部依照外资相关法规对外商投资私募股权投资机构实施管理。

学习笔记

请对本章的学习做一个小结，将你认为的重点事项和不懂事项分别列出来，以便于自己进一步学习与提升。

本章重点事项
1. _____
2. _____
3. _____
4. _____
5. _____
本章不懂事项
1. _____
2. _____

续表

本章不懂事项
3. _____
4. _____
5. _____

个人心得
1. _____
2. _____
3. _____
4. _____
5. _____

第 2 章
基金产品开发

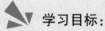 学习目标：

1. 了解基金产品的定义，掌握深交所关于基金产品开发与创新服务的规定和《私募投资基金备案须知》下的私募基金产品设计要点。

2. 了解基金产品的要素，掌握基金产品设计的思路与流程、基金产品线的布置、基金产品定价的要点，掌握从基金后台运营视角关注基金产品设计的重点。

基金产品开发阶段主要由产品计划管理人在相关尽职调查的基础上确定产品开发设计计划。产品管理人根据实际情况选择产品计划的托管人、经纪商（证券／期货）、投资顾问相关当事人，通过全方位沟通，初步确立合作意向，同时，撰写产品计划尽职调查报告，明确产品要素。

2.1 基金产品开发概述

2.1.1 基金产品的定义

基金产品包括常规产品和创新产品。

（1）常规产品，是指基金管理人、投资者权利义务、投资范围及风险收益等方面与已上市基金不存在重大差异的基金产品。

（2）创新产品，是指基金管理人、投资者权利义务、投资范围及风险收益中一个或多个方面与已上市基金存在重大差异的基金产品。

2.1.2 深交所关于基金产品开发与创新服务的规定

《深圳证券交易所基金产品开发与创新服务指引（2019年修订）》中的规定如下。

（1）基金产品的申请与服务

第四条 基金管理人申请开发基金产品的，应当符合下列要求：

（一）具备保障基金正常运作的人员配置、技术系统以及相应的业务制度。

（二）最近一年未发生重大运营风险事件。

（三）已开发本所基金产品的，产品运营情况良好。

（四）本所规定的其他要求。

第五条 基金管理人申请开发的基金产品，应当符合下列要求：

（一）产品定位清晰，具有明确的市场需求。

（二）产品在认购、申购、赎回、交易、登记结算、估值和投资等方面不存在重大障碍。

（三）符合相关法律法规，产品风险可以有效监测、防范和化解。

（四）本所规定的其他要求。

第六条　基金管理人申请开发基金产品，应当向本所提交以下材料：

（一）产品开发申请。

（二）基金合同（草案）。

（三）招募说明书（草案）。

（四）本所要求的其他材料。

第七条　基金管理人向本所提交的产品开发申请，应当包括下列内容：

（一）拟通过本所办理的业务，包括上网发售、上市交易、申购赎回等。

（二）相关技术条件、人员配置以及业务制度等准备情况。

（三）首次申请开发本所基金产品的，应当简要介绍基金管理人基本情况；已开发本所基金产品的，应当说明存量产品运营情况，包括持有人结构、场内规模以及流动性等。

（四）获本所无异议函后相关产品半年之内未向证监会申报的，应当对相关情况予以说明。

（五）对拟开发基金产品场内持有人户数和场内募集规模的预估情况。

（六）本所要求的其他内容。

第八条　本所原则上允许多家基金管理人开发跟踪同一标的指数的基金产品。基金管理人申请开发的基金产品，经本所认定属于重大创新或对本所基金市场发展具有战略意义的，本所可予以适当期限的保护。

第九条　本所收到申请材料后，可视情况向基金管理人反馈意见，基金管理人应当根据反馈意见提交书面答复或修改材料。

第十条　基金管理人申请开发常规产品，符合本指引第四条和第五条规定要求的，本所自收到完备申请材料之日起十个交易日内出具无异议函，但根据相关规定需要事前向中国证监会报告的产品除外。

第十一条　基金管理人提交产品开发申请材料后，可向本所就申请办理进度以及产品保护期限等情况进行咨询。

（2）创新产品服务

第十二条　本所鼓励和支持基金管理人开展产品创新，协助基金管理人做好相关准备工作，共同推动基金行业创新发展。

第十三条　基金管理人申请开发创新产品，原则上应当具有一年以上本所常规产品的运作经验。

第十四条　基金管理人拟开发创新产品的，应当首先向本所提出创新产品开发意向。本所根据开发意向，组织相关部门及市场参与者就创新产品运作模式、技术系统等事项，提供业务技术咨询和评估等服务，协助基金管理人完善产品方案，推动创新产品取得证监会等相关监管机构的初步认可。提出开发意向的创新产品获本所、相关市场参与者和监管机构初步认可后，基金管理人可向本所提交创新产品申请材料。

第十五条　基金管理人向本所申请开发创新产品的，除提供本指引第六条规定的材料外，还应当提交产品方案和风险评估报告。其中，产品方案应包括下列内容：

（一）开发意义。

（二）境内外类似产品发展情况。

（三）投资目标、范围与策略等投资事项。

（四）市场需求分析和销售计划。

（五）技术可行性分析。

（六）基金份额的交易、认购、申购、赎回等事项。

（七）本所要求的其他事项。

风险评估报告应包括以下内容：

（一）产品上市后的流动性、连续性、抗操纵性预估。

（二）信息披露要求是否明确、充分，投资者获取相关信息是否便利、及时。

（三）是否需要设置专门的投资者适当性安排。

（四）可能出现的纷争和争议，以及相应的处置机制。

（五）可能出现的突发事件和紧急情况，以及相应的应对措施。

（六）是否会引起证券市场和其他市场（衍生品市场、货币市场、外汇市场、大宗商品市场、房地产市场、全国中小企业股份转让系统及区域股权市场等）之间的风险传染，是否会引发系统性、区域性风险。

（七）产品是否存在潜在违法违规行为。

（八）本所要求的其他事项。

第十六条　本所对基金管理人提交的创新产品方案予以保密。

第十七条　基金管理人申请开发创新产品，符合本指引第四条、第五条以及第十三条规定要求的，本所收到完备申请材料并履行风险评估等相关程序后决定是否出具无异议函。

2.1.3 《私募投资基金备案须知》下的私募基金产品设计要点

中基协发布的《私募投资基金备案须知（2019 年 12 月 23 日）》（以下简称《备案须知》），对产品募集、规模、托管、运作、存续期限等方面均作出了明确的规定。基金管理人在设计基金产品时，应当了解并熟悉其中的相关要点。

（1）禁止投资的范围

《备案须知》再次强调了私募投资基金不是借（存）贷活动，并对借（存）贷的情形进行了列举。产品设计时应严格规避图 2-1 所示的内容，否则不予备案。

1　变相从事金融机构信（存）贷业务，或直接投向金融机构信贷资产（例如，通过抽屉协议约定固定收益的明股实债，脱离了投资的实质，变相进行借贷活动）

2　从事经常性、经营性民间借贷活动，包括但不限于通过委托贷款、信托贷款等方式从事上述活动（协会作出"经常性、经营性"的限定，对企业之间偶发性、非经营性的拆借行为予以排除，与司法实践相统一）

3　私募投资基金通过设置无条件刚性回购安排变相从事借（存）贷活动，基金收益不与投资标的的经营业绩或收益挂钩

4　投向保理资产、融资租赁资产、典当资产等《私募基金登记备案相关问题解答（七）》所提及的与私募投资基金相冲突业务的资产、股权或其收（受）益权（增加了典当资产，整体上与以往的要求一致，要求专业化经营，不得开展与基金相冲突的业务）

5　通过投资合伙企业、公司、资产管理产品（含私募投资基金）等方式间接或变相从事上述活动（协会将加强对底层资产的核查，部分基金通过嵌套规避监管的做法将受到打击）

图 2-1　禁止投资的范围

（2）托管要求

《备案须知》对不同类型和组织形式的基金提出不同的托管要求，设计产品时，基金管理人应考虑募集成本等因素，合理选择基金类型和组织形式。资产配置基金以及通过特殊目的载体间接投资的，必须进行托管；其他类型的基金，根据组织形式的不同，有不同的托管要求，具体情况如表 2-1 所示。

表 2-1　托管的要求

基金类型		组织形式	是否必须托管	不托管的情形
直接投资	证券、股权、其他	契约型	是	基金合同约定设置能够切实履行安全保管基金财产职责的基金份额持有人大会日常机构或基金受托人委员会等制度安排的除外
		公司、合伙型	否	基金合同明确约定不托管的，应明确保障私募基金财产安全的制度措施和纠纷解决机制
	资产配置	契约型	是	—
		公司、合伙型	是	—
通过特殊目的载体间接投资				应托管，且托管人应当持续监督基金与特殊目的载体的资金流，事前掌握资金划转路径，事后获取并保管资金划转及投资凭证

（3）实缴出资要求

① 总体实缴要求

基金备案后，协会将通过信息公示平台公示基金基本情况。对于存续规模低于500万元，或实缴比例低于认缴规模20%，或个别投资者未履行首轮实缴义务的私募投资基金，在上述情形消除前，协会将在公示信息中持续提示。

② 个体实缴要求

公司或合伙型基金，每位投资者均应完成不低于100万元的首轮实缴。以往只对总体实缴规模有要求，此次更进一步，要求每位投资者均应进行首轮实缴，且明确了最低实缴金额。

但管理人及其员工、社会保障基金、政府引导基金、企业年金等养老基金、慈善基金等社会公益基金的首轮实缴出资要求可从公司章程或合伙协议中约定。

（4）封闭运作的要求

私募股权基金和私募资产配置基金均应封闭运作，备案完成后不得开放认/申购（认缴）和赎回（退出），但可以分红、退出投资项目减资、对违约投资者除名或替换以及基金份额转让。证券投资基金设置临时开放日的，应当明确临时开放日的触发条件，原则上不得利用临时开放日的安排继续认/申购（认缴）。

已备案通过的私募股权投资基金或私募资产配置基金，同时满足图2-2所示的条件时，可以新增投资者或增加既存投资者的认缴出资，但增加的认缴出资额不得超过备案时认缴出资额的3倍。

条件一	基金的组织形式为公司型或合伙型
条件二	基金由依法设立并取得基金托管资格的托管人托管
条件三	基金处在合同约定的投资期内
条件四	对基金进行组合投资，投资于单一标的的资金不超过基金最终认缴出资总额的50%
条件五	经全体投资者一致同意或经全体投资者认可的决策机制决策通过

图 2-2　可新增投资者或增加既存投资者认缴出资的条件

虽然后续可以增资，但总体条件较为严苛，不易满足，且增资规模有所限制，不得超过备案时认缴出资的3倍。因此，在设立基金前必须全盘考虑项目的资金需求，否则在基金设立后将很难扩大基金规模，会影响项目进度。

（5）鼓励组合投资

出于分散风险的考虑，协会鼓励对基金进行组合投资，并建议在基金合同中明确约定基金投资于单一资产管理产品或项目所占基金认缴出资总额的比例。

私募资产配置基金投资于单一资产管理产品或项目的比例不得超过该基金认缴出资总额的20%，如表2-2所示。

表 2-2　鼓励组合投资比例

基金类型	组合投资	单一项目投资比例
证券、股权、其他	鼓励	建议明确
资产配置基金		不得超过认缴总额的20%

（6）存续期的要求

基金应当约定明确的存续期，私募股权投资基金和私募资产配置基金约定的存续期不得少于5年，鼓励管理人设立存续期在7年及以上的私募股权投资基金，如表2-3所示。

表 2-3　存续期的要求

基金类型	存续期限
股权	不得少于5年，鼓励7年及以上
资产配置基金	不得少于5年
证券	—

协会此举要求管理人回归投资本源，从事价值投资，与企业共成长，减少短期投机。

存续期限较短的基金将不再符合协会的备案要求，"3+2"模式在严格意义上也不符合该要求，2年为退出期，投资活动已基本终止，与存续期有所区别。

（7）杠杆比例的限制

基金杠杆倍数不得超过监管部门规定的杠杆倍数要求。开放式私募投资基金不得进行份额分级；管理人不得在分级证券投资基金内设置极端化收益分配比例。

监管部门规定的杠杆倍数要求，主要指资管新规中的杠杆倍数要求，如表2-4所示。

表 2-4　资管新规中的杠杆倍数要求

封闭/开放	基金类型	杠杆倍数
封闭	固定收益类	不得超过3：1
	商品及金融衍生品类	不得超过2：1
	混合类	不得超过2：1
	权益类	不得超过1：1
开放	不得进行份额分级	—

权益类的杠杆倍数不得超过1：1，而此前许多股权基金的杠杆倍数远远高于这一比例。高倍杠杆意味着巨大的投资风险，按现行规定，要么降低优先级（包括中间级）的出资比例，要么提高劣后级的出资比例，才能满足协会的监管要求。

（8）符合产品间独立运作的要求

为防范不同产品间的利益冲突，避免管理人不公平对待各产品，协会要求在已设立的私募股权投资基金尚未完成认缴规模70%的投资（包括为支付基金税费的合理预留）之前，除经全体投资者一致同意或经全体投资者认可的决策机制决策通过之外，管理人不得设立与前述基金的投资策略、投资范围、投资阶段均实质相同的新基金。

同时，参考资管新规的规定，每只基金的资金应单独管理、单独建账、单独核算，不得开展或者参与任何形式的"资金池"业务，不得存在短募长投、期限错配、分离定价、滚动发行、集合运作等违规操作。

总体上，协会对私募基金的监管更加严格，这样有利于改善市场环境，降低投资风险。基金管理人设计新产品时应严格遵照新规，满足各项要求，提升产品质量，促进基金行业的长远发展，形成良性循环。

2.2　基金产品的开发

2.2.1　基金产品的要素

基金产品要素一般包括但不限于如下部分。

（1）产品名称、命名规则，一般应明确发起人、产品类型等。

（2）产品类型，如信托、基金、单一客户、非单一集合投资等。

（3）产品规模，包括最低规模以及预计规模等。

（4）产品运作方式说明，如是否封闭运作等。

（5）产品的相关当事人介绍，如管理人、托管行、证券经纪商、期货经纪商、委托人、投资顾问等。

（6）产品的预计存续期限。

（7）产品认购与赎回的相关事宜，如产品推介期、是否存在封闭期、是否可赎回、产品最低认购额度、投资者资格阐述等。

（8）产品存在的相关费用，包括但不限于认/申购费、赎回/退出费、违约费、托管费、经纪费、管理费、业绩报酬等。

（9）产品的投资目标、投资策略、投资范围与投资限制说明。

（10）产品收益与分配说明，包括但不限于预计收益、历史业绩展示、产品收益分配模式等。

（11）产品风险揭示，尽可能向投资者明确阐述产品运行过程中可能存在的风险，包括但不限于市场风险、操作风险、管理风险、不可抗力等。

（12）产品风险管理与监控相关说明，如预警线、平仓线、风险识别与评估等风控策略与手段的具体说明。

（13）其他需要说明的事项。

尽调报告由负责开发产品的业务部门上报，通过产品计划管理人内部风控审核后，一般即可开始产品份额的发售。

当然，产品开发与设计的具体流程因产品管理人自身部门业务流程的设置不同而存在差异，各管理人可根据自身实际情况进行相应调整。表2-5为某企业的基金产品设计要素表，仅供参考。

表2-5　基金产品设计要素表

产品概况		
产品名称		
预期规模	（　　）万元	
存续期限	（　　）年	
管理人信息		
基本信息	名称	
	住所	
	办公地址	

基本信息	法定代表人／负责人	
	联系人	
	联系电话	
	传真	
	邮政编码	
银行账户	银行账户名称	
	开户银行	
	银行账号	
人员信息	总协调人	姓名：　　　座机：　　　手机：　　　邮箱：
	联系人	姓名：　　　座机：　　　手机：　　　邮箱：
	划款指令审批人	姓名：　　　座机：　　　手机：　　　邮箱：
其他	数据接收邮箱	
募集信息		
募集情况	基金募集期限	年　　月　　日至　　年　　月　　日
	最低募集金额	（1000）万元
	最低首次认购金额	（100）万元
	追加认购金额级差	最少为以下选项的整数倍：□（1）万元　　□（10）万元
	认购费率	（　　）％
	认购特殊要求（如有）	
代销机构（如有）	名称	
	地址	
	电话	
申购赎回		
封闭期（如有）		自产品成立之日起（　　）个月封闭
开放日		自封闭期结束起每个□自然月□每季度□每半年的第（　　）个工作日开放
最低首次申购金额		（100）万元
追加申购金额级差		最少为以下选项的整数倍：□（1）万元　　□（10）万元
申购费率		（　　）％
赎回费率		（　　）％
申请赎回时间		基金份额持有人应在当期开放日前（　　）个工作日提出赎回申请
受理赎回申请截止时间		基金管理人受理赎回申请的截止时间为当期开放日前（　　）个工作日15:00
申赎特殊要求（如有）		

投资信息		
产品类型	□私募证券投资基金　　□私募股权投资基金	
	□其他（见备注1）：_____	
主要投向	□二级市场　　□融资融券　　□股转　　□港股通 □期货　　　　□非标　　　　□场内期权　□场外期权 □银行间　　　□其他（见备注2）：_____	
投资情况	投资目标	在严格控制风险的前提下，追求基金资产的长期稳健增值
	投资范围	本基金的投资范围为在全国中小企业股份转让系统挂牌交易的股票或拟在新三板挂牌的企业股权，国内依法发行上市的股票（包含中小板、创业板、股票定向增发及其他经中国证监会核准上市的股票）、证券投资基金〔包括上市型开放式基金（LOF）、交易型开放式指数基金（ETF）、封闭式基金等〕、债券、货币市场工具、资产支持证券、融资融券、期货（股指期货、商品期货，国债期货等）、期权、信托计划、商业银行理财计划、证券公司专项资产管理计划、基金公司发行的特定多客户资产管理计划、基金子公司（特定多客户）专项资产管理计划、在基金业协会备案的私募基金、证券交易所和期货交易所挂牌交易的其他证券以及法律法规和中国证监会允许基金投资的其他金融工具，但应符合中国证监会的相关规定
	投资策略	本基金奉行价值投资理念，追求基金净值的长期平稳增值，采用自上而下的投资策略 　　自上而下：首先，研究国际和国内的政治、经济形势，国内的市场态势；其次，分析产业经济特征，行业发展特点，选择有潜力的优势行业；最后，从选择出的优势行业中，选择公司基本面好、毛利率高、产品有竞争优势、价格低估或者具备超预期增长潜力的企业股票，力争为投资人带来长期的财富增值。 　　本基金还将根据市场变化，参与上海证券交易所、深圳证券交易所上市交易的各种证券和其他金融产品交易，力争实现基金资产增值
	投资限制	
投资经理	姓名	
	简介	
风险收益特征 （如有）	基于本基金的投资范围及投资策略，本基金不承诺保本及最低收益，属预期风险较高、预期收益较高的投资品种，适合具有较强风险识别、评估、承受能力的合格投资者	
业绩比较基准 （如有）		
产品费用		
三费计提支付	管理费率	（　）%
	托管费率	（　）%

续表

三费计提支付	外包服务费率	（ ）%
	计提频率	□每日计提
	支付频率	□每月支付　　□每季支付　　□每半年支付　　□每年支付
业绩报酬计提支付	计提方法	高水位法
	计提费率	□10%　　□20%　　□30%
	计提及支付基准日	□每个开放日　　□每月　　□每季　　□每半年　　□每年

投资顾问（如有）	
名称	
投顾资格	□有　　□无
地址	
电话	
联系人	
投顾费用	（ ）万元
银行户名	
开户银行	
银行账号	

预警止损机制（如有）		
预警（如有）	预警线	（ ）万元
	处置措施	在本基金存续期内任何一个工作日（Ｔ日）收盘后，经基金管理人估算的基金单位净值不高于预警线的，管理人应对非现金资产进行不可逆变现，以确保现金类资产仓位达到50%以上。在现金类资产占基金资产净值比例未达到50%以上的期间，基金管理人不得买入非现金类资产 变现过程中，若任何一个工作日收盘后，经管理人估算的基金份额净值不高于止损线的，则按照止损机制执行
止损（如有）	止损线	（ ）元
	处置措施	在本基金存续期内任何一个工作日（Ｔ日）收盘后，经基金管理人估算的基金资产单位净值不高于止损线的，管理人应自Ｔ+1日上午9:30起，自主对本基金持有的非现金类资产进行不可逆变现（只能卖出不得买入），直至基金资产全部变现，本基金提前终止 发生上述提前终止情形的，基金管理人应于终止之日通知基金托管人和基金份额持有人，并按照本基金合同的约定进行清算 本基金预警平仓由基金管理人负责控制，基金托管人仅负责配合做好相应的账户处理

分级情况（如有）		
□普通产品	□优先＋劣后结构化	□优先＋夹层＋劣后结构化

续表

进取级（劣后）份额认购者：□管理人		□管理人指定的其他投资者		
估值相关				
估值频率	□每日估值			
核对频率	□每周校对	□每月校对		
运作报告	□年度报告	□月度净值报告		
清算相关				
场内结算模式	□券商结算	□托管人结算		
其他信息				
收益分配方案	□不分配收益	□收益分配方案由管理人自行拟定		
投资交易系统	□自建	□不自建		
投资者数量	（　　）个			
投资者类型	□个人	□机构		
证券经纪商	名称：	联系人：	电话：	传真：
期货经纪商（如有）	名称：	联系人：	电话：	传真：
托管人信息				
名称				
住所				
办公地址				
法定代表人				
联系人				
联系电话				
传真				
分支机构联络人				
分支机构				
姓名				
联系电话				
邮箱				

备注 1：指基金（子）公司特定多客户资产管理计划、基金子公司（特定客户）专项资产管理计划、证券公司集合资产管理计划、期货公司资产管理计划、公募基金等。

备注 2：指信托计划、商业银行理财计划、证券公司专项资产管理计划、期货公司资产管理计划、基金（子）公司发行的特定多客户资产管理计划、基金子公司（特定多客户）专项资产管理计划、在基金业协会备案的私募基金等。

2.2.2　基金产品设计的思路

基金产品设计时需对内外部的条件进行考察，具体的设计思路如下。

2.2.2.1　对外部条件的考察

（1）要确定目标客户，了解投资者的风险收益偏好。一种或一类基金产品不可能满足所有投资者的需要。随着市场的发展，投资者的需要也在不断细化。确定具体的目标客户是基金产品设计的起点，它从根本上决定着基金产品的内部结构。

（2）要选择与目标客户风险收益偏好相适应的金融工具及其组合。

（3）要考虑相关法律法规的约束。

2.2.2.2　对内部条件的考察

设计时要考虑基金管理人自身的管理水平。不同的基金管理人有着自己的管理风格和特色，有的擅长管理主动式股票基金，有的擅长管理被动式股票基金，有的擅长管理债券基金。

2.2.3　基金产品设计的流程

基金产品设计的流程如图 2-3 所示，从图中可见，基金产品设计包含三个重要的信息输入：客户需求信息、投资运作信息和产品市场信息。

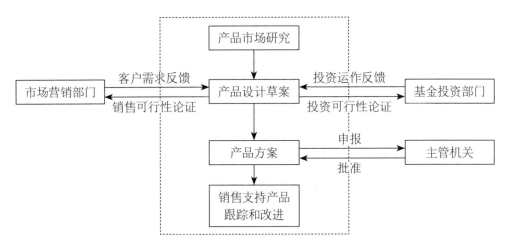

图 2-3　基金产品设计流程图

2.2.4　基金产品线的布置

基金产品线是指基金管理公司所拥有的不同基金产品及其组合。随着基金产品的日益多样化和市场竞争的日益加剧，基金管理公司根据自身的实际情况合理布置基金产品线就显得非常重要。

通常应从产品线的长度、宽度和深度来考察基金产品线的内涵，具体如图 2-4 所示。

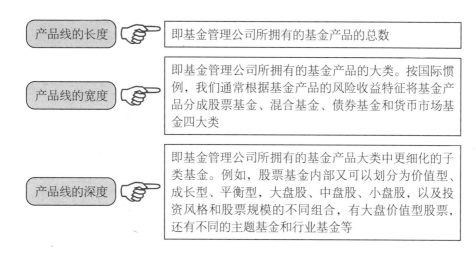

图 2-4 基金产品线的内涵

常见的基金产品线类型有三种，如图 2-5 所示。

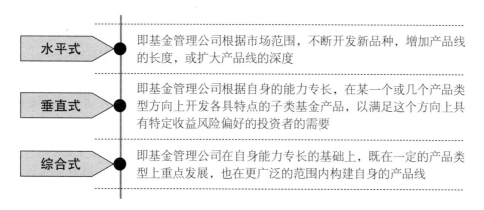

图 2-5 基金产品线类型

2.2.5 基金产品定价

基金产品定价就是确定与基金产品本身相关的各项费率，主要包括认购费率、申购费率、赎回费率、管理费率和托管费率等。前三者是基金投资者在"买进"或"卖出"基金环节一次性支出时的费率，后两者是基金运作过程中直接从基金资产中支付时的费率。

基金产品定价要考虑图 2-6 所示的四个因素。

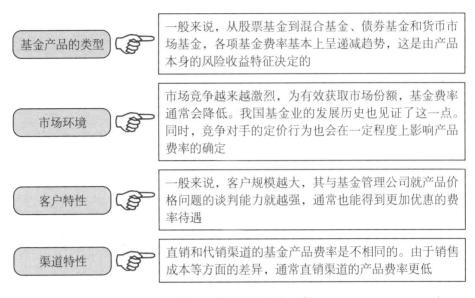

图 2-6　基金产品定价因素

2.2.6　从基金后台运营视角关注基金产品设计的重点

2.2.6.1　资金进出时效对产品设计的影响

每一位产品经理都希望资金进出时效越快越好，当资金募集完成后，可以迅速投资使用；当产品开放赎回时，客户可以尽快拿到资金。

我们可以把资金分成两条线（资金进入、资金退出）进行解读。

（1）资金进入

以投资于二级市场的契约型产品为例，假如该基金有多个投资者，则需要做份额登记。为确保多个投资者净值份额的公允性，我们应对资金进入的路径进行简单的梳理。

当投资者资金进入募集账户后，份额登记机构要进行确权，以投资者的出资额为限，经过净值折算转换成份额数量。在这个过程中，资金进入时效与估算出净值的时效有关；而估值的时效，和估值运营的整体效率有关。估值时需要收集各种信息，包括持仓信息、资金信息等，只有这些信息齐备之后，估值人员才能把净值计算出来。

所以，确定整个资金进入的时效主要包括三个步骤，一是确权，二是估算出净值，三是备齐持仓、资金等信息，如图 2-7 所示。

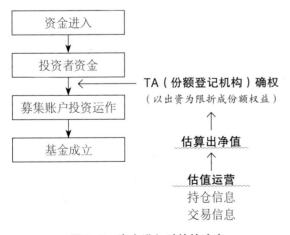

图 2-7　资金进入时效的确定

针对特殊的产品，又有不同的时效要求，比如 FOF 基金（Fund of Funds，基金中的基金，也叫母基金），资金的进出时效主要取决于投资标的计算出净值的时效，具有很长的一系列链条。产品经理在设计产品资金进入时效时，要关注这个链条里的每个环节。

（2）资金退出

资金退出主要取决于产品经理在产品设计时对产品流动性的考虑。资金退出的前提是有足够的现金，如果开放日遇到投资者赎回的情形，但却没有足够的资金供其提取，就构成了违约，会有损管理人的声誉。

资金退出的步骤是，投资人发出赎回申请，经过销售机构或者管理人（直销）传递到份额登记机构，份额登记机构再把赎回申请传递到交易人员，如图 2-8 所示。如果资金不足的话，就要把一部分持仓平掉，变现后满足投资者的赎回需求。所以从赎回的角度来讲，要着重考虑投资标的的兑现速度。

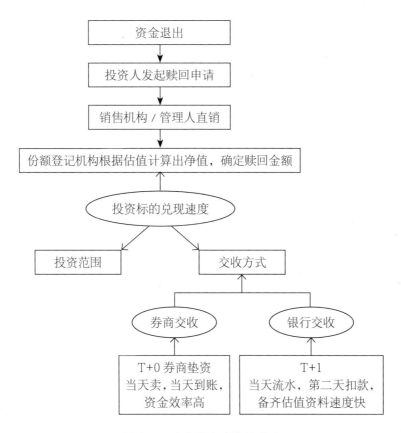

图 2-8　资金退出步骤的说明

2.2.6.2　资金交收模式：券商交收和银行交收

券商交收、银行交收是场内二级市场交易时主要采用的两种交收模式。

银行交收模式的表现为：第一天做了一笔买券交易，银行存款一分钱都不会少，到了第二天，在交易所真正做交收的时候，银行才会把钱从账上扣掉，然后再去和交易所做交收。所以银行交收的最大特点是，资金当天不会受到影响，第二天才会有变动。

券商交收模式的表现为：通过券商进行卖券交易时，钱当天就可以到账，当天便可以去做另外的交易。在这一过程中，券商帮助投资者做了一层垫资。针对第一天卖券获取的收益，交易所第二天才能把钱给打到投资者账户上，但券商先用自有资金垫付，让投资者可以继续做交易。第二天，券商再和交易所交收，从而实现了较高的资金使用效率。

按照前面提到的资金进出路径，在券商交收模式下，钱是存在券商账户里的，估值需要一定的时间，券商一般在第二天才能把资金使用情况告诉投资者。而在银行交收模式下，投资者当天就可以知道银行流水和余额情况。所以，从估值的角度来讲，反而是银行交收模式下，备齐估值所需材料的时效性更强。

2.2.6.3　私募基金的投资范围

从投资范围的角度来讲，不同投资标的所在市场的结算实质是不一样的。比如，交易所统一使用的是 T+1 结算。

但在具体的结算模式里，券商交收可以做到 T+0。不过，虽然在券商交收模式下，钱可以在 T+0 日到账，并且可以继续做交易，但如果投资者想把钱取出来的话，则还要再等一天。所以对于二级市场交易而言，券变现的时间永远是 T+1。如果使用券商交收模式，T+0 结算，T+1 日可取现；如果使用银行交收模式，资金本身便是 T+1 结算，但结算以后投资者就可以直接提取现金。

另外，如果产品投资一些场外开放日基金，变现对于基金公司而言是一个赎回行为。在这种情况下，基金公司需要经过整个资金进出业务环节，而且退出时效可能会有较大的不同。因此，如果是场外开放日基金，产品经理需要特别关注基金本身的投资标的几天才能到账，当与管理人承诺给投资者的赎回时效不匹配时，就容易出现流动性风险。

还有一些基金投资非标产品，会遇到各种情况。比如，管理人发出赎回申请时，非标产品承诺 15 个工作日内钱到账，产品经理就没有办法进行很精确的日期安排，只能以 15 天为标准。

2.2.6.4　私募基金产品的结构化安排

从投资端来讲，产品经理要关心投资标的的结算方式和投资范围。从产品端来讲，产品经理要关心产品本身的性质和结构。

（1）产品性质

产品性质方面，产品经理主要关心产品是否为 FOF。对 FOF 产品影响最大的是估值，对 FOF 产品来讲，至少是 T+1 估值，所以整体计算净值时效，尤其是资金退出时效时，比正常的 T+0 估值要晚一天。

（2）产品结构

产品结构方面，产品经理除了关心 FOF 这一类特殊结构的产品以外，还要关注分级基金和嵌套，如图 2-9 所示。

> **分级基金**
>
> 分级基金通常分为优先级、劣后级。优先级资金可能会根据开放日的不同分期进入，每级资金的收益率也不尽相同。退出时也一样，频繁的开放必然会带来频繁的退出，这时候在安排整体的流动性上，相比平层或者没有频繁开放的产品，要管理得更精细一些

> **嵌套**
>
> 嵌套，主要关注层与层之间产品的退出时效匹配。比如，基金 A 买了基金 B，基金 B 买了基金 C，最终目标是 A 买 C，但是经过产品 B，就等于过了一个桥。这时候 B 从 C 退出资金的时效，和 A 从 B 退出资金的时效一定要匹配，如果不匹配就会比较尴尬，很容易无法兑现对投资者的赎回承诺，从而产生不良影响

图 2-9　分级基金和嵌套

 学习笔记

请对本章的学习做一个小结，将你认为的重点事项和不懂事项分别列出来，以便于自己进一步学习与提升。

本章重点事项
1. _____
2. _____
3. _____
4. _____
5. _____

续表

本章不懂事项
1. ＿＿＿＿＿＿＿＿＿＿＿＿＿＿＿＿＿＿＿＿＿＿＿＿＿＿＿＿＿＿
2. ＿＿＿＿＿＿＿＿＿＿＿＿＿＿＿＿＿＿＿＿＿＿＿＿＿＿＿＿＿＿
3. ＿＿＿＿＿＿＿＿＿＿＿＿＿＿＿＿＿＿＿＿＿＿＿＿＿＿＿＿＿＿
4. ＿＿＿＿＿＿＿＿＿＿＿＿＿＿＿＿＿＿＿＿＿＿＿＿＿＿＿＿＿＿
5. ＿＿＿＿＿＿＿＿＿＿＿＿＿＿＿＿＿＿＿＿＿＿＿＿＿＿＿＿＿＿
个人心得
1. ＿＿＿＿＿＿＿＿＿＿＿＿＿＿＿＿＿＿＿＿＿＿＿＿＿＿＿＿＿＿
2. ＿＿＿＿＿＿＿＿＿＿＿＿＿＿＿＿＿＿＿＿＿＿＿＿＿＿＿＿＿＿
3. ＿＿＿＿＿＿＿＿＿＿＿＿＿＿＿＿＿＿＿＿＿＿＿＿＿＿＿＿＿＿
4. ＿＿＿＿＿＿＿＿＿＿＿＿＿＿＿＿＿＿＿＿＿＿＿＿＿＿＿＿＿＿
5. ＿＿＿＿＿＿＿＿＿＿＿＿＿＿＿＿＿＿＿＿＿＿＿＿＿＿＿＿＿＿

第3章

基金募集与销售

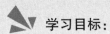 学习目标:

1. 了解基金募集的法定程序。

2. 了解基金销售机构人员的资格管理、人员管理和培训，掌握基金销售人员的基本行为规范和禁止性规范。

3. 了解宣传推介材料的范围，掌握宣传推介材料审批报备流程及要求、规范，掌握货币市场基金宣传推介的规范、宣传推介材料违规情形和监督处罚、风险提示函的必备内容。

4. 了解基金销售适用性的指导原则、基金销售适用性管理制度，掌握基金销售渠道审慎调查、风险评价等方面的内容。

5. 了解基金销售业务信息管理系统，掌握基金客户信息的内容与保管要求。

6. 了解基金销售业务应急处理的应急组织及其职责、保障体系，掌握异常情况处理、应急处理后续工作的要求。

7. 了解基金销售业务操作流程的总要求，掌握基金账户类业务、基金交易类业务办理程序和自助式交易系统操作方法。

3.1 基金募集的法定程序

基金募集一般分为申请、核准、发售、产品成立生效与账户开立五个步骤。

3.1.1 基金募集申请

申请募集基金时应提交的主要文件包括基金申请报告、基金合同草案、基金托管协议草案、招募说明书草案等，如表 3-1 所示。

表 3-1　申请募集基金时应提交的主要文件

序号	文件名	说明
1	申请报告	主要包括：基金发行简要情况，如基金名称、类型、规模、发行对象与价格、费率、认购、申购及赎回安排，存续期限，上市与交易安排等；拟任基金管理人和基金托管人；设立基金的可行性分析，如基金规模、产品需求及目标客户分析等；基金管理人签章等
2	基金合同草案	应当清晰界定基金合同当事人的各项权利与义务关系，明确基金份额持有人大会召开的规则及具体程序，清晰说明基金产品的特性等涉及投资人重大利益的事项，充分体现基金管理人、基金托管人遵守国家法律法规、最大限度保护基金持有人合法权益的诚意。之所以称为基金合同草案，是因为这是基金管理人向国务院证券监督管理机构提交的申请核准的合同文本，还不是正式的基金合同文本
3	基金托管协议草案	基金托管协议是基金管理人与基金托管人签订的，明确各自在管理、运用基金财产方面职责的协议。主要包括基金托管人与基金管理人之间的业务监督、核查，基金资产保管，投资指令的发送、确认及执行，交易安排，基金资产净值计算和会计核算，基金收益分配，基金持有人名册的登记与保管，信息披露，基金有关文件档案的保存，基金托管人报告，基金托管人和基金管理人的更换，违约责任，争议处理等内容。之所以称为基金托管协议草案，是因为这是基金管理人向国务院证券监督管理机构提交的申请核准的文本，还不是正式的基金托管协议
4	招募说明书草案	应当清晰地说明基金产品特性，基金发行、上市与交易安排，基金认购、申购和赎回安排，基金投资，风险揭示，信息披露及基金份额持有人服务等内容，最大限度地披露影响投资人决策的全部事项，充分保护基金投资人的利益，方便投资人作出投资决策。之所以称为基金招募说明书草案，是因为这是基金管理人向国务院证券监督管理机构提交的申请核准的文本，还不是正式的基金招募说明书

序号	文件名	说明
5	基金管理人和基金托管人的资格证明文件	基金管理人由经国务院证券监督管理机构批准设立的基金管理公司担任。基金托管人由依法设立并取得基金托管资格的商业银行担任，申请取得基金托管资格时，应当经国务院证券监督管理机构和国务院银行业监督管理机构核准。因此，基金管理人、基金托管人应当提交相应的资格证明文件
6	经会计师事务所审计的基金管理人、基金托管人最近三年或者成立以来的财务会计报告	"最近三年"的财务会计报告，是指基金管理人、基金托管人成立的时间超过三年，只需要提供最近三年的财务会计报告。"成立以来"的财务会计报告，是指基金管理人、基金托管人成立不足三年，需要提供成立以来的财务会计报告
7	律师事务所出具的法律意见书	律师事务所及其律师对基金管理人和基金托管人、代销机构资格、基金广告以及基金发行文件等进行尽职调查，并出具法律意见
8	国务院证券监督管理机构规定提交的其他文件	目前国务院证券监督管理机构还要求提交一些附录文件： （1）基金产品方案 （2）发行方案 （3）对已管理的封闭式基金产品的诚信、规范运作情况及拟设基金的创新情况所做的专项报告 （4）代销机构资格条件说明 （5）基金注册登记机构相关情况说明等

3.1.2　基金募集申请的核准

国家证券监管机构应当自受理基金募集申请之日起6个月内作出核准或者不予核准的决定。

3.1.3　基金份额的发售

基金管理人应当自收到核准文件之日起6个月内进行基金份额的发售。基金的募集期限自基金份额发售日开始计算，不得超过3个月。

产品的募集与成立阶段属于产品的初始销售阶段，主要由产品计划管理人或其指定的销售机构或人员向符合产品计划认购条件的合格投资者进行产品推介，指导其填写相关材料，办理相关认购手续，以及募集认购资金。

3.1.3.1　推介与募集的程序

在推介与募集的过程中，基金销售人员应遵循如下程序。

（1）确认产品面向的投资对象

产品面向的投资对象应为符合相关法律法规以及产品计划合同书规定的"合格投资

者"，产品管理人在与投资者签约之前，应完成对投资者的尽职调查工作，确保认购者符合"合格投资者"的定义；由代销机构代销的，代销机构应代为完成该项工作，并将相关资料提供给管理人。

（2）认购申请

认购程序：通过产品管理人的尽调，符合条件的合格投资者在办理认购业务时，应按照产品计划合同书或认购书等相关材料的要求在规定时间内提交资料并办理认购手续，完成产品认购与签约工作。

在产品认购中，基金销售机构或人员应协助符合条件的客户完成如下工作。

① 填写相关的开户资料信息，如账户业务申请表、交易业务申请表、风险承受能力调查问卷等，签署产品认购书、产品合同书等材料。

② 客户应当在产品合同书签署后的规定时间内，以不晚于产品计划推介期结束日为前提，将其在产品合同项下的认购资金支付至该产品计划银行专用托管账户。在产品初始销售行为结束之前，任何机构和个人不得动用该资金。

③ 销售机构或人员应收集客户认购材料，提交至产品计划管理人，客户认购材料包括但不限于客户开户信息资料、产品合同书等认购协议、身份证正反面复印件、银行卡正反面复印件、客户签约影像资料、汇款回执单等相关证明。

（3）认购确认

销售网点受理认购申请并不表示对该申请成功与否的确认，其仅代表销售网点确实收到了申请。申请最终是否有效，应以注册登记机构的确认及产品合同书的生效为准。同时满足图3-1所示三个条件时，可以认为客户认购成功。

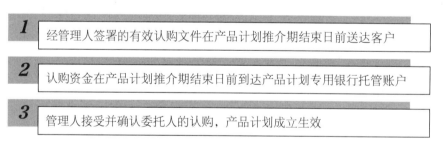

图3-1　认购确认的条件

投资者应在产品合同生效后到销售机构查询最终确认情况和有效认购额。

3.1.3.2　向相关监管部门核准备案

产品推介期由产品计划说明书约定，并通过相关监管部门核准备案（如需要），一般自产品份额发售之日起最长不超过1个月。发起人可根据产品资金募集情况进行相应的调整，并向相关当事人进行公告。

3.1.4　产品成立生效

（1）备案条件

产品推介期届满或推介期内，认购产品的合格投资者达到规定人数，且产品募集规模达到产品计划合同规定的最低额度，可以认为该产品计划符合成立备案条件。

通常，基金募集期限届满，封闭式基金份额总额达到核准规模的 80% 以上，基金份额持有人人数达到 200 人以上；开放式基金满足募集份额总额不少于 2 亿份，基金募集金额不少于 2 亿元人民币，基金份额持有人人数不少于 200 人。

（2）备案手续

达到备案条件后，产品基金管理人应当自募集期限届满之日起 10 日内聘请法定验资机构验资。自收到验资报告之日起一定期限内，向相关监管机构提交验资报告与客户资料表，办理相关备案手续。客户资料表一般应包括客户名称、客户身份证明文件号码、通信地址、联系电话、认购产品金额等。

（3）备案生效

证监会自收到验资报告和备案申请之日起 3 个工作日内以书面确认；自确认之日起，备案手续办理完毕，基金合同生效；在收到确认文件次日，发布基金合同生效公告。

提醒您

"一定期限"由产品计划当事人在符合相关法律法规规定的前提下协商确定，并在产品计划合同书、协议书中予以载明。

3.1.5　账户的开立

产品计划资金一般实行"第三方存管"的管理模式。产品计划管理人应选任合适的托管人、证券经纪服务商、期货经纪服务商，并与其签订相应的托管协议、证券经纪服务协议、期货经纪服务协议等。管理人应于产品计划成立的当日通知托管行与证券／期货经纪商，并以该产品计划的名义在托管行和经纪商处分别开立相关账户，将相关账户信息书面通知托管行。具体而言，相关账户的开立一般遵循图 3-2 所示的程序。

第一步	管理人应在产品计划成立当日将产品计划资金交付托管行保管，并将托管账户的开户资料、产品计划说明书、产品计划合同样本等相关协议合同交由托管人保管。管理人向托管人发出"产品计划资金及文件移交清单"，列明交付托管行保管的产品计划资金金额和相关文件资料；托管行确认保管账户余额与通知所载余额无误后在管理人书面通知上盖章确认并传真至管理人，视为保管的产品计划资金交付完成。产品计划资金交付完成日即产品计划保管起始日
第二步	管理人在托管行指定的营业机构以自身名义开立银行结算账户（即"托管账户"），并按"第三方存管"模式要求，与银行交易结算资金管理账户建立对应关系，该账户即托管协议中的产品计划财产专户
第三步	管理人应于产品计划成立后一定期限内，以本产品计划名义在中国登记结算机构分别开立沪、深交易所证券股东账户，并通知托管行和券商，作为本产品计划沪、深交易的指定证券账户
第四步	管理人在经纪商处开立证券交易资金台账账户（即该产品计划的"资产管理专用证券资金账户"，以下简称"证券资金账户"），用于该产品计划场内交易清算，该账户内的资金信息与银行管理账户同步，且根据"第三方存管"模式，券商不能发起对该账户的资金划入、划出、取现操作
第五步	管理人应在期货经纪商处开设产品计划专用期货保证金账户，用于该产品计划场内交易清算，该账户内的资金信息与银行管理账户同步，且根据"第三方存管"模式，期货经纪商不能发起对该账户的资金划入、划出、取现操作
第六步	托管行指定的营业机构根据管理人指令，按"第三方存管"模式要求，开立银行交易结算资金管理账户（以下简称"银行管理账户"），用于产品计划的结算与监管。该账户通过"第三方存管"平台与"证券资金账户"同步，并与"托管账户"建立唯一对应关系
第七步	产品托管行根据管理人提交的"证券经纪服务协议""期货经纪服务协议"等产品资料进行产品托管账户与证券/期货资金账户的关联，实现银证转账业务的顺利开通
第八步	管理人、托管行与经纪商之间签署的经纪服务协议生效后，在产品计划开始实施前，管理人应依托管协议的规定将本产品计划的资金划至银行结算账户内，托管行确认银行结算账户内资金到账后，根据管理人指令，通过"第三方存管"平台或者托管行营业机构柜台，将资金划入证券资金账户，并通知管理人与经纪商

图 3-2　相关账户的开立程序

　　银行管理账户、银行结算账户、证券资金账户一经开立，即按"第三方存管"模式建立对应关系，对应关系一经确定，不得更改。如果必须更改。应由管理人发起，通过上述步骤，经过托管行、券商双方书面确认后，重新建立"第三方存管"对应关系。

在开立上述账户，实现银证转账，产品计划资金划转至证券（期货）经纪账户后，产品即正式进入运营阶段。

 **相关链接** ⟨ ···

产品成立失败

若产品在销售期限届满或者管理人（销售机构）提前终止初始销售时，不能满足产品成立备案等条件，称为本产品成立失败。

此时，基金管理人应当以其固有财产承担因销售行为而产生的债务与费用；在初始销售期限届满后一定期限内返还客户已缴纳款项，并加计银行同期活期存款利息，向客户支付该笔款项自向产品计划专用银行账户交付日（含该日）至管理人返还给客户之日（不含该日）期间内的利息。管理人返还前述全部款项之后，就产品合同所列事项免除一切相关责任。

···⟩

3.2 基金销售人员的管理

3.2.1 基金销售机构人员的资格管理

基金销售机构人员应当自觉遵守法律法规和所在机构的业务制度，忠于职守，规范服务，自觉维护所在行业及机构的声誉，保护投资者的合法利益，并具备从事基金销售活动所必需的法律法规、金融、财务等专业知识和技能，根据有关规定取得中国证券投资基金业协会认可的基金从业人员资格。

负责基金销售业务的管理人员应取得基金从业资格。

证券公司总部及营业网点，商业银行总行、各级分行及营业网点，专业基金销售机构和证券投资咨询机构总部及营业网点从事基金宣传推介、基金理财业务咨询等活动的人员应取得基金销售业务资格。

上述从业人员应由所在机构进行执业注册登记，未经基金管理人或者基金销售机构聘任，任何人员不得从事基金销售活动。

3.2.2 基金销售机构人员管理和培训

基金销售机构应该建立科学的聘用、培训、考评、晋升、淘汰等人力资源管理制度，确保基金销售人员具备与岗位要求相适应的职业操守和专业胜任能力,具体要求如下所示。

（1）基金销售机构应完善销售人员招聘程序,明确任职资格条件,审慎考察应聘人员。

（2）基金销售机构应建立员工培训制度,通过培训、考试等方式,确保员工理解和掌握相关法律法规和规章制度。员工培训应符合基金行业自律机构的相关要求,培训情况应记录并存档。

（3）基金销售机构应加强对销售人员的日常管理,建立管理档案,对销售人员的行为、诚信、奖惩等情况进行记录。

（4）基金销售机构应建立科学合理的销售绩效评价体系,健全激励、约束机制。

（5）基金销售机构对通过基金业协会资质考核并获得基金销售资格的基金销售人员,统一办理执业注册、后续培训和执业年检。

（6）基金销售机构对于所属已获得基金销售资格的从业人员,应参照中国证券投资基金业协会发布的《基金从业人员后续职业培训大纲》要求,组织与基金销售相关的职业培训。

（7）基金销售机构对基金销售人员的销售行为、流动情况、从业资质和业务培训等进行日常管理,并建立健全基金销售人员管理档案,登记基金销售人员的基本资料和培训情况等。

（8）基金销售机构应通过网络或其他方式向社会公示本机构所属的取得基金销售从业资质的人员信息,公示的内容包括但不限于姓名、从业资质证明及编号、所在营业网点等。

3.2.3　基金销售人员基本行为规范

基金销售人员在向投资者销售基金的过程中,应遵守如下行为规范。

（1）与投资者交往时应热情诚恳,稳重大方,语言和行为举止文明礼貌。

（2）向投资者推介基金时首先应自我介绍,并出示基金销售人员身份证明及从业资格证明。

（3）向投资者推介基金时应征得投资者的同意,如投资者不愿或不便接受推介,基金销售人员应尊重投资者的意愿。

（4）向投资者进行基金宣传推介和销售服务时,应公平对待投资者。

（5）对所在机构和基金产品进行宣传时,应符合中国证监会和其他部门的相关规定。

（6）分发或公布的基金宣传推介材料应为基金管理公司或基金代销机构统一制作的材料。

（7）应根据投资者的目标和风险承受能力推荐基金品种,并客观介绍基金的风险收益特征,明确提示投资者应注意的投资基金风险。

（8）在为投资者办理基金开户手续时,应严格遵守《证券投资基金销售机构内部控制指导意见》的有关规定，并注意如下事项。

① 有效识别投资者身份。

② 向投资者提供"投资人权益须知"。

③ 向投资者介绍基金销售业务流程、收费标准及方式、投诉渠道等。

④ 了解投资者的投资目标、风险承受能力、投资期限和流动性要求。

（9）应当积极为投资者提供售后服务，回访投资者，解答投资者的疑问。

（10）应当耐心倾听投资者的意见、建议和要求，并根据投资者的合理意见改进工作，如有需要应立即向所在机构报告。

（11）应当自觉避免个人及其所在机构的利益与投资者的利益相冲突，当无法避免时，应当确保投资者的利益优先。

3.2.4　基金销售人员禁止性规范

基金销售人员在销售产品时，应当注意以下行为。

（1）对基金产品的陈述、介绍和宣传，应当与基金合同、招募说明书等相符，不得进行虚假或误导性陈述，或者出现重大遗漏。

（2）在陈述所推介基金或同一基金管理人管理的其他基金的过往业绩时，应当客观、全面、准确，并提供业绩信息的原始出处，不得片面夸大过往业绩，也不得预测所推介基金的未来业绩。

（3）应向投资者表明，所推介基金的过往业绩并不预示其未来表现，同一基金管理人管理的其他基金的业绩并不构成所推介基金业绩表现的保证。

（4）应当引导投资者到基金管理公司、基金代销机构的销售网点、网上交易系统或其他经监管部门核准的合法渠道办理开户、认购、申购、赎回等业务手续，不得接受投资者的现金，不得以个人名义接受投资者的款项。

（5）应当按照基金合同、招募说明书以及基金销售业务规则的要求为投资者办理基金认购、申购、赎回等业务，不得擅自更改投资者的交易指令，无正当理由不得拒绝投资者的交易要求。

（6）获得投资者提供的开户资料和基金交易等相关资料后，应及时交所在机构建档保管，并依法为投资者保守秘密，不得泄露投资者买卖、持有基金份额的信息及其他相关信息。

（7）为投资者办理基金销售业务时，应当按照基金合同、招募说明书和发行公告等销售法律文件的规定代扣或收取相关费用，不得收取其他额外费用，也不得对不同投资者违规收取不同费率的费用。

（8）从事基金销售活动的其他禁止性情形包括：

① 在销售活动中为自己或他人牟取不正当利益。

② 违规向他人提供基金未公开的信息。

③ 诋毁其他基金、销售机构或销售人员。

④ 散布虚假信息，扰乱市场秩序。

⑤ 同意或默许他人以其本人或所在机构的名义从事基金销售业务。

⑥ 违规接受投资者全权委托，直接代理客户进行基金认购、申购、赎回等交易。

⑦ 违规对投资者作出盈亏承诺，或与投资者以口头或书面形式约定利益分成或亏损分担。

⑧ 承诺利用基金资产进行利益输送。

⑨ 以账外暗中给予他人财物、利益或接受他人给予的财物、利益等形式进行商业贿赂。

⑩ 挪用投资者的交易资金或基金份额。

⑪ 从事其他任何可能有损其所在机构和基金业声誉的行为。

3.3　基金宣传推介材料管理

3.3.1　宣传推介材料的范围

《证券投资基金销售管理办法》规定，基金宣传推介材料是指为推介基金向公众分发或者公布，使公众可以普遍获得的书面、电子或者其他介质的信息，包括以下几类。

（1）公开出版的资料。

（2）宣传单、手册、信函、传真、非指定信息披露媒体上刊发的与基金销售相关的、面向公众的宣传资料。

（3）海报、户外广告。

（4）电视、电影、广播、互联网资料、公共网站链接广告、短信及其他音像、通信资料。

（5）通过报眼及报花广告、公共网站链接广告、传真、短信、非指定信息披露媒体发布的与基金分红、销售相关的可以使公众普遍获得的、带有广告性质的基金销售信息。

（6）中国证监会规定的其他材料。

3.3.2　宣传推介材料审批报备流程

3.3.2.1　报备时机

基金管理人的基金宣传推介材料，应当事先经基金管理人负责基金销售业务的高级管理人员和督察长检查，由他们出具合规意见书，并自向公众分发或者发布之日起5个工作日内报主要经营活动所在地中国证监会派出机构备案。

其他基金销售机构的基金宣传推介材料，应当事先经基金销售机构负责基金销售业务的高级管理人员检查，由他们出具合规意见书，并自向公众分发或者发布之日起 5 个工作日内报工商注册登记所在地中国证监会派出机构备案。

3.3.2.2　报备的要求

基金管理公司和基金代销机构制作、分发或公布基金宣传推介材料，应当按照如下要求报送报告材料。

（1）报送内容

报送内容包括基金宣传推介材料的形式和用途说明、基金宣传推介材料、基金管理公司督察长出具的合规意见书、基金托管银行出具的基金业绩复核函或基金定期报告中相关内容的复印件，以及有关获奖证明的复印件。基金管理公司或基金代销机构负责基金营销业务的高级管理人员也应当对基金宣传推介材料的合规性进行复核，并出具复核意见。

（2）报送形式

书面报告报送基金管理公司或基金代销机构主要办公场所所在地证监局。报证监局时应随附电子文档。

（3）报送流程

基金管理公司或基金代销机构应当在分发或公布基金宣传推介材料之日起 5 个工作日内递交报告材料。

3.3.3　宣传推介材料的原则性要求

基金销售机构应当对基金宣传推介材料的内容负责，保证其内容的合规性，并确保向公众分发、公布的材料与备案的材料一致。基金管理公司和基金代销机构应当在基金宣传推介材料中加强对投资人的教育和引导，积极培养投资人的长期投资理念，注重对行业公信力及公司品牌、形象的宣传，避免通过大比例分红等降低基金单位净值的方式来吸引基金投资人购买基金，或对有悖基金合同约定的暂停、打开申购等营销手段进行宣传。

3.3.4　宣传推介材料的禁止性规定

基金宣传推介材料必须真实、准确，与基金合同、基金招募说明书相符，不得有下列情形。

（1）虚假记载、误导性陈述或者重大遗漏。

（2）预测基金的投资业绩。

（3）违规承诺收益或者承担损失。

（4）诋毁其他基金管理人、基金托管人、基金销售机构，或者其他基金管理人募集或者管理的基金。

（5）夸大或者片面宣传基金，违规使用安全、保证、承诺、保险、避险、有保障、高收益、无风险等可能使投资人认为没有风险或者片面强调集中营销时间限制的表述。

（6）登载单位或者个人的推荐性文字。

（7）基金宣传推介材料所使用的语言表述应当准确、清晰，还应特别注意以下内容。

① 在缺乏足够证据支持的情况下，不得使用"业绩稳健""业绩优良""名列前茅""位居前列""首只""最大""最好""最强""唯一"等表述。

② 不得使用"坐享财富增长""安心享受成长""尽享牛市"等易使基金投资人忽视风险的表述。

③ 不得使用"欲购从速""申购良机"等片面强调集中营销时间限制的表述。

④ 不得使用"净值归一"等误导基金投资人的表述。

（8）中国证监会规定的其他情形。

3.3.5　宣传推介材料业绩登载规范

3.3.5.1　过往业绩的时限要求

基金宣传推介材料可以登载该基金、基金管理人管理的其他基金的过往业绩，但基金合同生效不足 6 个月的除外。基金宣传推介材料登载过往业绩的，应当符合图 3-3 所示的要求。

要求一	基金合同生效 6 个月以上但不满 1 年的，应当登载从合同生效之日起计算的业绩
要求二	基金合同生效 1 年以上但不满 10 年的，应当登载自合同生效当年开始的所有完整会计年度的业绩，宣传推介材料公布日在下半年的，还应当登载当年上半年度的业绩
要求三	基金合同生效 10 年以上的，应当登载最近 10 个完整会计年度的业绩
要求四	业绩登载期间基金合同中投资目标、投资范围和投资策略发生改变的，应当予以特别说明

图 3-3　登载过往业绩的时限要求

3.3.5.2　登载过往业绩的规定

基金宣传推介材料登载该基金、基金管理人管理的其他基金的过往业绩，应当遵守下列规定。

（1）按照有关法律法规的规定或者行业公认的准则计算基金的业绩表现数据。

（2）引用的统计数据和资料应当真实、准确，并注明出处，不得引用未经核实、尚未发生或者模拟的数据。对于推介定期定额投资业务需要模拟历史业绩的，应当采用我国证券市场或者境外成熟证券市场具有代表性的指数，对其过去足够长时间的实际收益率进行模拟，同时注明相应的复合年平均收益率；此外，还应当说明模拟数据的来源、模拟方法及主要计算公式，并进行相应的风险提示。

（3）真实、准确、合理地表述基金业绩和基金管理人的管理水平。基金业绩表现数据应当经基金托管人复核或者摘自基金定期报告。

提醒您

基金宣传推介材料登载基金过往业绩时，应当特别声明，基金的过往业绩并不预示其未来表现，基金管理人管理的其他基金的业绩并不构成该基金业绩表现的保证。基金宣传推介材料对不同基金的业绩进行比较时，应当使用可比的数据来源、统计方法和比较期间，并且有关数据来源、统计方法应当公平、准确，具有关联性。

3.3.6 宣传推介材料的其他规范

宣传推介材料还应符合以下要求。

（1）材料附有统计图表的，应当清晰、准确。

（2）材料提及基金评价机构评价结果的，应当符合中国证监会关于基金评价结果引用的相关规范，并列明基金评价机构的名称及评价日期。

（3）材料登载基金管理人股东背景时，应当特别声明基金管理人与股东之间实行业务隔离制度，股东并不直接参与基金财产的投资运作。

（4）材料中推介货币市场基金的，应当提示基金投资人，购买货币市场基金并不等于将资金作为存款存放在银行或者存款类金融机构，基金管理人不保证基金一定盈利，也不保证最低收益。

（5）避险策略基金应充分揭示基金的风险，说明引入保障机制并不必然确保投资者投资本金的安全，持有人在极端情况下仍存在本金损失的可能，同时清晰地说明保障机制的具体安排，并举例说明可能存在的本金损失的极端情形。避险策略基金应在宣传推介材料中明确投资者在避险策略期间赎回、转换、转出是否可获得差额补足保障，并对可能发生的损失进行特别风险提示。

（6）材料应当含有明确、醒目的风险提示和警示性文字，以提醒投资人注意投资风险，仔细阅读基金合同和基金招募说明书，了解基金的具体情况。

① 有足够平面空间的基金宣传推介材料，应当在材料中加入符合规定必备内容的风险提示函。

② 电视、电影、互联网资料、公共网站链接形式的宣传推介材料应当包括至少5秒钟的影像显示，提示投资人注意风险并参考该基金的销售文件。

③ 电台广播应当以旁白形式表达上述内容。

（7）材料含有基金获中国证监会核准内容的，应当特别声明中国证监会的核准并不代表中国证监会对该基金的风险和收益作出实质性判断、推荐或者保证。

3.3.7　货币市场基金宣传推介的规范

（1）应声明不保证基金一定盈利和最低收益

基金管理人应当在货币市场基金的招募说明书及宣传推介材料的显著位置列明，投资者购买货币市场基金并不等于将资金作为存款存放在银行或者存款类金融机构，基金管理人不保证基金一定盈利，也不保证最低收益。

（2）宣传推介材料的制作规定

基金管理人、基金销售机构在从事货币市场基金销售活动过程中，应当按照有关法律法规规定制作宣传推介材料，严格规范宣传推介行为，充分揭示投资风险，不得承诺收益，不得使用与货币市场基金风险收益特征不相匹配的表述，不得夸大或者片面宣传货币市场基金的投资收益或者过往业绩。除基金管理人、基金销售机构外，其他机构或者个人不得擅自制作或者发放与货币市场基金相关的宣传推介材料；登载货币市场基金宣传推介材料的，不得片面引用或者修改其内容。

（3）基金销售支付结算机构推广活动的要求

基金销售支付结算等相关机构开展与货币市场基金相关的业务推广活动，应当事先征得合作基金管理人或者基金销售机构的同意，严格遵守相关法律法规的规定，不得混同、比较货币市场基金与银行存款及其他产品的投资收益，不得以宣传理财账户或者服务平台等名义变相从事货币市场基金的宣传推介活动。

（4）合作开展互联网销售业务的规定

基金管理人、基金销售机构独立或者与互联网机构等合作开展货币市场基金互联网销售业务时，应当采取显著方式向投资人揭示提供基金销售服务的主体、投资风险以及销售的货币市场基金名称，不得以理财账户或者服务平台的名义代替基金名称，同时应对合作业务范围、法律关系界定、信息安全保障、客户信息保密、合规经营义务、应急处置机制、防范非法证券活动、合作终止时的业务处理方案、违约责任承担和投资人权益保护等进行明确约定。

（5）提供增值服务的规定

基金管理人、基金销售机构、基金销售支付结算机构以及互联网机构在从事或者参与货币市场基金销售过程中，向投资人提供快速赎回等增值服务的，应当充分揭示增值服务的业务规则，并采取有效方式披露增值服务的内容、范围、权利义务、费用及限制条件等信息，不得片面强调增值服务的便利性，不得使用夸大或者虚假用语宣传增值服务。从事基金销售支付结算业务的非银行支付机构应当严格按照《支付机构客户备付金存管办法》有关要求存放、使用、划转客户备付金，不得将客户备付金用于基金赎回垫支。

3.3.8 宣传推介材料违规情形和监督处罚

（1）违规情形

基金管理公司或基金代销机构违规使用基金宣传推介材料的情形主要有图 3-4 所示的三种。

1 未履行报送手续

2 基金宣传推介材料和上报的材料不一致

3 基金宣传推介材料违反《证券投资基金销售管理办法》及其他情形

图 3-4　三种违规情形

（2）行政监管或处罚措施

出现上述情形时，将视违规程度由中国证监会或地方证监局依法采取图 3-5 所示的行政监管或行政处罚措施。

措施一 提示基金管理公司或基金代销机构进行改正

措施二 对基金管理公司或基金代销机构出具监管警示函

措施三 6 个月内连续两次被出具监管警示函仍未改正的基金管理公司或基金代销机构，在分发或公布基金宣传推介材料前，应当事先将材料报送中国证监会。基金宣传推介材料自报送中国证监会之日起 10 日后，方可使用。在上述期限内，中国证监会发现基金宣传推介材料不符合有关规定的，可及时告知该公司或机构进行修改；材料未经修改的，该公司或机构不得使用

措施四 责令基金管理公司或基金代销机构进行整改，暂停办理相关业务，并对其立案调查

措施五 对直接负责的基金管理公司或基金代销机构高级管理人员和其他直接责任人员，采取监管谈话、出具警示函、记入诚信档案、暂停履行职务、认定为不适宜担任相关职务等行政监管措施，或建议公司或机构免除有关高管人员的职务

图 3-5　行政监管或行政处罚措施

3.3.9 风险提示函的必备内容

证券投资基金是一种长期投资工具，其主要功能是分散投资，降低投资单一证券所带来的个别风险。基金不同于银行储蓄和债券等能够提供固定收益预期的金融工具，投资人购买基金，既可按其持有份额分享基金投资所产生的收益，也应承担基金投资所带来的损失。

基金在投资运作过程中可能面临各种风险，既包括市场风险，也包括基金自身的管理风险、技术风险和合规风险等。巨额赎回风险是开放式基金所特有的一种风险，即当单个交易日基金的净赎回申请超过基金总份额的10%时，投资人可能无法及时赎回持有的全部基金份额。

基金分为股票基金、混合基金、债券基金、货币市场基金等不同类型，投资人投资不同类型的基金将获得不同的收益预期，也将承担不同程度的风险。一般来说，基金的收益预期越高，投资人承担的风险也越大。

投资人应当认真阅读基金合同、招募说明书等基金法律文件，了解基金的风险收益特征，并根据自身的投资目的、投资期限、投资经验、资产状况等判断基金是否和投资人的风险承受能力相适应。

投资人应当充分了解基金定期定额投资和零存整取等储蓄方式的区别。定期定额投资是引导投资人进行长期投资、平均投资成本的一种简单易行的投资方式。但是定期定额投资并不能规避基金投资所固有的风险，不能保证投资人获得收益，也不是替代储蓄的等效理财方式。

3.4 基金销售适用性与投资者适当性

3.4.1 基金销售适用性的指导原则

基金销售机构在实施基金销售适用性管理的过程中应当勤勉审慎，全面了解投资者情况，深入调查、分析产品或服务信息，科学有效评估，充分揭示风险。基于投资者不同风险承受能力及产品或服务风险等级等因素，提出明确的适当性匹配意见，确保将适当的产品或服务提供给适合的投资者，具体应遵循图3-6所示的原则。

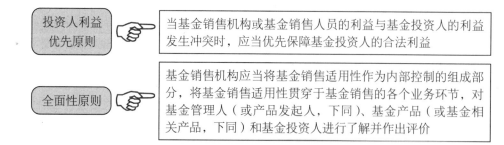

客观性原则	基金销售机构应当建立科学合理的方法，设置必要的标准和流程，保证基金销售适用性的实施。对基金管理人、基金产品和基金投资人的调查和评价，应当尽力做到客观、准确，并成为基金销售人员向基金投资人推介合适基金产品的重要依据
及时性原则	基金产品的风险评价和基金投资人的风险承受能力评价应当根据实际情况及时更新
有效性原则	通过建立科学的投资者适当性管理制度与方法，确保投资者适当性管理的有效执行
差异性原则	对投资者进行分类管理，对普通投资者和专业投资者实施差别适当性管理，履行差别适当性义务

图 3-6　基金销售适用性的指导原则

3.4.2　基金销售适用性管理制度

基金销售机构建立基金销售适用性管理制度，应当至少包括以下内容。

（1）对基金管理人进行审慎调查的方式和方法。

（2）对基金产品或者服务风险等级进行设置的方法，对基金产品或者服务进行风险评价的方式或方法。

（3）对投资者进行分类的方法与程序，投资者转化的方法和程序。

（4）对基金投资者风险承受能力进行调查和评价的方式和方法。

（5）对基金产品或者服务和基金投资者进行匹配的方法。

（6）投资者适当性管理的保障措施和风控制度。

3.4.3　基金销售渠道审慎调查

基金销售渠道审慎调查既包括基金代销机构对基金管理人的审慎调查，也包括基金管理人对基金代销机构的审慎调查。基金销售适用性要求基金管理人和基金代销机构相互进行审慎调查，具体包括图 3-7 所示的四个内容。

内容一	基金代销机构通过对基金管理人进行审慎调查，可了解基金管理人的诚信状况、经营管理能力、投资管理能力、产品设计能力和内部控制情况。同时将调查结果作为是否代销该基金管理人的基金产品或是否向基金投资人优先推介该基金管理人的重要依据

图 3-7

内容二	基金管理人通过对基金代销机构进行审慎调查，可了解基金代销机构的内部控制情况、信息管理平台建设、账户管理制度、销售人员能力和持续营销能力。同时将调查结果作为选择基金代销机构的重要依据
内容三	基金销售机构在研究和执行对基金管理人、基金产品和基金投资人调查、评价的方法、标准和流程时，应当尽力减少主观因素和人为因素的干扰，尽量做到客观、准确，并且有合理的理论依据
内容四	开展审慎调查，应当优先考虑被调查方公开披露的信息；接受被调查方提供的非公开信息时，必须对信息的适当性实施尽职甄别

图 3-7　基金销售渠道审慎调查的内容

3.4.4　基金产品或服务的风险评价

基金产品的风险评价，可以由基金销售机构的特定部门完成，也可以由第三方的基金评级与评价机构提供。由基金评级与评价机构提供基金产品风险评价服务的，基金销售机构应当要求服务方提供基金产品风险评价方法及说明。基金产品风险评价结果应当作为基金销售机构向基金投资人推介基金产品的重要依据。

基金产品风险评价以基金产品的风险等级来具体反映，根据基金业协会发布的《基金募集机构投资者适当性管理实施指引（试行）》，产品至少分五个等级：R1、R2、R3、R4 和 R5。基金产品风险评价应当至少包括图 3-8 所示的四个因素。

1	基金招募说明书所明示的投资方向、投资范围和投资比例
2	基金的历史规模和持仓比例
3	基金的过往业绩及基金净值的历史波动程度
4	基金成立以来有无违规行为发生。同时综合考虑流动性、到期时限、杠杆情况、结构复杂性、投资最低金额、募集方式等因素

图 3-8　基金产品风险评价要素

当存在图 3-9 所示的因素时，应审慎评估。

因素一	存在损失本金的可能性，因杠杆交易等因素容易导致本金大部分或者全部损失的产品或者服务
因素二	产品或者服务的流动变现能力，因无公开交易市场、参与投资者少等因素导致难以在短期内以合理价格顺利变现的产品或者服务

因素三	产品或者服务的可理解性，因结构复杂、不易估值等因素导致普通人难以理解其条款和特征的产品或者服务
因素四	产品或者服务的募集方式，涉及面广、影响力大的公募产品或者相关服务
因素五	产品或者服务的跨境因素，存在市场差异、适用境外法律等情形的跨境发行或者交易的产品或者服务
因素六	中国基金业协会认定的高风险产品或者服务
因素七	其他可能构成投资风险的因素

图 3-9 应审慎评估的因素

提醒您

基金销售机构所使用的基金产品风险评价方法及说明，应当通过适当途径向基金投资人公开。基金产品风险评价的结果应当定期更新，过往的评价结果应当作为历史记录保存。

3.4.5 基金投资人风险承受能力调查和评价

基金销售机构应当建立基金投资人调查制度，制定科学合理的调查方法和清晰有效的作业流程，对基金投资人的风险承受能力进行调查和评价。在对基金投资人的风险承受能力进行调查和评价前，基金销售机构应当执行基金投资人身份认证程序，核查基金投资人的投资资格，切实履行反洗钱等法律义务。

（1）风险承受能力级别

基金投资人评价应以基金投资人的风险承受能力类型来具体反映，根据基金业协会发布的《基金募集机构投资者适当性管理指引（试行）》，普通投资者风险承受能力至少分为五个类型，分别为 C1、C2、C3、C4、C5。

其中 C1 是风险承受能力最低类别。风险承受能力最低的投资者是指在 C1 中符合下列情况之一的自然人。

① 不具有完全民事行为能力。

② 没有风险容忍度或者不愿承受任何投资损失。

③ 法律、行政法规规定的其他情形。

（2）调查和评价时机

① 基金销售机构应当在基金投资人首次开立基金交易账户时或首次购买基金产品

前对基金投资人的风险承受能力进行调查和评价。

② 对已经购买了基金产品的基金投资人，基金销售机构也应当追溯调查，评价该基金投资人的风险承受能力。

提醒您

基金投资人放弃接受调查的，基金销售机构应当通过其他合理的规则或方法评价该基金投资人的风险承受能力。

（3）调查和评价的方式

基金销售机构可以采用当面、信函、网络或对已有的客户信息进行分析等方式对基金投资人的风险承受能力进行调查，并向基金投资人及时反馈评价的结果。

基金销售机构调查和评价基金投资人风险承受能力的方法及说明，应当通过适当途径向基金投资人公开。

（4）必须了解的情况

对基金投资人进行风险承受能力调查，应当从调查结果中至少了解基金投资人的以下情况：投资目的、投资期限、投资经验、财务状况、短期风险承受水平、长期风险承受水平。

① 自然人的姓名、职业、年龄、联系方式，法人或其他组织的名称、注册地址、办公地址、性质、资质及经营范围等。

② 收入来源和数额，资产、住房等财务状况。

③ 投资相关的学习、工作经历及投资经验。

④ 投资期限、品种、期望收益等投资目标。

⑤ 风险偏好及可承受损失。

⑥ 诚信记录。

⑦ 实际控制自然人和实际受益人。

⑧ 法规规定的投资者准入要求相关的信息。

⑨ 其他必要信息。

（5）问卷的要求

采用问卷等进行调查的，基金销售机构应当制定统一的问卷格式，同时在问卷的显著位置提示基金投资人，在基金购买过程中注意核对自己的风险承受能力和基金产品风险的匹配情况。

（6）投资者风险等级动态管理

基金销售机构应建立投资者评估数据库，为投资者建立信息档案，并对投资者风险等级进行动态管理。应充分使用已了解信息和已有评估结果，提高评估效率，避免重复采集。基金销售机构应当定期或不定期地提示基金投资人重新接受风险承受能力调查，也可以通过对已有客户信息进行分析来更新对基金投资人的评价，并告知投资者上述情况。过往的评价结果应当作为历史记录保存。

提醒您

投资者应当充分了解产品或者服务情况，听取基金销售机构适当性评估意见，根据自身能力审慎决策，独立承担投资风险。基金销售机构的适当性匹配意见不表明其对产品或服务的风险和收益作出实质性判断或者保证。投资者信息发生重要变化，可能影响分类的，应及时告知销售机构。

3.4.6 普通投资者和专业投资者

根据法规要求，投资者应分为普通投资者与专业投资者。基金销售机构可以根据专业投资者的业务资格、投资实力、投资经历等因素，对专业投资者进行细化分类和管理。

3.4.6.1 专业投资者

符合以下条件之一的为专业投资者。

（1）经有关金融监管部门批准设立的金融机构，包括证券公司、期货公司、基金管理公司及其子公司、商业银行、保险公司、信托公司、财务公司等；经行业协会备案或者登记的证券公司子公司、期货公司子公司、私募基金管理人。

（2）上述机构面向投资者发行的理财产品，包括但不限于证券公司资产管理产品、基金管理公司及其子公司产品、期货公司资产管理产品、银行理财产品、保险产品、信托产品、经行业协会备案的私募基金。

（3）社会保障基金、企业年金等养老基金，慈善基金等社会公益基金，合格境外机构投资者（QFII）、人民币合格境外机构投资者（RQFII）。

（4）同时符合下列条件的法人或者其他组织。

① 最近1年末净资产不低于2000万元。

② 最近1年末金融资产不低于1000万元。

③ 具有2年以上证券、基金、期货、黄金、外汇等投资经历。

（5）同时符合下列条件的自然人。

① 金融资产不低于500万元，或者最近3年个人年均收入不低于50万元。

② 具有2年以上证券、基金、期货、黄金、外汇等投资经历，或者具有2年以上金融产品设计、投资、风险管理及相关工作经历，或者上述第（1）项规定的专业投资者

的高级管理人员、获得职业资格认证的从事金融相关业务的注册会计师和律师。

上述金融资产，是指银行存款、股票、债券、基金份额、资产管理计划、银行理财产品、信托计划、保险产品、期货及其他衍生产品等。

3.4.6.2　普通投资者

专业投资者之外的投资者为普通投资者。普通投资者在信息告知、风险警示、适当性匹配等方面享有特别保护。基金销售机构对普通投资者应做到表3-2所示的事项。

表3-2　基金销售机构对普通投资者应做到的事项

序号	事项	说明
1	细化分类和管理义务	基金销售机构应当按照有效维护投资者合法权益的要求，综合考虑收入来源、资产状况、债务、投资知识和经验、风险偏好、诚信状况等因素，确定普通投资者的风险承受能力，并对其进行细化分类和管理。根据《基金募集机构投资者适当性管理实施指引（试行）》，应按照风险承受能力将普通投资者至少分为五种类型
2	特别的注意义务	基金销售机构向普通投资者销售高风险产品或者提供相关服务时，应当履行特别的注意义务，包括制定专门的工作程序，追加了解相关信息，告知特别的风险点，给予普通投资者更多的考虑时间，增加回访频次等
3	特别告知义务	基金销售机构向普通投资者销售产品或者提供服务前，应当告知下列信息： （1）可能直接导致本金亏损的事项 （2）可能直接导致超过原始本金损失的事项 （3）因经营机构的业务或者财产状况变化，可能导致本金或者原始本金亏损的事项 （4）因经营机构的业务或者财产状况变化，影响客户判断的重要事由 （5）限制销售对象权利行使期限或者可解除合同期限等全部限制内容 （6）投资者适当性匹配意见
4	不得主动推介超越风险承受能力或不符合投资目标的产品	（1）不得向普通投资者主动推介风险等级高于其风险承受能力的产品或者服务 （2）不得向普通投资者主动推介不符合其投资目标的产品或者服务 （3）不得向风险承受能力最低类别的普通投资者销售风险等级高于其风险承受能力的基金产品或者服务
5	举证责任倒置原则	基金销售机构应当妥善处理适当性相关的纠纷，与投资者协商解决争议，采取必要措施支持和配合投资者提出的调解。基金销售机构履行适当性义务存在过错并造成投资者损失的，应当依法承担相应法律责任。尤其是经营机构与普通投资者发生纠纷的，经营机构应当提供相关资料，证明其已向投资者履行相应义务

续表

序号	事项	说明
6	录音或录像要求	通过营业网点向普通投资者进行以下告知、警示时，应当全过程录音或者录像；通过互联网等非现场方式进行的，经营机构应当完善配套留痕安排，由普通投资者通过符合法律、行政法规要求的电子方式进行确认： （1）普通投资者申请成为专业投资者时，警示其能承担的投资风险，告知申请的审查结果及其理由 （2）向普通投资者销售高风险产品或者提供相关服务时，应当履行特别的注意义务 （3）根据投资者和产品或者服务的信息变化情况，主动调整投资者分类、产品或者服务分级以及适当性匹配意见，并告知投资者上述情况 （4）向普通投资者销售产品或者提供服务前，履行前述普通投资者特别告知义务

3.4.6.3　普通投资者与专业投资者的转化

普通投资者和专业投资者在一定条件下可以互相转化。

（1）专业投资者转化为普通投资者

符合图 3-10 所示条件的专业投资者，可以书面告知基金销售机构，其选择成为普通投资者，经营机构应当对其履行相应的适当性义务。

条件一　同时符合下列条件的法人或者其他组织

（1）最近 1 年末净资产不低于 2000 万元
（2）最近 1 年末金融资产不低于 1000 万元
（3）具有 2 年以上证券、基金、期货、黄金、外汇等投资经历

条件二　同时符合下列条件的自然人

（1）金融资产不低于 500 万元，或者最近 3 年个人年均收入不低于 50 万元
（2）具有 2 年以上证券、基金、期货、黄金、外汇等投资经历，或者具有 2 年以上金融产品设计、投资、风险管理及相关工作经历，或者上述"条件一"规定的专业投资者的高级管理人员、获得职业资格认证的从事金融相关业务的注册会计师和律师

图 3-10　专业投资者转化为普通投资者的条件

（2）普通投资者转化为专业投资者

符合图 3-11 所示条件之一的普通投资者可以申请转化为专业投资者，但基金销售机构有权自主决定是否同意其转化。

最近 1 年末净资产不低于 1000 万元，最近 1 年末金融资产不低于 500 万元，且具有 1 年以上证券、基金、期货、黄金、外汇等投资经历的除专业投资者外的法人或其他组织

金融资产不低于 300 万元或者最近 3 年个人年均收入不低于 30 万元，且具有 1 年以上证券、基金、期货、黄金、外汇等投资经历或者 1 年以上金融产品设计、投资、风险管理及相关工作经历的自然人投资者

图 3-11　普通投资者转化为专业投资者的条件

普通投资者申请成为专业投资者时，应当以书面形式向基金销售机构提出申请，并确认自主可能承担的风险和后果，提供相关的证明材料。

提醒您

基金销售机构应当通过追加了解信息、投资知识测试或者模拟交易等方式对投资者进行谨慎评估，确认其符合前述要求，并向其说明对不同类别投资者履行适当性义务的差别，警示可能承担的投资风险，告知申请的审查结果及理由。

3.4.7　投资者与基金产品或者服务风险匹配

基金募集机构要制定普通投资者和基金产品或者服务匹配的方法、流程，明确各个岗位在执行投资者适当性管理过程中的职责。匹配方法至少要在普通投资者的风险承受能力类型和基金产品或者服务的风险等级之间建立合理的对应关系，同时在建立对应关系的基础上，将基金产品或者服务风险超过普通投资者风险承受能力的情况定义为风险不匹配。

3.4.7.1　适当性匹配原则

基金募集机构要根据普通投资者风险承受能力和基金产品或者服务的风险等级建立图 3-12 所示的适当性匹配原则。

原则一	C1 型（含最低风险承受能力类别）普通投资者可以购买 R1 级基金产品或者服务
原则二	C2 型普通投资者可以购买 R2 级及以下风险等级的基金产品或者服务
原则三	C3 型普通投资者可以购买 R3 级及以下风险等级的基金产品或者服务
原则四	C4 型普通投资者可以购买 R4 级及以下风险等级的基金产品或者服务
原则五	C5 型普通投资者可以购买所有风险等级的基金产品或者服务

图 3-12　适当性匹配原则

最低风险承受能力类别的普通投资者不得购买高于其风险承受能力的基金产品或者服务。

3.4.7.2　销售基金产品或者服务的禁止行为

基金募集机构向投资者销售基金产品或者服务时，禁止出现以下行为。

（1）向不符合准入要求的投资者销售基金产品或者服务。

（2）向投资者就不确定的事项提供确定性的判断，或者告知投资者有可能使其误认为具有确定性的判断。

（3）向普通投资者主动推介风险等级高于其风险承受能力的基金产品或者服务。

（4）向普通投资者主动推介不符合其投资目标的基金产品或者服务。

（5）向风险承受能力最低类别的普通投资者销售风险等级高于其风险承受能力的基金产品或者服务。

（6）其他违背适当性要求、损害投资者合法权益的行为。

提醒您

基金募集机构在向普通投资者销售最高风险等级（R5）的基金产品或者服务时，应向其完整揭示以下事项。

（1）基金产品或者服务的详细信息、重点特性和风险。

（2）基金产品或者服务的主要费用、费率及重要权利、信息披露内容、方式及频率。

（3）普通投资者可能承担的损失。

（4）普通投资者投诉方式及纠纷解决安排。

3.4.7.3　普通投资者主动要求购买高风险产品的处理

除遗产继承等特殊原因产生的基金份额转让之外，普通投资者主动购买高于其风险承受能力的基金产品或者服务的行为，不得突破相关准入资格的限制。

普通投资者主动要求购买与之风险承受能力不匹配的基金产品或者服务的，基金募集机构应遵循图 3-13 所示的程序。

第一步　普通投资者主动向基金募集机构提出申请，明确表示要购买具体的、高于其风险承受能力的基金产品或服务，并同时声明，基金募集机构及其工作人员没有在基金销售过程中主动推介该基金产品或服务的信息

第二步　基金募集机构对普通投资者资格进行审核，确认其不属于风险承受能力最低类别投资者，也没有违反投资者准入性规定

图 3-13

第三步	基金募集机构向普通投资者以纸质或电子文档的方式进行特别警示，告知该产品或服务风险高于其承受能力
第四步	普通投资者对该警示进行确认，表示已充分知晓该基金产品或者服务风险高于其承受能力，并明确作出愿意自行承担相应不利结果的意思表示
第五步	基金募集机构履行特别警示义务后，普通投资者仍坚持购买该产品或者服务的，基金募集机构可以向其销售相关产品或者提供相关服务

图 3-13　普通投资者主动要求购买高风险产品的处理程序

3.4.7.4　信息变化的管理

（1）投资者信息发生重大变化的，基金募集机构要及时更新投资者信息，重新评估投资者风险承受能力，并将调整后的风险承受能力告知投资者。

（2）基金募集机构销售的基金产品或者服务信息发生变化的，要及时依据基金产品或者服务风险等级划分参考标准，重新评估其风险等级。

> **提醒您**
>
> 基金募集机构还要建立长效机制，对基金产品或者服务的风险进行定期评价、更新。由于投资者风险承受能力与基金产品或者服务风险等级发生变化，导致投资者所持有基金产品或者服务不匹配的，基金募集机构要将不匹配情况告知投资者，并给出新的匹配意见。

3.4.8　基金销售适用性与投资者适当性的实施保障

基金销售机构应当通过内部控制保障基金销售适用性在基金销售各个业务环节的实施，具体如表 3-3 所示。

表 3-3　基金销售适用性与投资者适当性的实施保障措施

序号	措施	说明
1	制定与基金销售适用性相关的制度和程序	（1）基金销售机构总部应当负责制定与基金销售适用性相关的制度和程序，建立销售的基金产品池，在销售业务信息管理平台中建设并维护与基金销售适用性相关的功能模块 （2）基金销售机构分支机构应当在总部的指导和管理下实施与基金销售适用性相关的制度和程序

续表

序号	措施	说明
2	加强对销售人员的管理	（1）基金销售机构应当就基金销售适用性的理论和实践对基金销售人员进行专题培训 （2）基金销售机构应建立销售人员的考核、监督、问责、培训等机制，规范销售人员履行投资者适当性的职责。不得采取鼓励其向投资者销售不适当产品或服务的考核激励机制或措施 （3）基金销售机构要加强对销售人员的日常管理，建立管理档案，对销售人员的行为、诚信、奖惩等方面进行记录
3	建立健全普通投资者回访制度	基金销售机构要建立健全普通投资者回访制度，对购买基金产品或者服务的普通投资者定期抽取一定比例进行回访，对持有最高风险等级基金产品或者服务的普通投资者增加回访比例和频次。基金销售机构应对回访时发现的异常情况进行持续跟踪与核查，存在风险隐患的，及时排查，并定期整理、总结，以完善投资者适当性制度。回访内容包括但不限于以下信息： ① 受访人是否为投资者本人 ② 受访人是否知晓基金产品或者服务的风险以及相关的风险警示 ③ 受访人是否知晓自己的风险承受能力等级、购买的基金产品或者接受的服务的风险等级，以及适当性匹配意见 ④ 受访人是否知晓承担的费用以及可能产生的投资损失 ⑤ 基金销售机构及其工作人员是否存在法规规定的禁止行为
4	建立完备的投资者投诉处理体系	基金销售机构要建立完备的投资者投诉处理体系，准确记录投资者投诉内容。基金销售机构要妥善处理因履行投资者适当性职责所引起的投资者投诉，及时发现业务风险，完善内控制度
5	开展投资者适当性管理自查	基金销售机构每半年开展一次投资者适当性管理自查。自查可以采取现场、非现场及暗访相结合的方式进行，并形成自查报告留存备查。自查内容包括但不限于投资者适当性管理制度建设及落实情况、人员考核及培训情况、投资者投诉处理情况、业务风险及时整改情况，以及其他需要报告的事项
6	进行适当性匹配检验	基金销售机构应当制定基金产品和基金投资人匹配的方法，在销售过程中，销售业务信息管理平台可完成基金产品风险和基金投资人风险承受能力的匹配检验
7	加入基金投资人意愿声明内容	基金销售机构应当在基金认购或申购申请中加入基金投资人意愿声明内容，对于基金投资人主动认购或申购的基金产品风险超过基金投资人风险承受能力的情况，要求基金投资人在认购或申购基金的同时进行确认，并在销售业务信息管理平台上记录基金投资人的确认信息。禁止基金销售机构违背基金投资人意愿向基金投资人销售与基金投资人风险承受能力不匹配的产品
8	制定、落实与适当性投资有关的风险控制制度	投资者主动要求购买超出其承受能力的产品的，基金销售机构应当制定并严格落实与适当性投资有关的风险控制制度，如限制不匹配销售行为，客户投资检查、评估与销售隔离，以及培训、考核、执业规范、监督问责等

> **提醒您**
>
> 　　中国证监会及其派出机构在对基金销售活动进行现场检查时，有权对与基金销售适用性相关的制度建设、推广实施、信息处理和历史记录等进行询问或检查，发现存在问题的，可以对基金销售机构进行必要的指导。基金业协会有权对基金销售适用性的执行情况进行自律管理。匹配方案、警示告知资料、录音录像资料、自查报告等的保存期限不得少于 20 年。

 【实例】 ▶▶▶

×× 公司基金销售适用性管理办法

1. 目的

在基金销售活动中，为贯彻投资者利益优先原则，有效实施销售适用性原则，及时、准确地评价投资者风险承受能力和基金产品风险等级，提示投资者购买与自身风险承受能力相适应的基金产品，根据《证券投资基金法》《证券投资基金销售管理办法》及《证券投资基金销售适用性指导意见》等法规的要求，制定本办法。

2. 适用范围

本办法适用于本公司开放式基金代理销售业务的部门及分支机构。

各分支机构应当参照本办法，做好基金销售人员的培训工作，加强对基金销售行为的管理，加大对基金投资人的风险提示，降低销售过程中因产品错配而导致的基金投资人投诉风险。

3. 术语

基金销售适用性是指基金销售机构在销售基金和相关产品的过程中，根据基金投资人的风险承受能力销售不同风险等级的产品，注重把合适的产品卖给合适的基金投资人。

4. 相关部门职责

4.1 研究部负责提出和修改投资者风险承受能力和基金产品风险等级的评测方案；销售决策委员会为方案的决策机构；运营部负责风险匹配规格的设置；市场部负责在基金销售过程中，了解投资者的风险承受能力，对投资者进行销售适用性评价，提示投资者购买与自身风险承受能力相匹配的基金产品。

4.1.1 市场部在基金销售的过程中，应了解投资者的风险承受能力，并对其进行销售适用性评价，提示投资者购买与自身风险承受能力相匹配的基金产品。同时定期提示投资者重新接受风险承受能力调查，或通过对已有客户信息进行分析来更新对投资者风险偏好的评价。

4.1.2 市场部、运营部负责对柜台及网上交易的客户进行风险承受能力调查，提示投资者购买与自身风险承受能力相匹配的基金产品，并每年提示投资者重新接受风险承受能力调查。

4.1.3 监察稽核部负责对适用性原则的执行情况进行审慎调查，了解基金销售的内部控制、信息管理平台建设、账户管理制度、销售人员能力和持续营销能力等情况。监察稽核部负责对投资者的过往评价结果进行保存。

4.2 研究部应对销售适用性职责主要有三方面，第一，制定并定期更新投资者风险测试方法，了解投资者整体的风险偏好和风险偏好变化；第二，通过数量和调研的方法充分揭示不同基金的风险收益特征，尤其要揭示新基金的风险，同时对老基金按照实际历史绩效水平进行评价；第三，组织对投资顾问进行培训。

4.3 监察稽核部定期对销售适用性原则的执行情况进行核查，对销售过程中出现的违反适用性原则的行为，提示相关部门进行及时纠正。

4.4 技术部应在信息系统中建设并维护与基金销售适用性相关的功能模块，负责在网上交易系统中设置风险调查问卷测试、评价及投资者声明等记录功能，并根据业务部门的要求，每年进行一次更新。投资者风险承受能力调查结果至少应保存15年。

5. 管理规定

5.1 基金管理人的审慎调查

5.1.1 为确保基金销售适用性的贯彻实施，本公司在选择代销基金产品前，需要对基金管理人进行审慎调查并作出评价。需要了解基金管理人的基本实力、团队稳定性、投资管理能力、投资研究风险控制制度建设、内部控制机制和诚信情况，并将调查结果作为代销该基金管理人的基金产品或向基金投资人优先推介该基金管理人管理的产品的主要依据。

5.1.2 本公司开展审慎调查，优先考虑被调查方公开披露的信息。本公司根据监管部门对基金管理人的监管意见，在确保基金管理人资质合格的基础上，主要从基金管理人的基本实力、团队稳定性、投资管理能力、制度建设、内部控制和诚信状况等方面出发，采用定量为主、定性为辅的评价方法对基金管理公司（基金管理人）的综合实力进行评价，同时将相关评价结果作为对基金管理人进行审慎调查的依据。

5.1.3 审慎性调查工作表由研究部负责制作。基金业绩、基金分类、处罚信息由两个人同时制作，比对无误后纳入工作表，监察稽核总监和研究部总监共同复核并签字后生效。

5.1.4 基金公司审慎性调查频率为每季度一次。在法定基金季度报告披露完成后的10个工作日完成工作表的制作，在无异议的情况下，5个工作日内签署生效。

5.1.5 审慎性调查汇总明细表作为公司基金销售业务重要的业务档案，由办公室归档，存档期限为15年。

5.2 基金产品的风险等级设置和风险评价

5.2.1 在基金产品分类的基础上，本公司的基金产品风险评价以基金产品的风险等级来具体反映，基金产品风险由低至高分为低风险、中低风险、中风险、中高风险、高风险。

5.2.2 在基金产品销售前，研究部应对基金产品进行风险评价；基金产品上线销售后，研究部至少每年更新风险评级，过往的评价结果应当作为历史记录进行保存。

5.2.3 主要根据基金产品招募说明书所明示的投资方向、投资范围、各类资产的配置比例，基金的历史规模，基金的过往业绩及基金净值的历史波动程度，基金成立以来有无违规行为发生以及投资风格对基金风险进行评价，以保证评价的客观性和一致性。

5.2.4 基于上述分析及国内基金管理行业的发展现状，本公司的定量风险评价，综合考虑基金短期（过去半年）、中期（过去一年）和长期（过去三年）三个时期的收益性指标，来体现中长期业绩优势。

5.2.5 如遇突发或意外事项，或者出现新的风险因素，引起或可能引起基金风险等级上升，必须根据有关事项或风险因素，综合运用定性和定量分析方法对基金风险评级进行更新。

5.2.6 本公司代销的基金产品的风险等级在基金销售系统中由总公司运营部按照评价结果进行如实设置。风险等级评价结果要定期及不定期更新，所有的评价结果都要求作为历史记录保存在本公司的基金销售系统中。

5.2.7 本公司的基金销售人员必须根据基金产品的风险等级评价结果向基金投资人进行推介，分支机构必须定期在网点公告本公司代销基金的风险等级、净值变化及本公司所使用的基金产品风险评价方法。

5.3 基金投资者风险承受能力调查和评价

5.3.1 为确保将合适的基金销售给合适的基金投资人，本公司必须在基金投资人首次进行基金交易账户开户时对其风险承受能力进行调查和评价。风险调查由基金销售系统执行，评价完成后，基金销售系统保存评价结果，并将评价结果作为基金投资人风险偏好的属性。基金销售系统在投资人进行基金投资时将其风险等级与基金产品的风险等进行自动匹配。

5.3.2 本公司在进行风险能力调查前，应依据反洗钱相关法律法规及公司代销相关制度核实投资者的身份，核实资料至少包括客户姓名、有效身份证件等。如进行开户或者交易的非投资者本人，还应核实代理人的身份以及授权文件。

5.3.3 投资者在本公司首次开立交易账户或首次购买基金产品时，应对其风险承受能力进行调查和评价。客户评价方式采用调查问卷形式（分个人客户和机构客户两类），由客户填写，具体方法如下。

（1）投资者为网上交易客户时，应在网上填写风险能力测试问卷，系统将自动给出评价结果，同时提示投资者购买的产品是否与其风险承受能力相匹配。

（2）投资者为柜台直接客户时，接待人员应将调查问卷交投资者填写，之后录入投资者风险承受能力评价系统，待系统给出评价结果后，再将评价结果提供给投资者。

（3）网上交易系统或直销柜台人员应对投资者选择的基金产品与其风险承受能力是否匹配进行判断，向投资者及时反馈评价的结果，提示投资者购买与自己风险承受能力相匹配的基金产品。对于购买的基金产品与其风险承受能力不相匹配的个人投资者，网上交易和直销柜台系统应予以提示。对于购买的基金产品与其风险承受能力不相匹配的机构投资者，柜台工作人员应要求其签订"机构投资者风险承受能力确认书"。

（4）对于放弃参加风险测试的柜台投资者，柜台工作人员应耐心劝导和解释，说服投资者按要求办理；对于放弃参加风险测试的网上交易投资者，应将其风险承受能力视为最低，客户服务人员可通过电子邮件、信函、电话回访等方式开展风险承受能力补充调查工作，并根据投资者风险承受能力的评价方式给出评价结果，同时将评价结果及时反馈给投资者。

（5）柜台和网上交易系统应每年一次提示基金投资者进行风险承受能力调查，以便投资者根据自身情况变化调整理财配置。过往的评价结果应当作为历史记录保存。

5.3.4　本公司对基金投资人的评价，以基金投资人的风险承受能力类型进行反映。

5.3.5　个人投资者风险承受能力评价方式

（1）对投资者风险承受能力的评价主要取决于投资者的客观条件和对待风险的主观态度两个方面，其中客观条件起主导作用，主观态度作为参考。

（2）投资者风险承受主客观因素汇总即为投资者风险承受能力，这里采取评分的方法，由低到高将其划分为五个档次，依次为保守型、稳健型、平衡型、成长型、激进型。

（3）影响投资者风险承受能力的客观条件包括投资期限、工作稳定性、家庭负担、资产情况以及投资经验等，每个客观条件在不同档次上有不同的分值；影响投资者风险承受能力的主观态度因素包括长期损失承受能力、投资目的、资产配置、对待短期损失的态度、损失操作方法以及对行情的关心程度，每个主观因素在不同档次上有不同的分值。

5.3.6　机构投资者风险承受能力评价方式

机构投资者的风险承受能力，主要受投资期限、投资经验、财务状况、短期风险承受水平、长期风险承受水平等方面的影响。采取评分的方法，最高分为30分，由低到高将其划分为五个档次，依次为保守型、稳健型、平衡型、成长型、激进型。

5.3.7　公司网站应发布本公司基金投资者风险承受能力测试问卷及评价方式，以便投资者查阅。

5.4　投资者风险承受能力与基金产品风险度匹配方法

5.4.1　投资者风险承受能力与基金产品的匹配，根据下表进行。

基金风险类型	客户风险等级				
	激进型	成长型	平衡型	稳健型	保守型
高	√	×	×	×	×
中高	√	√	×	×	×
中等	√	√	√	×	×
中低	√	√	√	√	×
低	√	√	√	√	√

5.4.2 对风险承受能力调查结果的处理

（1）柜台人员对投资者的风险承受能力进行调查后，应打印出风险承受能力调查结果并反馈给客户。客户选择基金产品后，如系统提示不匹配，应打印出投资者意愿声明并交客户签字。客户签字的投资者意愿声明应编号妥善保管，原件应作为重要档案资料保存15年。

（2）网上交易客户接受风险承受能力调查后，系统会自动产生投资者风险承受能力测评结果或与产品风险特征是否匹配的提示。如投资者不考虑系统提示的风险，需按"继续"按钮，表示风险自担。系统应记录投资者风险调查结果、投资者意愿声明以及客户已阅读投资者意愿声明的操作。网上交易系统应将投资者接受购买基金适用性调查过程的记录以电子文档形式进行保存，保存期限为15年。

（3）对于没有风险承受能力调查结果的投资者，网上交易系统会将该投资者默认为"保守型"投资者，并且当投资者认／申购与其风险属性不匹配的基金产品时，系统会提示投资者签订投资者意愿声明或者进行风险测评。

（4）对于系统使用前已在本公司网上交易和柜台开立账户或购买基金产品的投资者，客户服务人员将进行风险承受能力补充调查工作。对留有电子邮件的客户，发送电子调查表，并逐一落实测评结果和产品适用性原则。对于没有电子邮件的投资者，采取电话回访、信函、在线问答等多种方式完成调查和评价工作。相关过程和结果应按要求进行保存。

3.5 基金销售信息管理

3.5.1 基金销售业务信息管理系统

证券投资基金销售业务信息管理平台是指基金销售机构使用的与基金销售业务相关的信息系统，主要包括前台业务系统、后台管理系统，以及应用系统的支持系统。其中，基金销售机构是指依法办理基金份额认购、申购和赎回的基金管理人，以及取得基金代销业务资格的其他机构。信息管理平台的建立和维护应当遵循安全性、实用性、系统化原则。

3.5.1.1 前台业务系统

（1）分类

前台业务系统主要是指直接面对基金投资人或者与基金投资人的交易活动直接相关的应用系统，分为辅助式和自助式两种类型，如图 3-14 所示。

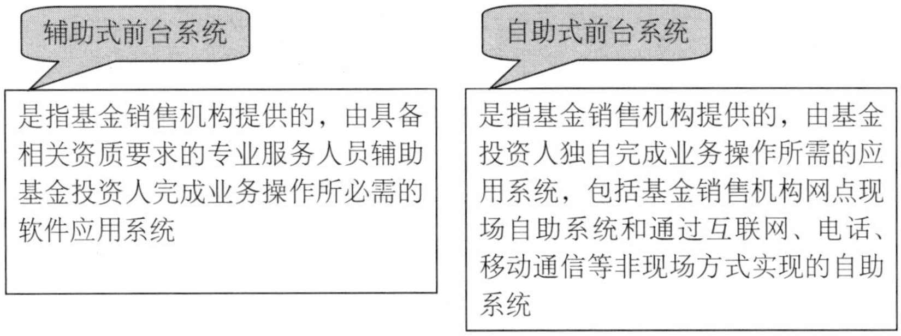

辅助式前台系统
是指基金销售机构提供的，由具备相关资质要求的专业服务人员辅助基金投资人完成业务操作所必需的软件应用系统

自助式前台系统
是指基金销售机构提供的，由基金投资人独自完成业务操作所需的应用系统，包括基金销售机构网点现场自助系统和通过互联网、电话、移动通信等非现场方式实现的自助系统

图 3-14 前台业务系统的分类

（2）功能要求

前台业务系统应当具备图 3-15 所示的五个方面功能。

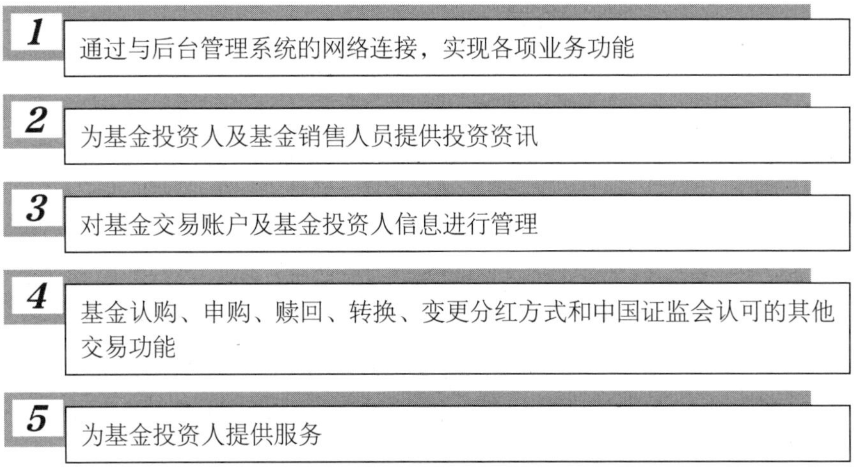

1 通过与后台管理系统的网络连接，实现各项业务功能

2 为基金投资人及基金销售人员提供投资资讯

3 对基金交易账户及基金投资人信息进行管理

4 基金认购、申购、赎回、转换、变更分红方式和中国证监会认可的其他交易功能

5 为基金投资人提供服务

图 3-15 前台业务系统的功能要求

（3）自助式前台系统的要求

自助式前台系统在满足前台业务系统要求的前提下，应当同时符合图 3-16 所示的要求。

要求一	基金销售机构要为基金投资人提供核实自助式前台系统真实身份和资质的方法
要求二	通过自助式前台系统为基金投资人开立基金交易账户时，应当要求基金投资人提供证明身份的相关资料，并采取等效实名制的方式核实基金投资人身份
要求三	自助式前台系统应当对基金投资人自助服务的操作提供核实身份的功能和合法有效的抗否认措施
要求四	当基金交易账户存在余额、在途交易或在途权益时，基金投资人不得通过自助式前台系统进行基金交易账户销户或指定银行账户变更等重要操作，基金投资人必须持有效证件前往柜台办理
要求五	基金销售机构应当在自助式前台系统上设定基金交易项目限额
要求六	自助式前台系统的各项功能设计，应当界面友好、方便易用，具有防止或纠正基金投资人误操作的功能

图 3-16 自助式前台系统的要求

3.5.1.2 后台管理系统

后台管理系统可实现对前台业务系统功能的数据支持和集中管理，后台管理系统功能应当限制在基金销售机构内部使用。

后台管理系统应当符合以下要求。

（1）能够记录基金销售机构、基金销售分支机构、网点和基金销售人员的相关信息，对基金销售分支机构、网点和基金销售人员的管理、考核、行为具有监控功能。

（2）能够记录和管理基金风险评价、基金管理人与基金产品信息、投资资讯等相关信息。

（3）对基金交易开放时间以外收到的交易申请进行正确处理，防止发生基金投资人盘后交易的行为。

（4）具备交易清算、资金处理等功能，以便完成与基金注册登记系统、银行系统的数据交换。

（5）具有对所涉及的信息流和资金流进行对账作业的功能。

3.5.2 基金客户信息的内容与保管要求

基金客户信息资料对基金公司而言至关重要。基金公司加强对客户的规范管理，有利于交易委托纠纷的解决，保护广大投资者合法权益；有利于保障基金经营机构信息系统安全运行，保证客户资产和交易安全，提高交易中断的后期处理能力；有利于建立网上交易身份认证机制，提高网上交易的安全防范能力。

3.5.2.1　基金客户信息的内容

基金经营机构的客户信息主要分为两类，如表 3-4 所示。

表 3-4　基金经营机构的客户信息类别及内容

序号	类别	内容说明
1	客户账户信息	客户账户信息包括账号、账户开立时间、开户行、账户余额、账户交易情况等
2	客户交易记录信息	客户交易记录包括每笔交易的数据信息、业务凭证、账簿，以及相关规定要求的反映交易真实情况的合同、业务凭证、单据、业务函件和其他资料。客户交易记录主要包括客户交易终端信息，其主要内容是客户通过基金经营机构下达交易指令的交易终端特征代码。客户交易终端信息是客户委托记录、交易记录的重要组成部分，包括但不限于以下内容：电话号码、互联网通信协议地址（IP 地址）、媒介访问控制地址（MAC 地址），以及其他能识别客户交易终端的特征代码

3.5.2.2　客户信息管理要求

（1）基金经营机构应当建立健全内部控制制度，对易发生客户信息泄露的环节进行充分排查，明确规定各部门、岗位和人员的管理责任，加强客户信息管理的权限设置，形成相互监督、相互制约的管理机制，切实防止信息泄露或滥用事件的发生。

（2）基金经营机构要完善信息安全技术防范措施，确保客户信息在收集、传输、加工、保存、使用等环节中不被泄露。

（3）基金经营机构不得篡改、违法使用客户信息。使用客户信息时，应当符合收集该信息的目的，并不得进行以下行为。

① 出售客户信息。

② 向本基金机构以外的其他机构和个人提供客户信息，但为客户办理相关业务所必需并经客户本人书面授权或同意的，以及法律法规和相关监管机构另有规定的除外。

③ 在客户提出反对的情况下，将客户信息用于该信息源以外的金融机构的其他营销活动。

（4）基金经营机构通过格式条款取得客户书面授权或同意的，应当在协议中明确该授权或同意所适用的向他人提供客户信息的范围和具体情形。同时，还应当在协议的醒目位置使用通俗易懂的语言明确提示该授权或同意的可能后果，并在客户签署协议时提醒其注意上述提示。

3.5.2.3　客户信息保存期限有关规定

对于不同类型客户信息的保管方式和期限，法律法规从不同角度提出了不同要求，如表 3-5 所示。客户身份资料在保管方式电子化、异地备份、登记公司备份等方面趋于严格，保管期限要求也越来越长。

表 3-5　客户信息保存期限有关规定

序号	法规名称	保存期限规定
1	中国人民银行反洗钱相关的法规	根据中国人民银行反洗钱相关的法规，客户身份资料和交易记录的保管期限是 5 年
2	《金融机构客户身份识别和客户身份资料及交易记录保存管理办法》	该办法（中国人民银行令〔2007〕第 2 号）规定，客户身份资料应自业务关系结束当年或者一次性交易记账当年计起至少保存 5 年，交易记录应自交易记账当年计起至少保存 5 年
3	中国证监会发布的基金销售法规体系	在中国证监会发布的基金销售法规体系中，开户资料和销售相关资料的保管期限一般规定为 15 年 （1）《证券投资基金销售管理办法》（证监会令第 91 号，2013 年）规定，基金销售机构应当建立健全档案管理制度，妥善保管基金份额持有人的开户资料和与销售业务有关的其他资料。客户身份资料自业务关系结束当年计起至少保存 15 年，与销售业务有关的其他资料自业务发生当年计起至少保存 15 年 （2）《证券投资基金销售机构内部控制指导意见》（证监基金字〔2007〕277 号）规定，基金销售机构应建立完善的档案管理制度，妥善保管相关业务资料。客户身份资料自业务关系结束当年计起至少保存 15 年，交易记录自交易记账当年计起至少保存 15 年。系统数据应逐日备份并异地妥善存放，系统运行数据中涉及基金投资人信息和交易记录的备份应当在不可修改的介质上保存 15 年 （3）《证券投资基金销售业务信息管理平台管理规定》（证监基金字〔2007〕76 号）同样规定，系统数据应当逐日备份并异地妥善存放，系统运行数据中涉及基金投资人信息和交易记录的备份应当在不可修改的介质上保存 15 年
4	《证券投资基金法》	该办法规定，基金份额登记机构应当妥善保存登记数据，并将基金份额持有人名称、身份信息及基金份额明细等数据备份至中国证监会认定的机构。其保存期限自基金账户销户之日起不得少于 20 年
5	《证券期货投资者适当性管理办法》	该办法（证监会令第 130 号，2016 年）规定，经营机构应当按照相关规定妥善保存其履行适当性义务的相关信息资料，防止泄露或者被不当利用，接受中国证监会及其派出机构和自律组织的检查。对匹配方案、告知警示资料、录音录像资料、自查报告等的保存期限不得少于 20 年
6	《关于加强证券期货经营机构客户交易终端信息等客户信息管理的规定》	根据该规定（证监会公告〔2013〕30 号），证券期货经营机构应妥善保存客户交易终端信息和开户资料电子化信息，保存期限不得少于 20 年。证券期货经营机构应妥善保存交易时段客户交易区的监控录像资料，保存期限不得少于 6 个月

提醒您

　　基金销售机构销售基金产品时委托其他机构进行客户身份识别的，应当通过合同、协议或者其他书面文件，明确双方在客户身份识别、客户身份资料和交易记录保存与信息交换、大额交易和可疑交易报告等方面的反洗钱职责和程序。

3.6　基金销售业务应急处理

3.6.1　应急组织及其职责

基金销售机构应建立应急组织，明确其职责。

3.6.1.1　应急组织的组成

基金销售业务应急处理由基金突发事件处理领导小组负责，组长通常由公司总经理担任，领导小组成员包括但不限于运营部、监察稽核部、财务部、技术部等部门负责人。运营部是基金销售业务的基础运营部门；客户服务中心是受理业务咨询和投诉的部门；监察稽核部是负责业务突发事件对外媒体发布的部门。

3.6.1.2　应急处理工作领导小组职责

（1）统一领导和指挥公司基金销售业务突发事件应急处置工作。

（2）决定启动或终止应急预案。

（3）协调相关部门或机构共同开展应急处置工作。

（4）负责应急预案其他重要事项的决策。

3.6.1.3　应急处理工作领导小组成员部门的职责

各成员部门在突发事件处理领导小组的统一部署和领导下，负责处理各自职责范围内的相关应急工作事务，并提出相应的应急处置建议和措施，完成突发事件处理领导小组交办的工作。

3.6.2　保障体系

基金销售机构应为基金销售的应急处理建立保障体系，具体如图 3-17 所示。

应建立完善的管理体系，销售业务应急处理工作小组具体负责各种异常情况的处理和落实，小组成员由公司业务骨干组成，小组负责人由公司负责人担任。公司要明确专业分工和各项应急工作任务，把应急处理措施，具体落实到个人

建立和完善异常情况处理的管理制度，建立相应的异常情况处理办法，建立异常情况处理岗位责任制。应急处理工作小组成员应保证通信畅通，保证及时处理各种异常情况

建立科学的异常情况分析、预测、监控体系，用科技手段控制和预防异常情况发生。公司要建立异常情况报告制度，异常情况发生后，一线人员除按照应急处理措施处理外，还应及时报告异常情况处理工作小组

图 3-17

加强领导和员工应急处理意识的教育和业务培训。公司在基金销售业务开始前，应针对各种异常情况进行模拟演练，使各个岗位的工作人员训练有素，在异常情况来临时能沉着应对，及时处理，及早恢复正常运转

图 3-17　应急处理保障体系的组成

3.6.3　异常情况处理

3.6.3.1　可能发生的异常情况

基金销售业务可能发生的异常情况包括停电、通信故障、办公机具故障、凭证短缺、电脑系统运行异常、基金市场异常、网点及设备遭到人为破坏、遭遇不可抗力等。

3.6.3.2　异常情况的处理阶段

异常情况的处理分三个阶段：事前、事中和事后。事前必须做好组织、机具、人员等方面的准备；事中要处理及时、得当，按照规程进行，并对客户做好宣传解释工作；事后要总结经验教训，尽快改进异常情况中发现的问题。

3.6.3.3　异常情况的应急处理措施

（1）设备、机具、线路、灾情等导致的异常情况的应急处理措施

设备、机具、线路、灾情等导致的异常情况的应急处理措施如表 3-6 所示。

表 3-6　设备、机具、线路、灾情等导致的异常情况的应急处理措施

序号	异常情况	处理措施
1	停电	停电将导致网点电脑系统线路中断，电脑、打印机等需要电力供应的设备无法使用，需采取以下处理措施： （1）及时启动备用电源，并报告应急工作小组 （2）与电力供应部门取得联系，尽快恢复供电 （3）暂停办理基金业务，并向客户做好解释工作，可以应客户要求留下联系电话，等营业恢复后尽快通知客户
2	网点遭到破坏	这种情况是指某一网点遇到火灾、水灾、案件等导致基金业务不能正常开展。此类情况发生时，需采取以下处理措施： （1）立即报警，并组织抢修 （2）立即报告应急处理工作小组和安全保卫部门，并提出处理方案 （3）暂停办理基金业务，并向客户做好解释工作，可以应客户要求留下联系电话，等营业恢复后尽快通知客户
3	通信故障	这种情况是指网络、电话等通信发生故障，导致基金相关数据无法正常传输、基金净值无法获得、业务申请无法及时提交等。遇有此类情况，需采取以下处理措施： （1）报告应急处理工作小组和公司技术部 （2）暂停办理基金业务，并向客户做好解释工作，可以应客户要求留下联系电话，等营业恢复后尽快通知客户

续表

序号	异常情况	处理措施
4	办公机具故障	办公机具包括计算机、打印机、复印机等，如遇机具出现损坏、故障等情况，基金业务的开展将直接受到影响。因此需要注意机具的日常维护，发现问题及时检修、更换。遇有此类情况，需采取以下处理措施： （1）报告应急处理工作小组和公司技术部门 （2）启用备用设备，在公司内部进行机具修理，必要时联系设备供应商进行处理 （3）备用设备损坏或无备用设备时，可以暂停办理基金业务，并向客户做好解释工作，可以应客户要求留下联系电话，等营业恢复后尽快通知客户
5	凭证短缺	凭证是指代销网点办理基金业务时所需的相关业务单据，以及网点内部用于基金记账、会计录入等所需的单据。遇有此类情况，需采取以下处理措施： （1）报告应急处理工作小组和公司负责部门 （2）及时打印、调取相关业务单据，必要时暂停办理基金业务，并向客户做好解释工作，可以应客户要求留下联系电话，等营业恢复后尽快通知客户

（2）技术系统故障时的应急处理措施

① 公司技术系统故障时的应急处理措施

为保证开放式基金销售系统安全、可靠的运行，系统设计上采用了高可用的方案。数据库使用 NetStor iSUM520 阵列上的 RAID6+HotSpare 逻辑卷来存储数据。当数据库主机出现故障时，该逻辑卷可以切换到备机上运行，保证了数据的安全。应用服务器采用热备方式，其中一台出现故障时自动启动另一台接管业务。

每日晚间非交易时间对数据库进行全库备份，并将备份数据通过专用网络传输到异地保存。备份数据已经测试，证明有效，应用程序定期自动备份。

② 公司电脑系统运行异常的应急处理措施

这种情况是指电脑系统出现问题，导致基金业务无法开展。遇有此类情况，需采取图3-18所示的处理措施。

1 立即报告公司技术部，同时查明原因，尽快修复

2 报告应急工作小组，同时报告公司运营部

3 暂停办理基金业务，并向客户做好解释工作，可以应客户要求留下联系电话，等营业恢复后尽快通知客户

图 3-18 公司电脑系统运行异常的应急处理措施

③ 基金市场引发的异常情况处理

这种情况是指证券市场和基金市场出现异常，如基金管理公司、托管人、注册登记人等基金当事人发生人事变动以及重大诉讼、仲裁等事件，从而引发基金市场出现异动，并导致出现客户群体性风险。在柜面销售上，可表现为线下柜台人员拥挤、秩序混乱、超常申购和赎回的客户增多。遇有此类情况，需采取图 3-19 所示的处理措施。

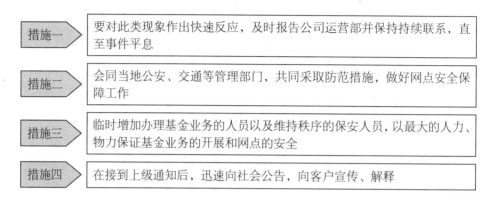

措施一	要对此类现象作出快速反应，及时报告公司运营部并保持持续联系，直至事件平息
措施二	会同当地公安、交通等管理部门，共同采取防范措施，做好网点安全保障工作
措施三	临时增加办理基金业务的人员以及维持秩序的保安人员，以最大的人力、物力保证基金业务的开展和网点的安全
措施四	在接到上级通知后，迅速向社会公告，向客户宣传、解释

图 3-19　基金市场引发异常情况的处理措施

④ 不可抗力造成的异常情况处理

社会重大异常事件、自然灾害等不可抗力因素的出现，将会严重影响证券市场的运行，并可能导致基金资产的损失。遇到此类情况，可根据公司通知，宣布暂停办理基金业务。

3.6.4　应急处理后续工作

3.6.4.1　责任追究及处罚

（1）基金销售机构及部门负责人为突发事件报告的第一责任人。对于发生突发事件后，不即时报告的负责人及相关责任人，公司应根据有关规定追究责任。

（2）基金销售机构监察稽核部应对突发事件的原因及全过程进行彻底调查，并追究相关人员的责任。根据有关人员的责任调查结果，并视情节严重程度，采取相应处罚措施。

3.6.4.2　评估与总结

（1）基金销售机构的突发事件应急处理领导小组应对突发事件及处理工作进行评估与总结，将书面总结报告逐级上报，并根据总结，完善相应应急预案。

（2）基金销售机构突发事件领导小组应针对突发事件处置过程中暴露出的问题，修改或完善突发事件的处置机制，并对工作人员进行应对突发事件的培训。

3.6.4.3　奖励与表彰

对于参与应急处置工作、表现突出、贡献巨大的人员，基金销售机构可按有关规定给予适当奖励与表彰。

3.7　基金销售业务操作流程

3.7.1　总的要求

（1）基金销售中心办理基金账户类业务和交易类业务时，必须认真执行中国证监会颁布的《证券投资基金销售管理办法》等有关法规以及"基金招募说明书""基金合同""基金发售公告"、基金注册登记机构与基金公司签订的"销售协议"、公司相关的规章制度，不得违规操作，不得有舞弊行为。

（2）基金销售部设置柜台操作员和操作复核员两个岗位，负责柜面业务的处理，两者不得由同一人担任。柜台操作员根据投资者的申请办理相应业务，操作复核人员对柜台操作员提交的申请进行复核，以确保柜台操作员操作的正确性。

3.7.2　基金账户类业务办理

3.7.2.1　基金账户开立、登记与撤销

（1）业务定义

基金账户是注册登记机构为基金份额持有人开立的用于记录基金份额持有人持有基金份额余额及其变动情况的账户。

投资者投资证券投资基金时，必须首先申请开立相应的基金管理公司的基金账户。投资者在办理基金账户开户时，必须在基金公司的基金销售中心开立交易账户，投资者可以用同一个交易账户在基金销售中心办理各基金管理公司的开放式基金业务。

基金账户开户：投资者还未在任何注册机构开立过基金账户的，需要通过基金销售机构办理开立基金账户的业务。

基金账户登记：投资者已经通过基金销售机构开立基金账户的，需要在其他基金销售机构办理交易业务时，则可通过登记业务办理。

（2）一般规定

① 申请开立基金账户的投资者必须满足该基金管理公司对投资者身份的要求。具体可参照各基金"招募说明书"或"发售公告"的要求执行。

② 一个基金账户对应一个注册登记机构，投资者如果需要投资不同注册登记机构的开放式基金，则需要开立不同的基金账户。针对某一个基金注册登记机构，只能开立一个基金账户。需要特别注意的是，相同基金公司旗下的不同基金可能会选取不同的注册登记机构。

③ 基金销售中心受理个人投资者开立基金账户的申请，应当至少核验申请人的下列材料。

a.有效身份证件原件及复印件。

b. 同名的银行卡或指定银行账户的证明原件及复印件。

c. 填妥并经投资者签章确认的"开放式证券投资基金账户开户申请书（个人）"。

d. 经投资者签章确认的"投资人权益须知"。

e. 经投资者签章确认的"基金投资风险承受能力调查表（个人）"。

个人投资者基金开户或增开交易账户，必须由本人亲自办理。

④ 基金销售中心受理机构投资者设立基金账户的申请，应当至少核验申请人的下列材料。

a. 企业法人营业执照副本或注册登记证书原件及加盖公章的复印件。

b. 银行开户许可证原件及加盖公章的复印件。

c. 法定代表人证明书、身份证原件及复印件。

d. 业务经办人有效身份证件及授权书。

e. 预留印鉴卡（公章、财务章、法定代表人名章）。

f. 加盖公章的"投资人权益须知"。

g. 加盖公章的"基金投资风险承受能力调查表（机构）"。

h. 填妥并加盖公章的"开放式证券投资基金账户开户申请书（机构）"。

⑤ 投资者的基金账户开户申请经过注册登记机构确认成功后方为有效；对于无效的申请，基金销售中心在收到注册登记系统返回的确认失败结果和错误提示后，应及时通知投资者。

⑥ 投资者开户时可以同时提交认购或申购基金的申请，但如果基金管理公司确认该开户申请失败或无效，则其他同时提交的委托申请也确认失败或无效，认购或申购资金由原路径退回投资者账户。

⑦ 投资者必须按照"开放式证券投资基金账户开户申请书"的内容认真填写。个人基本信息、联系方式、联系地址等属于重要信息，投资者应如实填写。

⑧ 投资者可在 T+2 日查询开户申请及其他委托申请是否成功。

（3）业务流程

① 个人投资者的业务办理流程如图 3-20 所示。

第一步	投资者填写"开放式证券投资基金账户开户申请书（个人）"，一式两联
第二步	投资者开户前还需进行风险程度测评，相关工作人员指导投资者填写"基金投资风险承受能力调查表（个人）"并签字，投资者签字确认"投资人权益须知"
第三步	受理投资者开户申请时，柜台经办员应先查验投资者携带的证件是否有效、合规、齐全，是否为投资者本人临柜，要做到投资者姓名与身份证明的姓名一致

第四步	投资者通过注册天天盈账户或者国政通平台进行身份验证，如验证不合格，则不予开户。通过国政通平台进行身份验证的投资者还需要采取小额汇款模式对绑定的银行卡进行验证
第五步	身份验证、银行卡验证完成后，柜台经办员进入基金柜台销售系统，选择"账户管理"中的"开户"，选择"个人开户"，录入投资者填写的信息和投资者填写的"基金投资风险承受能力调查表（个人）"；之后将投资者亲自填写的原始申请书、身份证、经验证的汇款凭证、已签字的"基金投资风险承受能力调查表（个人）"等开户资料传递给复核员进行复核
第六步	复核人确认投资者提交的证明资料完整、无误后，核对系统中录入的投资者相关信息是否正确，并再次输入身份证号码及绑定银行号码，按"确定"按钮
第七步	复核员复核完成后，将投资者开户资料传回柜台操作人员，柜台操作人员打印一式两联开户凭条，请投资者签字确认后，柜台人员签章确认
第八步	交还投资者身份证件原件、开户凭条投资者留存联
第九步	归档保存"开放式证券投资基金账户开户申请书"、开户凭条公司留存联、投资者身份证件复印件等相关资料

图 3-20 个人投资者的业务办理流程

② 机构投资者的业务办理流程如图 3-21 所示。

第一步	投资者填写"开放式证券投资基金账户开户申请书"，一式两联，并加盖机构公章
第二步	在受理投资者开户申请时，柜台人员应先查验机构提交的有关证件、证明等是否有效、合规、齐全，机构名称、机构证件名称是否一致，授权经办人提交的有效身份证件原件及复印件是否相符
第三步	经办人员填写"基金投资风险承受能力调查表（机构）"并签字
第四步	经办人签字确认"投资人权益须知"
第五步	柜台经办员进入基金柜台销售系统，选择"账户管理"中的"开户"，选择"机构开户"，录入必填的信息和经办人填写的"基金投资风险承受能力调查表（机构）"；之后将投资者填写的原始申请书及相关资料完整地提交给复核人员进行复核
第六步	复核人确认投资者递交的材料完备、无误，复核系统录入的各项信息与经办人填写一致或与提供资料相一致，再次输入证件号码和银行账号，按"确定"按钮

图 3-21

第七步	复核员复核完成后，将投资者开户资料传回柜台操作人员，柜台操作人员打印一式两联开户凭条，并请经办人签字确认，之后由柜台人员签章
第八步	交还机构证件原件、经办人证件原件、开户凭条投资者留存联
第九步	归档保存"开放式证券投资基金账户开户申请书"、开户凭条公司留存联、机构证件复印件（加盖公章）、经办人身份证件复印件等相关资料

图 3-21　机构投资者的业务办理流程

（4）基金账户的登记

投资者已经通过其他基金销售机构开立基金账号的，如想在另一公司的基金销售中心进行交易，可以进行基金账户的登记操作。具体操作流程同基金开户。

3.7.2.2　基金账户的撤销

（1）基金账户撤销的时间规定

投资者提交开立基金账户申请，且柜台已经受理完毕的，当日 15:00 之前可提出基金账户撤销申请。

（2）基金账户撤销申请的资料要求

个人投资者提交有效身份证原件，机构投资者提交营业执照副本原件及加盖公章的复印件、法定代表人证明书、法定代表人身份证原件与复印件、经办人授权书、经办人身份证原件与复印件，填妥"基金特殊账户类业务申请书"并加盖公章，申请撤销开立的基金账户。

（3）基金账户撤销的业务流程

基金账户撤销的业务流程如图 3-22 所示。

第一步	投资者填写"基金特殊账户类业务申请书"，一式两联
第二步	柜台人员查验经投资者签字的"申请书"是否准确、完整，同时查验投资者的有效身份证件原件，要求投资者名称与身份证明的名称一致，并核对身份证件的有效性、相关资料的一致性
第三步	柜台经办员进入基金柜台销售系统，选择"账户管理"中的"撤销账户类申请"，输入相关信息后，系统会弹出"主管授权"对话框，主管人员输入账号、密码进行授权，该笔业务成功提交后，柜台经办人员将相关资料传递给复核人员
第四步	复核人员检查投资者提交的资料完备、无误后，复核系统录入的变更项目是否正确，确认无误后，按"确认"按钮，并将相关资料传递给柜台人员

| 第五步 | 柜台人员打印交易凭条两联，请申请人签字确认，之后由柜员签章 |

| 第六步 | 交还个人投资者身份证件原件、交易凭条投资者留存联；交还机构投资者经办人证件原件、交易凭条投资者留存联；归档留存投资者身份证复印件、"基金特殊账户类业务申请书"、撤销账户申请凭条及其他相关材料复印件 |

图 3-22　基金账户的撤销业务流程

3.7.2.3　开立交易账户

（1）业务定义

基金交易账户是指基金销售机构为投资者开立的用于记录投资者通过该销售机构进行基金交易所引起的基金份额变动和结余情况的账户。每个交易账户对应一种不同的资金方式，"资金方式"是指可以使用的资金来源种类，例如汇付天下、普通方式。

已经在其他销售机构开立基金账户的投资者，如需在另一公司办理基金业务，可以在该公司提交增开基金交易账户的申请，从而实现一个基金账户对应多个基金交易账户，即一个投资者可以同时在多家销售机构进行交易委托。

（2）相关证件、证明

与基金开户相同。

（3）业务流程

与基金账户开户业务流程相同。

提醒您

在录入开户资料时，必须录入投资者基金账号。投资者如未开设基金账户，其增开基金交易账户的申请将被拒绝。

3.7.2.4　投资者资料修改业务

（1）业务定义

资料修改业务是指根据投资者要求修改、变更基金账户中登记的投资者信息的业务。

（2）相关证件

投资者资料修改业务应准备的资料如表 3-7 所示。

表3-7 投资者资料修改业务应准备的资料

序号	投资者类别	办理账户信息变更的资料
1	个人投资者	（1）有效身份证件原件、复印件 （2）提供填妥的"开放式证券投资基金特殊账户类业务申请书" （3）修改姓名或身份证件号码的，出示有关国家机关出具的变更证明文件原件，提供复印件，并重新进行身份验证 （4）修改预留银行卡的，需保证账户目前为三无状态，即无资金余额、无份额、无在途交易，新提交的银行卡，需重新进行银行卡验证。银行卡丢失且账户为非三无账户的，应提供指定银行出具的补办银行卡证明
2	机构投资者	（1）经办人授权书及身份证明原件、复印件 （2）法定代表人证明书及身份证原件、复印件 （3）提供填妥并加盖预留印鉴的"基金特殊账户类业务申请书" （4）营业执照原件和加盖公章的复印件 （5）变更业务经办人的，还应提供填妥并加盖公章的"开放式基金业务授权委托书"，同时出示重新指定的经办人的身份证件原件，并提供复印件 （6）变更企业名称或者证件号码时，还应提供发证机关出具的企业法人营业执照变更公告或证明原件，以及加盖公章的复印件 （7）修改预留银行交收账户的，还应出示新启用银行账户的"开户许可证"或"开立银行账户申请表"的原件及加盖公章的复印件，或提供指定银行出具的开户证明文件 （8）修改法定代表人信息的，还应出示法定代表人身份证件和变更法定代表人后的企业法人营业执照，并提供加盖公章的复印件 （9）修改预留印鉴的，还应提供新的预留印鉴卡一式三份，新预留印鉴卡除盖有新的预留印鉴外，还应盖有原预留印鉴

（3）业务流程

投资者资料修改业务流程如图3-23所示。

第一步	投资者填写"开放式证券投资基金特殊账户类业务申请书"，一式两联
第二步	柜台人员查验经投资者签字的"申请书"是否准确、完整，同时查验投资者的有效身份证件原件，要求投资者名称与身份证明的名称一致，并核对身份证件的有效性、相关资料的一致性
第三步	柜台经办员进入基金柜台销售系统，选择"账户管理"中的"客户资料修改"，输入相关信息后，系统会弹出"主管授权"对话框，主管人员输入账号、密码进行授权，该笔业务成功提交后，柜台经办人员将相关资料传递给复核人员
第四步	复核人员检查投资者提交的资料完备、无误后，复核系统录入的变更项目是否正确，确认无误后，按"确认"按钮，并将相关资料传递给柜台人员
第五步	柜台人员打印交易凭条两联，请申请人签字确认，之后由柜台人员签章

| 第六步 | 交还个人投资者身份证件原件，交易凭条投资者留存联；交还机构投资者经办人证件原件、交易凭条投资者留存联及其他相关资料原件 |
| 第七步 | 归档留存投资者的"开放式证券投资基金特殊账户类业务申请书"、经办人身份证复印件、交易凭条留存联及相关材料（其中，个人投资者身份证件变更的，需留存变更后的复印件；机构名称或机构证件号码变更的，需留存加盖公章的机构证件复印件） |

图 3-23 投资者资料修改业务流程

3.7.2.5 基金账户的销户业务

（1）业务范围

基金账户的销户业务是指投资者注销基金账户的业务。

（2）业务规定

① 申请办理该业务时，投资者基金账户不得有该基金管理公司的基金份额，不得有任何交易申请或未确认的申请，无尚未兑现的基金权益，账户状态正常。

② 如投资者撤销的基金账户为其对应交易账户中的唯一基金账户，且交易账户中尚有资金余额，则应先到结算部申请办理资金划出，待账户全部资金划归至预留银行账户后，方可办理销户业务。基金账户销户成功后，对应交易账户同时注销。

③ 投资者在其他销售机构开立的与该基金账户对应的基金交易账户内如果存在上述情形，不能办理基金账户销户。

④ 不同的基金管理人对基金账户销户有不同的约定，有的基金管理人只允许投资者到开立基金账户的销售网点办理，有的基金管理人允许投资者到任一基金交易账户所在的销售网点办理。办理业务时以基金管理公司的业务规则为准。

（3）相关证件

投资者注销基金账户时，个人投资者应提交身份证原件、复印件；机构投资者应提交企业营业执照原件及加盖公章的复印件，经办人身份证原件、复印件及授权书，法定代表人授权书及法定代表人身份证原件、复印件。如果重要资料的内容与基金注册登记人原记录的基金账户资料不一致，投资者应按要求提供齐备的变更证明材料。

（4）业务流程

基金账户销户的业务流程如图 3-24 所示。

| 第一步 | 投资者填写"基金特殊账户类业务申请书"，一式两联（其中机构投资者需加盖公章） |
| 第二步 | 柜台经办员审验相关证件、证明材料无误，符合办理销户业务条件的，进入"账户管理"中的"销户管理"程序，录入相关信息后，将全部资料传递给复核人员进行复核确认 |

图 3-24

第三步	复核人员复核相关资料、录入信息无误后，在系统中确认，之后将资料传回柜台人员
第四步	柜台人员打印交易凭条两联，请申请人签字确认，随后由柜员签章
第五步	交还个人投资者身份证件原件、交易凭条投资者留存联；交还机构投资者经办人证件原件、交易凭条投资者留存联等相关资料
第六步	归档留存投资者的"基金特殊账户类业务申请书"、交易凭条、身份证件复印件及其他相关证明资料复印件

图 3-24　基金账户销户的业务流程

3.7.2.6　交易账户的销户业务

（1）业务范围

交易账户的销户业务是指投资者注销交易账户的业务。

（2）业务规定

基金交易账户销户要求投资者在该基金公司没有基金份额，当日没有提出任何业务申请，没有未确认的基金交易申请，没有未兑现的权益、未到账款项，且基金账户和交易账户状态正常。如投资者交易账户中尚有资金余额，则应先到结算部申请办理资金划出，待账户全部资金划归至预留银行账户后，方可办理销户业务。

（3）相关证件

个人投资者应提供有效身份证件原件及复印件；机构投资者应提交经办人身份证件原件、复印件，经办人授权书，法定代表人身份证件原件、复印件，法定代表人证明书，营业执照副本及加盖公章的复印件。

（4）业务流程

交易账户销户业务流程如图 3-25 所示。

第一步	投资者填写"基金特殊账户类业务申请书"，一式两联（其中机构投资者需加盖公章和法人章）
第二步	柜台经办员审验相关证件、证明材料无误后，进入"账户管理"中的"销户管理"程序，录入相关信息，并将相关资料传递给复核人员进行复核
第三步	复核人员复核相关资料、录入信息无误后，在系统中确认，之后将资料传回柜台人员
第四步	柜台人员打印交易凭条两联，请申请人签字确认，之后由柜员签章

| 第五步 | 交还个人投资者身份证件原件、交易凭条投资者留存联；交还机构投资者经办人证件原件、交易凭条投资者留存联等相关资料 |
| 第六步 | 归档留存投资者的"基金特殊账户类业务申请书"、交易凭条留存联、经办人身份证件复印件及其他相关资料复印件 |

图 3-25 交易账户销户业务流程

3.7.3 基金交易类业务办理

3.7.3.1 分红方式设置业务

（1）业务定义

分红方式设置业务是指办理投资者选择基金分红方式的业务。

（2）相关证件

个人投资者需提供本人身份证件原件；机构投资者需提供经办人身份证件原件、复印件及授权书，法定代表人证明书及法定代表人身份证原件、复印件，加盖公章的营业执照副本原件、复印件。

（3）业务流程

基金交易类业务办理流程如图 3-26 所示。

第一步	柜台人员在受理投资者设置分红方式时，先请投资者填写"基金特殊交易类业务申请书"一式两联
第二步	柜台人员受理时，需查验投资者签字的"申请书"是否准确、完整，投资者身份证件是否与本人相符，提供的相关资料是否完备
第三步	柜台经办员进入柜台程序，选择"基金特殊交易"中的"基金分红方式变更"，录入相关信息，并将相关资料传递给复核人员进行复核
第四步	复核人员复核相关资料无误，确认系统显示的投资者姓名、分红方式无误后，在系统中确认，并将资料传回柜台人员
第五步	柜台人员打印交易凭条两联，请申请人签字确认，随后由柜员签章
第六步	交还个人投资者身份证件原件、交易凭条投资者留存联；交还机构投资者经办人证件原件、交易凭条投资者留存联
第七步	归档保存投资者的"基金特殊交易类业务申请书"、交易凭条留存联及经办人身份证复印件及其他相关资料复印件

图 3-26 基金交易类业务办理流程

> **提醒您**
>
> （1）投资者一个交易日只能设置一次分红方式。
> （2）T+2 日（T 为申请日）后，投资者可以凭身份证件到柜台查询申请确认信息。
> （3）投资者 T 日申购的基金份额不享有当日基金分配权益。

3.7.3.2　认购业务

（1）业务定义

认购业务是指在某基金募集期内投资者购买该基金份额的行为。

（2）相关证件

个人投资者应提供本人身份证件原件；机构投资者应提供经办人身份证件原件、复印件及授权书，法定代表人证明书及法定代表人身份证原件、复印件，加盖公章的营业执照副本原件、复印件。

（3）认购业务流程

认购业务流程如图 3-27 所示。

第一步	投资者申请认购业务之前，交易账号可用资金余额大于等于最低认购金额时才能够进行认购操作。投资者向基金交易账户汇款后，持汇款凭单，由相关工作人员引领至结算部，填写"开放式证券投资基金资金业务申请表"；结算部确认投资者汇款已到账后，在系统中向投资者的交易账号进行充值；投资者返回柜台进行认购申请
第二步	投资者填写"开放式证券投资基金认购、申购申请书"
第三步	查验经投资者签字的"申请书"中所填写的内容是否准确、完整，投资者的身份证件是否有效、一致，认购申请是否有效
第四步	"开放式证券投资基金认购、申购申请书"中包括基金分红方式选项，如投资者不勾选，则系统自动识别基金公司默认分红方式；如投资者自行选择分红方式，则在认购完成后，进行分红方式设置操作，不需要投资者重新填写申请单。货币式基金只能选择红利再投资的分红方式，如投资者多次修改分红方式，以最后一次确认成功的为准，柜台人员有义务对投资者做好相应的解释工作
第五步	柜台经办人进入柜台基金认购程序，录入相关信息。如果投资者申购的基金和其自身风险承受能力不匹配，则需要签署"投资者意愿书"，确认该笔认购。柜台人员录入完成后，将投资者提交的资料传递给复核人员进行复核
第六步	复核人员复核投资者提供的资料完备、无误，确认系统录入的信息与"申请书"一致后，点击"确认"，并将相关资料传回柜台人员

第七步	柜台人员打印两联交易凭条，请申请人签字确认，随后由柜员签章
第八步	柜台人员交还个人投资者身份证件原件、交易凭条投资者留存联；交还机构投资者经办人证件原件、交易凭条投资者留存联及其他相关资料
第九步	归档保存投资者的"开放式证券投资基金认购申请书"、交易凭条留存联、经办人身份证复印件及其他相关资料复印件

图 3-27　认购业务流程

提醒您

（1）募集期内可多次认购，认购一经受理不能撤单。

（2）基金销售中心受理投资者的认购申请，并不表示对该申请成功与否的确认，而是代表基金销售中心确实收到了认购申请。申请是否有效，应该以基金注册登记机构的确认为准。

（3）投资者在基金合同生效后，可凭有效身份证件到基金销售中心查询最终成交确认情况和认购的份额。

（4）基金销售中心必须注意基金募集成功时认购成功的基金份额到账日、认购失败的资金返还到账日、基金募集失败时投资者资金到账日等相关事项，以便及时通知投资者。

3.7.3.3　申购业务

（1）业务定义

申购业务是指基金合同生效后，投资者向基金管理人购买基金份额的行为。

（2）相关证件

个人投资者应提供本人身份证件原件；机构投资者应提供经办人身份证件原件、复印件及授权书，法定代表人证明书及法定代表人身份证原件、复印件，加盖公章的营业执照副本原件、复印件。

（3）业务流程

申购业务流程如图 3-28 所示。

第一步	投资者申请申购业务之前，交易账号可用资金余额大于等于最低认申购金额时才能够进行申购操作。投资者向基金交易账户汇款后，持汇款凭单，由相关工作人员引领至结算部，填写"开放式证券投资基金资金业务申请表"；结算部确认投资者汇款已到账后，在系统中向投资者的交易账号进行充值，投资者返回柜台进行申购申请

图 3-28

第二步	投资者填写"开放式证券投资基金认购、申购申请书"
第三步	查验经投资者签字的"申请书"中所填写的内容是否准确、完整，投资者的身份证件是否有效、一致，申购申请是否有效
第四步	"开放式证券投资基金认购、申购申请书"中包括基金分红方式选项，如投资者不勾选，则系统自动识别基金公司默认分红方式；如投资者自行选择分红方式，则在申购完成后，进行分红方式设置操作，不需要投资者重新填写申请单。货币式基金只能选择红利再投资的分红方式，如投资者多次修改分红方式，以最后一次确认成功的为准，柜台人员有义务对投资者做好相应的解释工作
第五步	柜台经办人进入柜台基金申购程序，录入相关信息。如果投资者申购的基金和其自身风险承受能力不匹配，则需要签署"投资者意愿书"，确认该笔申购。柜台人员录入完成后，将投资者提交的资料传递给复核人员进行复核
第六步	复核人员复核投资者提供的资料完备、无误，确认系统录入的信息与"申请书"一致后，点击"确认"，并将相关资料传回柜台人员
第七步	柜台人员打印两联交易凭条，请申请人签字确认，之后由柜员签章
第八步	柜台人员交还个人投资者身份证件原件、交易凭条投资者留存联；交还机构投资者经办人证件原件、交易凭条投资者留存联及其他相关资料
第九步	归档保存投资者的"开放式证券投资基金认购、申购申请书"、交易凭条留存联、经办人身份证复印件及其他相关资料复印件

图 3-28　申购业务流程

> **提醒您**
>
> （1）注意基金公司初次申购基金的数量限制条件。
>
> （2）在当日交易时间结束前，投资者可以对当天的申购申请进行撤单（柜台撤单业务的处理与申购、赎回交易相同）。
>
> （3）投资者一天可以进行多次申购，费用逐笔计算。
>
> （4）正常情况下，在 T+2 日（T 为申请日）后，投资者可以到基金销售中心柜台查询成交情况，也可以通过公司规定的其他方式查询成交信息。

3.7.3.4　赎回业务

（1）业务定义

赎回业务是指投资者向基金管理人卖出基金份额的行为。

（2）相关证件

个人投资者应提供本人身份证件原件；机构投资者应提供经办人身份证件原件、复印件及授权书，法定代表人证明书及法定代表人身份证原件、复印件，加盖公章的营业执照副本原件、复印件。

（3）业务流程

赎回业务流程如图 3-29 所示。

第一步	投资者提交柜台赎回申请时，应首先填写"开放式证券投资基金赎回申请书"一式两联
第二步	柜台经办员查验经投资者签字的"申请书"中所填写内容是否准确、完整，身份证件是否有效、一致
第三步	柜台经办员进入柜台基金赎回程序，录入相关信息后，将投资者资料传递给复核员进行复核
第四步	复核人确认投资者提交的资料完备、无误，并复核录入内容与"申请书"一致，点击"确认"后，将资料传回柜台人员
第五步	柜台人员打印两联交易凭条，请投资者签字确认后，由柜员在凭条上签章
第六步	柜台人员交还个人投资者身份证件原件、交易凭条；交还机构投资者经办人证件原件、交易凭条等相关资料
第七步	归档保存投资者的"开放式证券投资基金赎回申请书"、交易凭条留存联及其他相关资料

图 3-29　赎回业务流程

提醒您

（1）在当日交易时间结束前，投资者可以对当天的赎回申请进行撤单。

（2）投资者一天可以进行多次赎回，费用按照笔数分别计算。

（3）正常情况下，在 T+2 日（T 为申请日）后，投资者可以到基金销售中心柜台查询成交情况，也可以通过公司规定的其他方式查询成交信息。

3.7.3.5　基金转换业务

（1）业务定义

基金转换业务是指将基金持有人的某种基金转换为同一基金管理人管理的、在同一注册登记机构处注册登记的另一种基金的业务。

（2）相关证件

个人投资者应提供本人身份证件原件；机构投资者应提供经办人身份证件原件、复印件及授权书，法定代表人证明书及法定代表人身份证原件、复印件，加盖公章的营业执照副本原件、复印件。

（3）业务流程

基金转换业务流程如图3-30所示。

第一步	投资者提交柜台转换申请时，应首先填写"开放式证券投资基金转换申请书"一式两联
第二步	柜台经办员查验经投资者签字的"申请书"中所填写内容是否准确、完整，身份证件是否有效、一致
第三步	柜台经办员进入柜台基金转换程序，录入相关信息后，将投资者资料传递给复核员进行复核
第四步	复核人确认投资者提交的资料完备、无误，并复核录入内容与"申请书"一致，点击"确认"后，将资料传回柜台人员
第五步	柜台人员打印两联交易凭条，请投资者签字确认，随后由柜员签章
第六步	柜台人员交还个人投资者身份证件原件、交易凭条；交还机构投资者经办人证件原件、交易凭条等相关资料
第七步	归档保存投资者的"基金转换申请书"、交易凭条留存联及其他相关资料

图 3-30　基金转换业务流程

3.7.3.6　基金转托管业务

（1）业务定义

基金转托管业务是指投资者将其持有的同一基金账户下的基金份额从某一基金交易账户转入另一基金交易账户进行交易的业务。

不同的基金管理公司采用不同的转托管模式，部分基金管理公司采取一次转托管模式，即在转出地进行转托管业务；部分基金管理公司采取两次转托管模式，即需要在转出销售点进行一次转托管份额转出业务，之后还需在份额转入的销售点进行一次转托管转入业务。

（2）相关证件

个人投资者应提供本人身份证件原件；机构投资者应提供经办人身份证件原件、复印件及授权书，法定代表人证明书及法定代表人身份证原件、复印件，加盖公章的营业执照副本原件、复印件。

（3）业务流程

基金转托管业务流程如图 3-31 所示。

第一步	投资者填写"开放式证券投资基金转托管申请书"一式两联
第二步	柜台人员查验经投资者签字的"申请书"是否准确、完整；查验投资者身份证件是否与本人相符，是否与基金交易账户相符，转托管申请是否符合有关规定和要求
第三步	不同基金管理公司对该业务的处理方式不同，柜台人员必须详细阅读基金有关材料。柜台人员必须根据投资者所选的基金管理公司，确定投资者的业务种类是"转托管出""转托管入"还是"转托管"
第四步	柜台人员需确认投资者是否完成了相关手续。进行转托管转入的投资者，可先向基金销售中心了解基金公司的销售编码，并在基金公司的基金销售中心完成基金交易账户增开后，在转出网点办理转托管转出手续，之后再向基金公司的基金销售中心提供相关信息，并办理转托管转入手续；进行转托管转出的投资者必须先在拟转入的销售机构增开基金交易账户
第五步	柜台经办员进入柜台基金转托管程序，输入相关信息
第六步	复核人确认所输入内容与投资者要求一致，点击"确认"按钮
第七步	柜台经办员打印交易凭条两联，请投资者签字确认，之后由柜员签章
第八步	交还个人投资者身份证件原件、交易凭条投资者留存联；交还机构投资者经办人证件原件、交易凭条投资者留存联
第九步	归档留存投资者的"开放式证券投资基金转托管申请书"、交易凭条留存联、身份证件复印件等相关资料

图 3-31　基金转托管业务流程

提醒您

（1）投资者可以转托管部分基金份额，也可以转托管全部基金份额。

（2）T+2 日（T 为申请日）后，投资者可以凭身份证件到柜台查询申请确认信息。

（3）对于实行一次转托管模式的基金，柜台人员需向投资者提供销售编码等信息。

3.7.3.7 基金非交易过户业务

（1）业务范围

非交易过户是指不采用申购、赎回等基金交易方式，将一定数量的基金份额按照一定规则从某一基金份额持有人基金账户转移到另一基金份额持有人基金账户的行为。

注册登记机构只受理继承、捐赠、遗赠、自愿离婚、分家析产、国有资产无偿划转、机构合并或分立、资产售卖、机构清算、企业破产清算、司法执行和经注册登记机构认可的其他情况下的非交易过户。具体规则应参照基金"招募说明书"或"发售公告""基金合同"中的有关规定。第三方销售机构不能直接发起非交易过户业务，但可以协助投资者传递相关资料。

（2）业务程序

根据各注册登记机构不同的业务规则，有不同的处理流程。

① 申请人可以通过第三方销售机构或直接向基金公司递交非交易过户的相关材料。注册登记机构在处理结束后，下发非交易过户信息到相关的各销售机构。

② 部分注册登记机构要求该业务仅在注册登记机构申请，部分注册登记机构则要求该业务在一定范围内由销售机构发起。

③ 大额非交易过户需上报基金公司监察稽核部。

3.7.3.8 其他业务

（1）基金账户冻结、解冻

这属于账户类业务。如投资者需要对基金账户进行冻结，可参照相应的基金管理公司的业务规则。

（2）基金份额冻结、解冻

这属于交易类业务。仅有部分基金管理公司开展该业务，可参照相应基金管理公司的业务规则。第三方销售机构不能发起冻结、解冻业务，但可协助投资者传递相关资料、信息。

（3）部分反洗钱业务

柜台承担一部分反洗钱业务的责任，主要表现在：

① 开户时填写反洗钱信息，留存备案。

② 对于监察稽核部提供的有洗钱嫌疑的投资者，应要求其提供相应的业务资料，进行审核确认。

（4）基金管理公司同意开展的其他业务

具体业务实施流程应在各基金管理公司下发业务规则后，由基金销售中心另行下发相关补充实施说明或通知。各项业务必须严格遵照中国证券监督管理委员会相关规定和基金管理公司的业务规则办理。

3.7.3.9 份额登记机构确认交易失败的处理

（1）每日收到份额登记机构的确认数据后，客服专员登录柜台系统进行交易确认失败的查询。

（2）确认失败的申请由客服人员整理后逐一通知相应投资者。

（3）对于确认失败的账户类申请及赎回申请，投资者基金账户信息及持仓信息不变。

（4）对于确认失败的认购、申购类申请，申请资金退回到基金销售专用账户后，会自动生成资金清退指令，一般情况下，T+3个工作日上午10点后，认购、申购资金自动退回投资者账户。

3.7.3.10 交易核对和差错处理

（1）交易核对

① 业务人员于当日收市后必须核对自己的委托流水和留存的申请数据，如出现错误，应立即上报，执行相关业务差错处理程序。基金销售中心清算时，应当按照要求做好系统对账工作。

② 客服人员每日应对基金管理公司的确认信息进行核对，如有失败的确认，应立即查找原因；如属于柜台操作失误造成的确认失败，应进行上报。

（2）差错处理

如果柜台人员在当日复核时，发现柜台委托数据与投资者申请书不同，应当立即核实情况。

① 如果确认差错是在15:00前，应由当事责任人写明情况，经销售中心经理签字后，交至信息技术部，由信息技术部系统管理员撤掉错误委托，补录入正确委托。

② 如果发现错误不是当日委托，申请数据已经发送至基金公司，发现错误的人员应当及时上报销售中心经理，联系基金公司，本着最大限度维护投资者利益的原则进行处理。

3.7.3.11 投资者服务与投诉处理

（1）客服人员每天查询份额登记机构的确认信息，将未确认成功的申请通过电话、短信、邮件等投资者指定的方式通知投资者。

（2）客服人员定期打印对账单，按照投资者指定方式发送给投资者。

（3）客服人员还可以通过主动服务系统向投资者发送相关的服务信息，包括但不限于节假日放假通知、最新基金净值等。

（4）投资者可通过电话、邮件、书信等形式进行咨询、投诉，所有服务电话录音备查。

（5）基金销售中心负责受理投资者的业务咨询、投诉，所有咨询和投诉会逐条记录，并及时联系相关部门处理。如有无法处理的投诉，应及时上报基金销售中心总监，由销售总监协调处理。投诉处理结果必须及时向投资者反馈，同时进行记录。

3.7.3.12 业务资料的整理与保存

（1）柜台人员按照每项业务整理所有的留存凭据，包括投资者填写的业务申请单、各种证明材料的复印件、签字确认的风险评测、权益须知及签字确认的业务办理回执等文档。

（2）每份业务申请单应附的单据清点完毕后，需用订书钉装订。

（3）按照账户类业务与交易类业务对每笔业务进行分类、编号、汇总。

（4）每天收市后，由柜台人员归类、编号、清点后交档案室统一保管备查。

3.7.4 自助式交易系统操作

网上交易业务基本流程如图3-32所示。

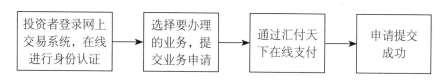

图 3-32　网上交易业务基本流程

3.7.4.1　基金账户开户

（1）业务概述

基金账户是基金管理公司为基金投资者开立的账户，用以记录基金投资者持有的由该基金管理公司办理注册登记的基金的单位余额及其变动情况。投资者投资证券投资基金时，必须首先申请开立相应的基金管理公司的基金账户。

基金账户开户：投资者还未在任何注册机构开立过基金账户的，可通过基金销售机构办理开立基金账号的业务，投资者开立基金账户的同时也在销售机构完成了交易账户的开户。

（2）投资者操作过程

投资者操作过程如图3-33所示。

第一步	银行卡身份验证，投资者通过基金网办理基金账户开户、基金账号登记、修改银行账户时，必须先完成银行卡身份验证。通过这种身份验证方式，系统确认了投资者的真实身份，验证要素包括姓名、开户证件类别、开户证件号、银行卡号
第二步	网上交易系统接收身份验证数据，如果校验成功，引导投资者进入权益须知阅读和协议签订页面；否则显示投资者失败原因
第三步	投资者阅读权益须知并同意协议后，进入"填写开户信息"页面，输入开户信息并预览确认
第四步	投资者点开风险评估页面进行测试
第五步	提交开户申请，返回开户申请结果

图 3-33　基金账户开户时的投资者操作过程

3.7.4.2 账户资料修改

（1）业务概述

投资者基金账户开户信息发生变化时，可登录网上交易系统，进入"修改账户资料"页面进行账户资料变更。投资者关键信息如证件类型、证件号码等不提供变更功能。

（2）投资者操作过程

投资者操作过程如图3-34所示。

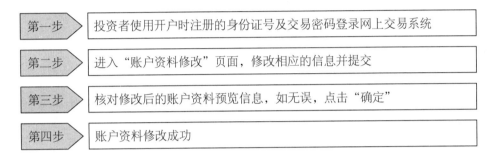

第一步	投资者使用开户时注册的身份证号及交易密码登录网上交易系统
第二步	进入"账户资料修改"页面，修改相应的信息并提交
第三步	核对修改后的账户资料预览信息，如无误，点击"确定"
第四步	账户资料修改成功

图3-34 账户资料修改时的投资者操作过程

3.7.4.3 交易密码修改

（1）业务概述

投资者可通过网上交易系统修改用于登录网上交易系统的交易密码。

（2）投资者操作过程

投资者操作过程如图3-35所示。

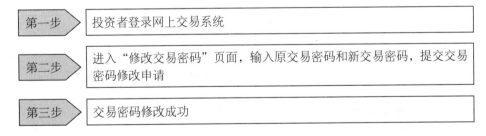

第一步	投资者登录网上交易系统
第二步	进入"修改交易密码"页面，输入原交易密码和新交易密码，提交交易密码修改申请
第三步	交易密码修改成功

图3-35 交易密码修改时的投资者操作过程

3.7.4.4 认购

（1）业务概述

投资者在开放式基金成立之前的基金募集期内购买基金单位称为认购。投资者通过网上交易系统提交基金认购申请，在线支付，完成基金认购业务办理。

（2）投资者操作过程

投资者操作过程如图3-36所示。

第一步	投资者登录网上交易系统
第二步	选择要认购的基金，输入认购金额，提交申请
第三步	系统自动引导投资者到汇付天下在线支付认购金额
第四步	认购申请提交成功
第五步	投资者可通过当日交易申请查询，查看订单是否有效。若有效，则申请提交成功，一般在 T+2 日可查看基金份额

图 3-36　认购时的投资者操作过程

3.7.4.5　申购

（1）业务概述

申购是指基金成立后，投资者在基金销售机构购买基金的行为。投资者通过网上交易系统提交基金申购申请，在线支付，完成基金申购业务办理。

（2）投资者操作过程

投资者操作过程如图 3-37 所示。

第一步	投资者登录网上交易系统
第二步	选择要申购的基金，输入申购金额，提交申请
第三步	系统自动引导投资者到汇付天下在线支付购买金额
第四步	申购申请提交成功
第五步	投资者可通过当日交易申请查询，查看订单是否有效。若有效，则申请提交成功，一般在 T+2 日可查看基金份额

图 3-37　申购时的投资者操作过程

3.7.4.6　定期定额申购

（1）业务概述

定期定额基金申购业务是指投资者通过网上交易系统设定定期定额申购计划，约定扣款周期、扣款起讫时间、扣款金额和申购基金，由销售机构根据投资者的约定，在指定扣款日从投资者指定的汇付天下内自动完成扣款及基金申购的一种投资方式。投资者要进行定期定额基金申购业务，必须和销售机构、支付机构签订委托代扣三方协议。

注意：定期定额申购扣款日必须为下一工作日。

（2）投资者操作过程

投资者操作过程如图 3-38 所示。

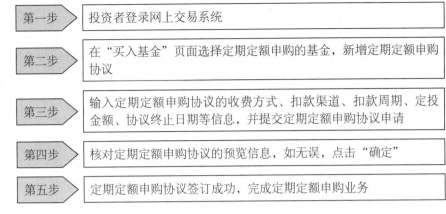

图 3-38 定期定额申购时的投资者操作过程

3.7.4.7 赎回

（1）业务概述

投资者可以将在销售机构托管的基金份额，按照一定的价格向该基金的管理人卖出，即份额赎回。投资者可通过网上交易系统，在线办理赎回业务，资金将赎回到投资者与交易账户绑定的汇付天下中。

（2）投资者操作过程

投资者操作过程如图 3-39 所示。

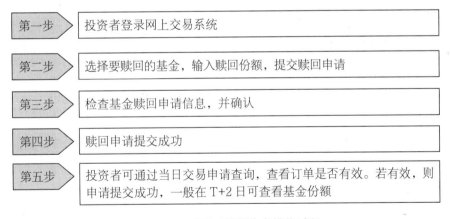

图 3-39 赎回时的投资者操作过程

3.7.4.8 转换

（1）业务概述

基金转换是指投资者将所持有的基金份额转换成同一份额登记机构托管的同一基金管理公司的其他基金份额。投资者可通过网上交易系统，在线办理基金转换业务。

（2）投资者操作过程

投资者操作过程如图 3-40 所示。

第一步	投资者登录网上交易系统
第二步	选择要转出的基金和转入的基金，并填写转换份额，提交转换申请
第三步	检查基金转换申请信息，并确认
第四步	转换申请提交成功

图 3-40　转换时的投资者操作过程

> **提醒您**
>
> 　　投资者可通过当日交易申请查询，查看基金转换交易记录，且一般在 T+2 日可查询到转换后的份额变化。

3.7.4.9　设置分红方式

（1）业务概述

所持有份额的分红方式，有现金红利和红利再投资两种，投资者可根据自身意愿选择不同的基金分红方式。投资者可通过网上交易系统设置基金分红方式。注意：货币型基金不能修改分红方式，只能为红利再投资。

（2）投资者操作过程

投资者操作过程如图 3-41 所示。

第一步	投资者登录网上交易系统
第二步	选择要设置分红方式的基金，并选择基金分红方式，提交分红方式设置申请
第三步	检查基金分红方式设置申请信息，并确认
第四步	分红方式申请提交成功
第五步	投资者可通过当日交易申请查询，查看基金分红方式申请交易记录。一般在 T+2 日确认申请信息，可通过确认申请查询，查看修改后的分红方式变化

图 3-41　设置分红方式时的投资者操作过程

3.7.4.10　交易撤单

（1）业务概述

投资者可通过网上交易系统办理基金交易撤单业务。当天 15:00 之前通过网上交易系统申请的业务，可以在 15:00 之前通过网上交易系统撤销交易申请，撤销后，该交易申请被视为无效申请。注意：15:00 以后视为下一个工作日，不能办理当天交易申请的撤单业务。

（2）投资者操作过程

投资者操作过程如图 3-42 所示。

第一步	投资者登录网上交易系统
第二步	选择要撤单的交易申请，提交撤单申请
第三步	检查撤单交易申请信息，并确认
第四步	撤单申请提交成功
第五步	投资者可通过当日交易申请查询，查看撤单申请交易记录

图 3-42 交易撤单时的投资者操作过程

提醒您

　　T 日 15:00 即终止当日基金交易委托，T 日 15:00 后的基金交易申请委托将归为 T+1 日（如遇法定节假日顺延）的交易委托。基金募集期认购申请的受理时间，以相关基金的"基金份额发售公告"等文件规定为准。

　　投资者 T 日的基金交易申请除认购外可在 T 日 15:00 前撤销。

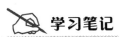 **学习笔记**

请对本章的学习做一个小结，将你认为的重点事项和不懂事项分别列出来，以便于自己进一步学习与提升。

本章重点事项
1.
2.
3.
4.
5.

续表

本章不懂事项
1. _____
2. _____
3. _____
4. _____
5. _____

个人心得
1. _____
2. _____
3. _____
4. _____
5. _____

第4章

基金项目投资管理

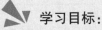 学习目标：

    1.了解基金项目投资决策的程序——项目收集、项目初步筛选、尽职调查、项目再筛选（一般筛选）、项目评审、投资项目决议与签约，掌握各个步骤的操作要领、关键事项和细节。

    2.了解投后管理工作事项、投后管理的模式、投后管理的原则，掌握投后管理的开展要点及财务管控方法。

4.1　基金项目投资决策

4.1.1　项目收集、筛选

想要基金取得良好的投资回报，以较低的成本和较快的速度获得好的项目是关键。因此，基金经理通常在充分利用公司自有资源的同时也会积极从外部渠道获取项目信息，整合内外部资源，建立多元化的项目来源渠道。一般来说，投资项目的来源渠道主要包括自有渠道、中介渠道及品牌渠道等，具体如表4-1所示。

表4-1　投资项目的来源渠道

渠道	描述	途径
自有渠道	主动进行渠道建设，通过公司自有人员的关系网络、参加各种风险投资论坛会议和对公开信息研究分析来收集信息	（1）个人网络 （2）市场分析 （3）战略合作伙伴 （4）股东
中介渠道	借助/联合相关业务伙伴（如银行、券商等）、专业机构（如律师/会计师事务所等）及其他创投公司获取交易信息	（1）银行/投资银行 （2）证券公司 （3）律师/会计师事务所等 （4）其他专业机构（如咨询公司、广告公司等）
品牌渠道	积极提升公司在创业投资方面的品牌形象和市场知名度，建立"拉动式"的信息渠道	（1）公司网站 （2）客服中心

从各种信息渠道获得的项目信息质量存在差异。通常，通过个人网络、股东、业务伙伴获得的项目信息质量比较高，因此，基金经理在寻找项目过程中倾向于朋友、熟人、银行、证券公司、政府部门或会计师事务所、律师事务所等中介机构的介绍。

4.1.2　项目初步筛选

项目初步筛选是基金经理根据企业提交的投资建议书或商业计划书，初步评估项目是否符合私募股权基金初步筛选标准，是否具有良好的发展前景和高速增长潜力，是否存在进一步投资的可能。对于少数通过初步评估的项目，私募股权基金经理将派专人对项目企业进行考察，最终确定是否进行深入接触。

（1）项目初评

项目初评是基金经理在收到创业项目的基础资料后，根据基金的投资风格和投资方向要求，对创业项目进行初步评价。私募股权基金通常有一套自己的投资政策，包括投资规模、投资行业、投资阶段选择等，因此，在项目初评阶段，基金经理通常根据经验就能很快判断。常见的项目初步筛选标准如表 4-2 所示。

表 4-2　项目的初步筛选标准

序号	标准	内容
1	投资规模	（1）投资项目的数量 （2）最小和最大投资额
2	行业	（1）是否属于基金募集说明书中载明的投资领域 （2）对该领域是否熟悉 （3）是否有该行业的专业人才
3	发展阶段	（1）种子期 （2）创业期 （3）扩张期 （4）成熟期
4	产品	（1）是否具有良好的创新性、扩展性、可靠性、维护性 （2）是否拥有核心技术或核心竞争力 （3）是否具备成为行业领先者／行业规范塑造者的潜力
5	管理团队	（1）团队人员的构成是否合理 （2）是否对行业有敏锐的洞察力 （3）是否掌握市场前景，并懂得如何开拓市场 （4）是否能将技术设想变为现实
6	投资区域	（1）是否位于私募股权基金公司附近城市 （2）是否位于主要大都市

（2）项目进一步考察

由于项目初评只对项目的一些表面信息进行筛选，因此，对于通过初步评估的项目，基金经理需要进行进一步调查研究，对项目进行全面的技术、经济认证和评价，从而更全面地了解项目的发展前景。项目评估要点如表 4-3 所示。

表 4-3　项目评估要点

序号	评估项目	要点
1	商业计划书评估	（1）行业特征：目标市场是否是一个不断成长的市场 （2）产品或服务的技术开发：技术是否新颖，操作是否简易，技术开发是否可行，市场吸引力、市场可能需求、成长潜力是否足够大

续表

序号	评估项目	要点
1	商业计划书评估	（3）经营目标与前景预测：分析企业历史经营业绩与未来经营情况，并对未来经营作出评价 （4）管理团队成员的能力评估：管理构架与职责安排是否合理，对管理层关键人物的经历、职业道德与相关收入作出综合分析 （5）财务状况与盈利预测评估：对项目未来几年的资金需求、运用与流动状态作出判断，并以此作为是否给予资金支持的重要依据 （6）风险管理与控制评估：识别和评价各种风险与不确定性 （7）投资收益评估：对融资规模、资金的期限结构、资金的投入方式等作出评价
2	技术评估	（1）技术因素评估：产品技术的历史情况；产品技术的目前水平；产品技术的未来发展趋势；产品技术的理论依据和在实际生产中的可行性；产品技术的竞争力；产品技术的专利、许可证、商标等无形资产状况；产品技术在同行业所处的地位；政府对产品技术的有关政策 （2）经济因素评估：项目方案是否成本最低，效益和利润最大 （3）社会因素：是否符合国家科技政策和国家发展规划目标；是否符合劳动环境和社会环境要求；是否有助于人民生活水平的改善和提高
3	市场评估	（1）市场容量：是否有足够的市场容量 （2）市场份额：直接市场份额及相关市场份额的大小 （3）目标市场：是否定位目标客户，目标市场规模是否庞大 （4）竞争情况：竞争对手的数量有多少，是否存在占绝对优势的竞争者，一般性竞争手段是什么 （5）新产品导入率：是否有替代产品 （6）市场进入障碍：是否有较高的规模经济性，是否有专利权，是否需要政府审批
4	管理团队评估	（1）企业家素质：是否有支撑其持续奋斗的禀赋，是否熟悉所从事的行业，是否诚实正直，是否有很强的领导能力，是否懂经济、善管理、精明能干，是否具有合作精神，是否具有很强的人格魅力 （2）管理队伍的团队精神：是否已组建分工明确、合理的管理团队 （3）管理队伍的年龄范围：35～50岁之间，既有丰富的实际经验，又有活跃的思想，能较快吸收新知识和新信息 （4）管理队伍的个人素质：管理队伍应包括精通每个主要部门业务且能力很强的个人
5	退出方式及产业价值评估	（1）退出方式：退出依据是否可靠，最可能的退出方式及各种方式的可行性程度，有无保护投资权益的财务条款及财务保全措施等 （2）产业价值：对项目的产业价值、战略前景、产业化途径等进行深入的量化研究

　　根据项目企业提供的商业计划书对创业项目进行综合研究评价后，基金经理通常会组织创业者进行访谈，询问有关问题，并让创业者就一些关键问题做一次口头介绍或讲演。基金经理可通过面对面访谈获取更多项目信息，可核实商业计划书中所描述创业项

目的主要事项；了解私募股权基金能够以何种程度参与企业管理和监控，创业者愿意接受何种投资方式和退出途径；考察创业者的素质及其对创业项目的影响。

4.1.3 尽职调查

尽职调查（Due Diligence）又称谨慎性调查，调查内容包括企业的背景与历史，企业所在的产业，企业的营销与制造方式、财务资料与财务制度、研究与发展计划等各种相关问题。

尽职调查对于项目投资决策意义重大。首先，尽职调查能够帮助私募股权基金经理了解项目企业情况，减少合作双方信息不对称的问题；其次，尽职调查结果也为合作双方奠定了合理估值及深入合作的基础；最后，尽职调查是对有关单据、文件进行调查，这本身就是一个保存和整理证据的过程，相关情况能以书面证据的方式保存下来，以备查询或留作他用。因而，详尽、准确的尽职调查是私募股权基金经理客观评价项目、做好投资决策的重要前提条件。

尽职调查的主要内容覆盖创业项目及项目企业的运营、规章制度及契约、财务等多个方面，其中，财务会计情况、经营情况和法律情况是调查的重点。由于尽职调查涉及的内容繁多，对实施尽职调查人员的素质及专业性要求很高，因此，基金公司通常要聘请中介机构，如会计师事务所、律师事务所等协助调查，为其提供全面的专业性服务。

4.1.3.1 尽职调查手段

尽职调查工作手段包括但不限于现场核查、法律文件审查、财务凭证审验、函证、人员询问及独立聘请会计师、律师和评估师等，具体形式为：

（1）与公司管理层（包括董事、监事及高级管理人员，下同）或股东及实际控制人交谈。

（2）查阅、收集公司营业执照、公司章程、重要会议记录、重要合同、账簿、凭证等。

（3）实地察看重要实物资产（包括物业、厂房、设备和存货等）。

（4）通过比较、重新计算等方法对数据资料进行分析，发现重点问题。

（5）询问公司相关业务人员。

（6）与注册会计师、律师密切合作，听取专业人士的意见。

（7）向公司客户、供应商、债权人、行业主管部门、同行业公司等第三方就有关问题进行查询（如面谈、发函询证等）。

4.1.3.2 尽职调查的对象

尽职调查的对象包括但不限于用款方及其股东（或实际控制人）、保证人、资金运用项目及其所属行业、投资顾问等。各投资团队应根据项目所属行业及公司特点，对相关风险进行重点调查。

4.1.3.3　尽职调查工作底稿

工作底稿应当真实、准确、完整地反映尽职调查工作，其内容至少应包括公司名称、调查事项的时点或期间、计划安排、调查人员、调查日期、调查地点、调查过程、调查内容、方法和结论、其他应说明的事项。工作底稿还应包括从公司或第三方取得并经确认的相关资料，除注明资料来源外，调查人员还应实施必要的调查程序，形成相应的调查记录和必要的签字。当项目资料发生变动，应要求项目方提供书面报告，进一步核实后，在工作底稿中重新记载。

4.1.3.4　尽职调查主要内容

尽职调查主要内容如下所示。

（1）公司基本情况调查

公司基本情况调查的项目及方法如表4-4所示。

表4-4　公司基本情况调查的项目及方法

序号	项目	调查内容
1	公司设立情况	查阅公司设立的批准文件、营业执照（需年检）、法定代表人身份证、开户许可证、公司章程等，必要时到市场监督管理部门核查公司的设立程序、合并及分立情况、市场主体变更登记年度检验等事项，对公司设立、存续的合法性作出判断
2	公司股权情况	查阅公司设立及历次股权变动的批准文件、验资报告、股东股权凭证，核对公司股东名册、市场主体变更登记，对公司历次股权变动的合法性作出判断，核查公司股本总额和股东结构是否发生变动
3	公司业务经营的合法性	查阅公司政府许可、环境保护、产品质量、技术监督等方面文件，对业务经营的合法性作出判断。查阅国家产业政策及相关行业目录，对项目是否属于国家政策限制发展的范围作出判断

（2）公司业务能力调查

公司业务能力调查的项目及方法如表4-5所示。

表4-5　公司业务能力调查的项目及方法

序号	项目	调查内容
1	公司主营业务情况	通过询问管理层、查阅经审计的财务报告、听取注册会计师意见等方法，了解公司为发展主营业务和主要产品而投入的资金、人员及设备等情况。计算主营业务收入占经营性业务收入的比例，评价公司主营业务在经营性业务中的地位
2	公司产品营销情况	查阅公司资料和询问相关营销人员，了解公司产品的营销地域、客户定位、营销人员状况、营销方式等，对公司目前的营销工作优势和问题进行分析

序号	项目	调查内容
3	公司主要产品行业地位及产品的市场前景	收集同行业企业数量、进入壁垒和产品差异性等资料，分析公司所属行业的市场结构和竞争状况，根据国家产业政策、产业周期等因素，综合分析公司发展所处的市场环境 收集公司主要产品市场的地域分布和市场占有率等资料，结合行业排名、竞争对手等情况，对公司主要产品的行业地位进行分析
4	公司主要产品的技术优势及研发能力	分析公司主要产品的核心技术，考察其技术水平、技术成熟程度、同行业技术发展水平及技术进步等情况。考察主要产品的技术含量、可替代性及核心技术保护，评价公司的技术优势
5	公司的业务发展目标	查看公司规划，并向公司管理层了解公司未来2至5年的业务发展目标、发展计划及实施该计划的主要经营理念或模式。调查公司业务发展目标是否与现有主营业务一致，是否符合国家产业政策及法律法规和规范性文件的规定。评价业务发展目标对公司持续经营的影响
6	公司业绩情况	查阅、收集公司近3年的财务报表，了解公司的盈利能力。比较公司历年的销售、利润、资产规模等数据，计算主营业务收入年增长率、主营业务利润年增长率等指标，分析公司业务增长速度，结合市场营销计划，对公司主要产品的市场前景进行分析和判断

（3）内控制度调查

内控制度调查的项目及方法如图4-1所示。

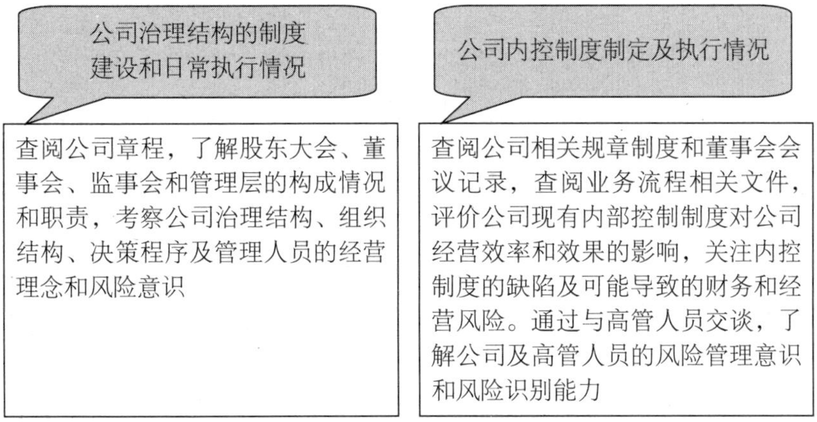

图 4-1　内控制度调查的项目及方法

（4）财务状况调查

根据公司近3年经审计的财务报告或最近时点的财务报表，分析公司主要财务指标，调查相关财务风险状况。财务状况调查的项目及内容如表4-6所示。

表 4-6　财务状况调查的项目及内容

序号	项目	调查内容
1	盈利能力、偿债能力、营运能力	计算公司主营业务利润率、净资产收益率、资产负债率、流动比率、速动比率、应收账款周转率和存货周转率等指标，分析公司的盈利能力、长短期偿债能力及营运能力。各项财务指标与同行业公司平均水平相比有较大偏离的，或各项财务指标及相关会计项目有较大变动的，应要求公司作出说明
2	支付能力	分析公司现金及现金等价物净增加额和经营活动产生的现金流量净额，评价公司是否会发生资金支付困难
3	应收账款情况	取得公司应收账款明细资料，结合公司行业特点和业务收入情况，评价应收账款余额及其变动是否合理。必要时可向应收账款余额较大的客户发函询证，确认其真实性和准确性。取得公司其他应收款明细资料，分析其他应收款的形成原因、合理性、真实性、回收可能性及潜在的风险。分析比较公司应收账款和其他应收款账龄，评价账龄是否合理，了解账龄较长应收款项的形成原因及公司采取的措施，查核公司是否按规定提取坏账准备
4	存货情况	取得公司存货明细资料，结合生产循环特点，关注原材料、在产品、产成品比例是否合理。分析比较公司存货账龄，评价账龄是否合理，了解是否存在账龄较长的存货，查核公司是否按规定提取存货跌价准备
5	负债情况	取得公司短期负债和长期负债明细资料，查阅借款合同，了解各项借款的保证条款，查看银行贷款卡相关信息，分析目前公司的负债与资产，以及在本次融资后的负债结构和总规模与总资产的配比情况，分析负债对公司经营和现金流量的影响
6	公司收入、成本、费用的配比	通过分析公司收入、成本、费用的变动趋势、比例关系等，参照行业其他公司的情况，评价公司收入与成本、费用等财务数据之间的配比是否合理
7	税收、财政优惠政策对收入的影响	查核公司享有税收优惠或财政补贴批准文件的合规性和有效期，评价此类事项的政策性风险、对公司财务状况的影响
8	公司的关联方、关联方关系及关联方交易情况	关联方、关联方关系及关联方交易根据《企业会计准则——关联方关系及其交易的披露》进行认定。通过与公司管理层交谈、查阅公司股权结构图和组织结构图、查阅公司重要会议记录和重要合同等方法，确认公司的关联方及关联方关系。通过调查关联方对公司进行控制或影响的具体方式、途径及程度，对关联关系（包括股权关系、人事关系、管理关系及商业利益关系等）的实质进行判断
9	会计师对公司财务报告的审计意见	查阅审计报告，核实会计师对公司财务报告的审计意见

（5）或有事项的调查

或有事项调查的项目及方法如表 4-7 所示。

表 4-7　或有事项调查的项目及方法

序号	项目	调查内容
1	公司确定或有事项的政策	与公司管理层交谈，查阅相关制度规定，了解公司确定、评价与控制或有事项的有关政策和工作程序，获取公司或有事项方面的书面声明
2	公司对外担保形成的或有风险情况	查阅公司董事会和股东大会的会议记录和与保证、抵押、质押等担保事项有关的重大合同，查看银行贷款卡相关信息，统计公司对外担保的金额及其占净资产的比例。例如，以房地产抵押的，应向房产管理部门、土地管理部门查询；以船舶、车辆等抵押的，应向运输工具登记部门查询；以上市公司股份出质的，应向证券登记结算机构查询；以商标、专利权、著作权等财产权利出质的，应向相关管理部门查询。了解被担保方的偿债能力及反担保措施，评价公司履行担保责任的可能性及金额，分析其对公司财务状况的影响
3	公司未决诉讼、仲裁形成的或有风险情况	查阅公司的重大合同、董事会会议记录，咨询律师，调查公司未决诉讼、仲裁情况及产生的原因，就未决诉讼、仲裁的可能结果及各种结果发生的可能性咨询公司的法律顾问或律师，评估该类或有事项涉及的金额，并分析其对公司财务状况的影响
4	公司其他方面的或有风险情况	必要时可向公司开户银行发函证，确认公司应收账款抵押借款、商业承兑汇票贴现等情况。向相关人员询问公司对未来事项和合同的有关承诺，并查阅相关书面材料，包括合同和往来书面材料，确定是否存在不可撤销的承诺事项，分析其对公司未来的影响

（6）抵押物调查

① 债务人或第三人有权处分的财产可以抵押，抵押物种类如图 4-2 所示。

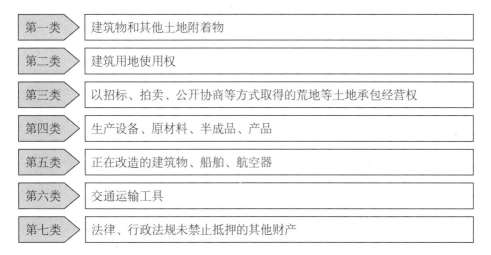

图 4-2　可作抵押的抵押物种类

② 各投资团队应取得抵押物有效证件或有效凭证复印件，并加盖抵押物权公司的公章。

③ 各投资团队应取得抵押物近期（一般不超过1年）的价值评估报告，并对相关的物权登记部门进行查询，落实抵押物的抵押登记情况。比如，以房地产抵押的，应向房产管理部门、土地管理部门查询等。

④ 查询抵押物的保险情况，主要落实是否投保、保险的险种、保险的时间、保险的金额等相关事宜。

（7）质押物调查

质押是指债务人或第三人将其动产移交债权人占有，将该动产作为债权的担保，当债务人不履行债务时，债权人有权依法就该动产优先受偿。质押有动产质押和权利质押两种形式。

① 可以用于质押的质物范围如图4-3所示。

贵重金银首饰、家电产品、名贵字画、贵重收藏品等，可以出质。法律、行政法规禁止转让的动产不得出质。公司原则上不接受动产质押

（1）汇票、本票、支票
（2）债券、存款单
（3）仓单、提单
（4）可以转让的基金份额、股权
（5）可以转让的注册商标专用权、专利权、著作权等知识产权中的财产权
（6）应收账款
（7）法律、行政法规规定的可以出质的其他财产权利；法律、行政法规未明确规定是否可以出质的财产权利，不得出质

图 4-3　可以用于质押的质物范围

② 交易对手提供质押担保的，应从表4-8所示的几个方面开展尽职调查。

表 4-8　交易对手提供质押担保的尽职调查内容及方法

序号	质物类别	调查内容及方法
1	质物为动产的	（1）动产的权属情况，如质物的所有权归属、质物上所设他项权利或在先权利情况、是否存在其他限制性规定等，应向出质人索取对质物有权处置的证明 （2）动产的价值情况，如质物的使用年限、损耗情况、市场价值等，应向出质人索取质物价值的有关证明（如评估报告）；质物移交占有时，应仔细检验质物的使用、损耗等情况 （3）动产的保险情况，如是否投保、保险险种等，以便保险物意外损毁、灭失时，可就保险赔偿金受偿

序号	质物类别	调查内容及方法
2	质物为权利的	（1）权利的取得情况，包括权利的来源、权利的取得条件、与权利对应的出质人义务是否已完全履行等。以票据、基金份额、存款单、仓单、提单等出质的，应核实权利正本；以知识产权中的财产权、应收账款债权、股权等权利出质的，应核实出质人享有权利的审批文件、合同或权利证明文件等资料 （2）权利的限制情况，即向权利的质押登记部门（如有）查询，核实权利出质前是否存在质押。例如，以上市公司股票出质的，应向中国证券登记结算有限公司查询；以未上市公司股权或股份出质的，应向公司住所地工商行政管理部门查询；以企业应收账款出质的，应向中国人民银行征信中心"应收账款质押登记公示系统"查询等 （3）权利的价值情况，以票据、基金份额、存款单、仓单、提单等出质的，应综合考虑贴现、折价、剩余价值、有无担保等因素，测算权利的价值；以知识产权中的财产权、应收账款债权、股权等权利出质的，权利应经过第三方评估机构的评估，出质人应提供评估报告

（8）基础设施投资项目调查

基础设施投资项目调查内容及方法如表4-9所示。

表4-9 基础设施投资项目调查内容及方法

序号	项目	调查内容及方法
1	项目报批情况	（1）取得有效立项批准文件 （2）符合国家产业政策和环保政策等有关要求（取得环评报告） （3）项目控股股东或者主要控制人，应为大型企业、企业集团或者政府控股的基础设施投资公司，并具有良好的偿付能力、项目运营管理能力，无不良信用记录，近3年未受到相关部门处罚 （4）项目方已按相关规定取得有关部门的业务许可 （5）落实项目总投资及资金安排情况
2	项目的建设进度	（1）调查、落实项目的工程进度，说明具体的工程形象进度，是否完成原工程期限的进度 （2）落实项目资金到位情况，尤其是资本金到位情况

（9）房地产项目的调查

① 查阅、取得房地产开发企业的开发资质。

② 查阅、取得房地产开发企业相关证照。

③ 调查、测算房地产项目总投资及每平方米造价、房地产项目的预计销售价格及销售进度，预计项目的盈利情况。

④ 调查、了解项目资本金到位情况、项目工程期限及实际工程形象进度。

（10）作为有限合伙人（LP）的机构投资者的基本情况调查

查阅、收集委托人近2年的审计报告和最近时点的财务报表，主要分析其委托资金来源的合法合规性。

① 现金流量：分析公司现金及现金等价物和经营活动产生的现金流量净额，评价公司是否有足够的资金用于委托资金。

② 资本金到位情况及负债情况：取得公司资本金验资报告和公司长短期负债数据，分析公司委托资金是否来源于对外负债，负债的比例是否合适。

③ 如果委托资金并非来自公司的日常经营，各投资团队应分析资金来源的合法性。

（11）投资顾问基本情况调查

查阅、收集投资顾问的营业执照（需年检）、法定代表人身份证、近2年的审计报告和最近时点的财务报表等资料。了解公司近2年经营业务的规模、业绩、盈利情况，投资团队主要负责人员的业绩简历。了解公司内部管理制度和投资立项、尽职调查、决策流程、公司配置的软硬件设施等。

4.1.3.5　尽职调查报告

（1）尽职调查负责人应将尽职调查内容、分析结果形成独立的尽职调查报告。尽职调查报告应对上述内容进行评价并形成结论，应采用书面形式。

（2）尽职调查报告应包括但不限于下列内容。

报告主体：《项目尽职调查报告》；分报告：《项目法律尽职调查报告》《财务状况尽职调查报告》《资产评估报告》《信用评级报告》（如有），分报告的主要事实、主要数字、主要问题等内容应记录于主体报告中。

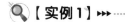 【实例1】▶▶▶

尽职调查报告

客户名称：

项目名称：

主办投资经理：　　　　　　　协办投资经理：　　　　　　投资总监：

调查人员履职声明：

本人在此郑重声明，此报告是本人基于现场调查及其他外部信息，进行独立、客观、审慎的分析与评价而形成的。本人已充分分析了相关风险因素，没有虚假记载、误导性陈述或者重大疏漏。

投资经理签名：（主办）

（协办）

投资总监（负责人）签名：

时间： 年 月 日

第一条 被投资人基本信息

1.1 被投资人情况

（1）被投资人基本情况

阐述被投资人（以下简称客户）名称、成立时间、法人种类、注册资金及到位情况、出资形式、股东构成（含主要股东名称、股份绝对额及占比）、注册地址、实际办公地址、法定代表人、营业执照年限、营业范围等。

（2）被投资人股权结构情况

股东名称	持股比例（%）	出资金额（万元）	出资形式	与申请人是否存在关联交易	备注（说明股东之间、股东与实际控制人之间关系）

注：

① 如股东中有信托公司或私募股权基金，必须提供信托合作协议或基金协议，并详细说明协议的主要内容；如有信托介入，需要说明申请人非信托公司持股的股权是否已质押给信托。

② 若存在股权转让行为，股权转让过程应详细描述，并调查交易合同签署情况及内容、对价支付情况及取得的付款凭证等。提示：关注客户营业执照的有效期、年检情况及客户名称、法定代表人、股东、经营范围变更等情况；外商投资企业注册资本金是否全部到位。

（列示组织结构图）（略）

（3）主要管理层情况

要求调查企业的法定代表人、主要管理层及财务负责人工作履历，并对管理层稳定性、行业经验、内部控制能力等进行说明。

1.2 控股股东情况

（1）股东背景介绍

重点介绍实际控制人情况（包括且不限于主业及涉及行业、资产及收入情况、地产项目的以往开发记录或商业项目经营经验、房地产开发资质等级及有效期、在建及储备项目情况、资金实力及资金调度方式、他行的资信状况等）、其对申请人的持股情况和控制程度，披露完整的股权架构图（以图表列示并追溯至最终股东和最终实际控制人）。

实际控制人与股东结构不一致的，需说明原因、背景和动机。对于集团型客户，应着重分析集团在建、储备项目情况，预测项目销售收入，并结合客户财务数据和融资能力，对集团资金链的松紧情况进行判断。

（2）股权变更情况

	日期	股东名称	股权比例（%）	出资形式	出资金额（万元）	验资情况
成立时	股东1					
	股东2					
变更时间1	股东1					
	股东2					
变更时间2						

股东结构频繁变更的，需进一步调查并说明原因，查看是否存在股东主动退出或债权转股权等情况。

（3）主要子公司情况

公司名称	注册资本（万元）	持股比例（%）	主导产品	总资产（万元）	银行负债（万元）	销售收入（万元）	净利润（万元）
关联企业1							
关联企业2							

应注意核实关联企业实际控制人情况，如涉及基金、信托投资参股公司，应了解其持股比例，以及是否有回购条款。

（4）股东财务情况

1.3 其他股东情况（如有）

1.4 其他需要说明的情况

要求对公司经营和信用产生重要影响的事项，包括公司高层变动、资本变动、组织结构变动、经营主业变动、涉及的法律诉讼（需要登录全国法院被执行人信息查询网）等进行说明。

第二条　被投资人财务状况

第三条　公司主营业务及产品

第四条 融资计划及资金使用安排

第五条 项目分析

可从股东背景、项目位置、产品定位、销售预测、经济可行性等方面分析。

5.1 优势分析：

5.2 劣势分析：

5.3 主要风险及缓释措施：

第六条 调查结论

4.1.4 项目再筛选（一般筛选）

在尽职调查阶段对项目信息做进一步调查、核实、补充后，对项目进行再筛选。

4.1.4.1 筛选阶段

（1）第一阶段

通过与拟投资项目的主要管理人员、相关财务部门（会计师事务所、银行等）、现有或潜在的顾客接触、沟通；与现有投资组合企业的管理层、其他投资企业研究、讨论，进行一些正式的市场研究、技术研究等，增加对项目商业计划的了解，评估拟投资企业管理层对企业及可能遇到问题的认识，以进一步筛选项目。

（2）第二阶段

通过分析、评估项目的投资障碍，评估障碍的解决办法等，进一步筛选项目。

4.1.4.2 筛选工作标准

对拟投资项目作出关于"影响投资决策因素"的系统评估，筛选工作标准如表 4-10 所示。

表 4-10 筛选工作标准

影响投资决策因素的类别	权重 I（10 分制）	影响投资决策因素的名称	权重 II（10 分制）	程度评分
管理		相关工作经历		
		教育程度		
		团结一致性		
		领导能力		
		商业领悟力		

续表

影响投资决策因素的类别	权重Ⅰ（10分制）	影响投资决策因素的名称	权重Ⅱ（10分制）	程度评分
财务		投资规模		
		退出机会		
		高收益率潜力		
		融资历史		
		企业股份		
行业与技术		技术先进性		
		竞争力		
		政策倾斜度		
		进入壁垒		
企业与市场		风险企业发展阶段		
		市场大小/成长潜力		
		其他的项目参与者		
		风险企业位置		

 相关链接

价值评估

价值评估是基金公司基于尽职调查得到的项目企业历史业绩、预期盈利能力等资料，通过科学的价值评估方法对企业价值进行评估的过程。价值评估是公司对外投资过程中关键的一步，无论是项目投资还是项目退出，都需要对项目企业进行价值评估。

1. 价值评估方法

对创业企业进行价值评估的方法主要有收益法、市场法、成本法。

（1）收益法

收益法是指估算被评估项目未来的预期收益，并采用适宜的折现率折算成现值，然后累加求和，得出被评估项目价值的一种价值评估方法。根据预期收益估算方式的不同，收益法又可分为实体现金流量折现法、现金流量折现法、现金流量评估法等。

（2）市场法

市场法是指在市场上选择若干相同或近似的项目或企业作为参照物，针对各项价值影响因素，将被评估项目分别与参照物逐个进行价格差异的比较与调整，再综合分析各项调整结果，确定被评估项目价值的一种价值评估方法。

（3）成本法

成本法是用现时条件下重新购置或建造一个全新状态的被评估项目所需的全部成本，减去被评估项目已经发生的实体性陈旧贬值、功能性陈旧贬值和经济性陈旧贬值，将得到的差额作为被评估项目价值的一种价值评估方法。

2. 三种评估方法的比较

三种评估方法的比较详见下表。

企业价值评估基本方法比较

评估方法	使用前提	优点	缺点
成本法	（1）目标企业的表外项目价值对企业整体价值的影响可以忽略不计 （2）资产负债表中单项资产的市场价值能够公允、客观地反映所评估资产的价值 （3）购置一项资产所支付的价格不会超过具有相同用途的替代品所需的成本	（1）直观易懂 （2）资料容易取得	（1）不能反映企业未来的经营能力，特别是企业获利能力较强时 （2）不同的资产需要不同的方法，计算烦琐 （3）不适用于拥有大量无形资产（或商誉）的企业评估
市场法	（1）要有一个活跃的公开市场 （2）在这个市场上要有与评估对象相同或者相似的参考企业或者交易案例 （3）能够收集到与评估相关的信息资料，同时这些信息资料应具有代表性、合理性和有效性	（1）从统计角度总结出公司的特征，得出的结论有一定的可靠性 （2）计算简单、资料真实，容易得到股东的支持	（1）缺乏明确的理论支持 （2）受会计准则和市场因素影响 （3）难以找到具有完全可比性的参照物
收益法	（1）投资主体愿意支付的价格不应超过目标企业按未来预期收益折算所得的现值 （2）目标企业的未来收益能够合理预测，企业未来收益的风险可以客观地进行估算 （3）目标企业应具有持续的盈利能力	（1）注重企业未来经营状况及获利能力 （2）具有坚实的理论基础，较为科学、成熟	（1）模型中众多参数难以确定 （2）计算步骤冗长

4.1.5 项目评审

经过尽职调查和一般筛选后，基金公司就应按照规定的项目评审程序对项目进行评审。以下以某基金公司的评审程序为例加以说明，该公司的评审包括部门初审、项目预审、项目评审三个步骤。

（1）部门初审

经过审慎调查之后，对于初步判断基本符合基金管理公司投资条件的项目，项目小组应和该企业及其原股东商谈设计投资方案，包括投资方式（增资、股权转让或新设公司）、股权结构、入股价格、投资款支付方式、董事或监事席位的分配、特殊条款和保护性措施、投资回撤途径等，投资方案应经分管副总经理批准。

投资方案设计完成后，由项目小组撰写"项目投资建议书"，提交部门或股权投资事业部初审，各部门或股权投资事业部负责人及分管副总经理应在初审结束后出具初审意见，初审意见应包括对项目小组进行的审慎调查是否满意、该项目是否具有投资价值、是否同意该投资方案等内容。

对部门初审通过的项目，项目小组应填写"项目上会审批申请表"，连同"商业计划书"、"立项报告"、初审意见、"财务核数报告"、分管副总经理的调研报告及其他相关资料，报送给项目投资决策委员会秘书处。项目上会审批申请表如表 4-11 所示。

表 4-11　项目上会审批申请表

提交人	×××	日期	×××
项目名称	××× 投资中心（有限合伙）		
项目来源	××× 资产管理有限公司		
投资金额与范围	本计划认购有限合伙企业的 Ia 类和 Ib 类财产份额。有限合伙企业相应的 Ia 类财产份额合计为 ×××× 万元人民币，相应的 Ib 类财产份额合计为 ×××× 万元人民币，资产管理计划作为单一有限合伙人（LP）进入有限合伙企业，×× 投资（CP）出资人民币 ×× 万元，合计为人民币 ×××× 万元		
期限	有限合伙企业向项目公司提供的投资期限预计为 ×× 个月，有限合伙企业相应的 Ia 类财产份额对应的预期收益计算期预计为 ×× 个月，自本计划就 Ia 类财产份额缴付出资到账截止日起的第 × 个工作日起算，普通合伙人可视情况延长至 ×× 个月；相应的 Ib 类财产份额对应的预期收益计算期预计为 ×× 个月，自本计划就 Ib 类财产份额缴付出资到账截止日起的第 × 个工作日起算，普通合伙人可视情况延长至 ×× 个月		
投资目标	本计划的投资目标是有限合伙企业的财产份额。资产管理计划作为有限合伙人，将合格委托人认购的资产管理计划份额财产用于认购有限合伙企业中对应的 Ia 类和 Ib 类财产份额，并由有限合伙企业最终用于 ××× 项目的投资		
投资理念	资产管理人将恪尽职守，为资产委托人规避房地产市场风险、管理风险、流动性风险、信用风险、特定项目风险以及分级风险		

续表

投资策略	本合同项下资产参与认购 ×××投资管理有限公司发起的 ×××投资中心（有限合伙）对应的 Ia 类和 Ib 类财产份额，资产管理计划作为单一有限合伙人（LP）进入有限合伙企业，×××投资管理有限公司作为普通合伙人负责有限合伙企业的投资与管理 根据"有限合伙协议"相关约定，有限合伙企业以人民币 ×××万元受让 ××集团持有的 ××××（项目公司）×% 的股权，×××目前注册资本金为人民币 ××××万元，××集团持有其 ××% 股权，同时有限合伙企业通过银行委托贷款方式向 ×××提供人民币 ×××万元的委托贷款，委托贷款用于 ××××项目的开发投资
投资限制	本资产管理计划的财产投资仅限于 ×××投资中心（有限合伙）的投资标的，资产管理人不得将本计划的委托财产用作其他投资
收益分配	本有限合伙企业取得的收入和投资收回（投资回报）在支付或预留时，根据"有限合伙协议"规定应由本有限合伙企业列支相关费用后，在全部或部分退出投资并收到相应投资回报后 5 个工作日内按如下分配步骤向合伙人进行分配： （1）第一轮分配 针对各 I 类财产份额进行分配，直至本轮分配中针对各 I 类财产份额的细分类别财产份额的各自累计分配所得分别等于如下金额 M Ia 类：M= 对应实缴出资额 ×（1+9.2% ×D1 / 365） Ib 类：M= 对应实缴出资额 ×（1+9.2% ×D2 / 365） 其中：D1 为各 Ia 类细分财产份额实际收益计算期间的天数，D2 为各 Ib 类细分财产份额实际收益计算期间的天数 根据"有限合伙协议"的约定，违约合伙人支付的逾期出资利息、违约金等作为本有限合伙企业的其他收入由全体合伙人按照实缴出资比例分享。因此，在计算各 I 类细分财产份额持有人第一轮分配的金额时，应将其按照实缴出资比例自违约合伙人支付的逾期出资利息、违约金等所形成的本有限合伙企业其他收入中实际分享金额计算在内，即其分享金额加上其自本有限合伙企业分配所得投资收益为本条上述金额 M 各 I 类细分财产份额在预期收益起算日满 12 个月后进行一次分配（不满 12 个月的按实际预期收益终止之日支付利息），具体分配金额由普通合伙人综合本有限合伙企业的可分配现金、财务、税务与实务操作等因素自行决定。该分配预计在 5 个工作日内完成 全体合伙人一致确认，以上提及的预期收益率仅为根据协议的投资架构测算的预计情况，本有限合伙企业对是否产生收益及实际收益率不做任何保证，本有限合伙企业的第一轮分配具体应按前述方案进行，具体收益率及分配金额以实际情况为准 （2）第二轮分配 第一轮分配后的所有剩余投资回报归普通合伙人所有
风险收益特征	本资产管理计划份额为中等风险，约定预期收益
交易对手	×××有限公司（××集团全资子公司）

交易对手分析	1.×××有限公司基本情况 （1）注册资本：×××万元人民币 （2）法定代表人：×× （3）成立时间：20××年××月××日 （4）注册地址：×××××× （5）营业范围：×××××× 2.其他情况介绍 （1）公司股东背景：××××××× （2）公司财务状况：×××××××
投资标的	×××投资中心（有限合伙），该有限合伙企业将投资××地块，用于××建设
投资标的分析	1.项目概况 （1）项目类型及规模：×××××× （2）项目地点：×××××× （3）项目总投资及资金筹措情况：×××××× 2.市场分析 ×××××× 3.项目投入产出分析 ×××××× 4.可行性研究结论 ××××××
交易结构（图）	
风险控制措施	（1）债权保障措施：××集团对单一信托计划股东借款本息提供连带责任担保；××集团持有×××的××%股权作股权质押 （2）股权回购措施：××集团签署股权回购协议，保证单一信托计划持有的××%股权在第××个月时，以年化××%溢价率回购，回购价格为人民币×××万元，××集团对该股权回购协议提供连带责任担保，××集团持有×××的××%股权作股权质押

续表

进度安排	
各合作方	托管行（××银行），GP（×××），律师（××），会计师（　），销售机构（　），投资顾问（　），其他（　）
资金来源	
我方投资经理	××
合作方投资经理	××
费率结构	认／申购率（　）％，赎回费率（　）％，我方管理费率（　）％，托管费率（　）％，业绩报酬率（　）％，其他费率（　）％
其他说明事项	
复核	
审批	

（2）项目预审

项目投资决策委员会秘书处收到投资经理提交的"项目投资建议书"、"立项报告"、调查方案、初审意见、"财务核数报告"、分管副总经理的调研报告及相关资料后，对项目资料进行预审。预审不合格的，发回项目小组进行补充或修改；预审合格的，发放"项目预审合格通知书"，并列入项目投资决策委员会项目评审会议程。

（3）项目评审

项目投资决策委员会会议对拟投资项目进行可行性论证及评审。

项目评审会议程由项目投资决策委员会秘书处负责安排，会议由项目投资决策委员会主任或副主任、秘书长主持。

项目投资决策委员会采用投票方式表决，一人一票，经过半数投资委员的同意，项目方得通过。

对于有待进一步调研的项目，项目投资决策委员会秘书处应根据项目投资决策委员会委员所提问题，编写"进一步审慎调查项目问题通知书"，交项目小组继续进行审慎调查。

4.1.6　投资项目决议与签约

对于投资项目的决议与签约，基金公司也需要制定严格的流程加以管控。以下以某公司的流程（如图4-4所示）为例来加以说明。

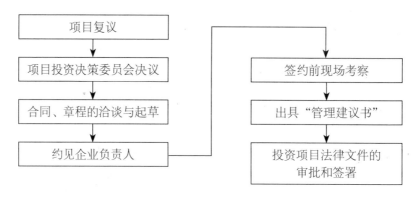

图 4-4 投资项目决议与签约流程

（1）项目复议

项目小组对"进一步审慎调查项目问题通知书"中列举的问题进行补充调查后，编写"项目复议报告"，提交给项目投资决策委员会秘书处。

项目投资决策委员会秘书处安排项目评审会，对"项目复议报告"进行评审。

（2）项目投资决策委员会决议

经项目投资决策委员会评审通过（包括复议通过）或否决的项目，项目投资决策委员会秘书处应编写书面决议，经参与评审的全体委员签字后实施。

（3）合同、章程的洽谈与起草

项目投资决策委员会作出项目投资决议后，由项目小组根据项目投资决策委员会决议及基金管理公司律师起草的投资合同标准文本与拟投资企业及其原股东进行合同条款的磋商，洽谈主投资协议及其他相关协议。

主投资协议应包含投资建议书及项目投资决策委员会投资决议中我方投资的所有前提条件及特殊性保护条款，并由其大股东承诺。将来被投资企业（简称被投企业）所签署的任何合同、协议未经基金管理公司同意，均不得违反主投资协议的约定。

（4）约见企业负责人

项目投资决策委员会决定投资的项目，在投资合同签署之前，项目小组应安排拟投资企业的主要负责人来股权投资事业部，与基金管理公司领导（公司投资决策委员会总裁、项目投资决策委员会）进行会谈。

（5）签约前现场考察

在投资合同、章程签署之前，投资经理应去拟投资企业现场考察2～7天，广泛接触拟投资企业各方面的人员及主要客户，更深入地了解拟投资企业的情况，以便作出最后的判断，并编写书面报告。

考察报告应包括以下主要内容。

① 现场考察的时间。

② 接触了拟投资企业哪些人员。

③ 对企业做了哪些方面的考察。

④ 此次考察与审慎调查的情况相比有哪些变化。

⑤ 通过现场考察进一步得出该企业的总体印象，包括管理团队的素质及诚信状况、管理制度的建设情况、业务流程的规范性、员工的总体素质、企业气氛、企业的发展前景等。

⑥ 考察报告的结论部分，应表明是否建议实施投资决议。

（6）出具"管理建议书"

对于经投资委员会评审通过的拟投资项目，投资经理应通过对项目的考察，向拟投资企业出具"管理建议书"。"管理建议书"应经项目组长或项目负责人、所在部门或股权投资事业部负责人和项目投资决策委员会秘书长签署后交拟投资企业。

（7）投资项目法律文件的审批和签署

基金管理公司设立投资项目合同、章程等法律文件审核小组，负责投资项目合同、章程等法律文件的审核。审核小组由律师、投资经理及所属部门或股权投资事业部负责人、项目投资决策委员会秘书长组成，主要审查合同（章程）文本与投资决策委员会决议的一致性，并签署审查意见。

业务总部或股权投资事业部负责人及项目组长（或投资经理）对合同、章程等法律文件的商业条款是否符合基金管理公司利益负责；项目组长（或投资经理）另需对我方以外的合同、章程等文件的签约方签名盖章的真实性负责；项目投资决策委员会秘书长对合同、章程是否符合投资决议负责；律师对合同、章程条款的准确性、严密性及是否符合投资决议负责。

在起草完项目合同、章程后，投资经理需填写"合同审批表"，按基金管理公司合同管理制度的要求，一起逐级上报审批，并提交法定代表人或其授权代表签署。"合同审批表"应明确投资金额、投资方式、所占股权比例、追加投资、违约责任条款、管理约束等项目投资保护性条款的简要内容。

提醒您

投资合同、章程签署生效后，由投资经理负责合同章程的具体履行工作，其他相关部门应予以配合。

【实例2】▶▶

基金公司项目投资流程进度表

项目名称			
项目经理（经办人）		分管投资总监	
投资流程管理进度			

1. 初审阶段	时间：		
	商业计划书□　项目概述□　项目初审表□	流程平台初核	
项目经理意见			
分管投资总监对本阶段的意见			
2. 复审阶段	时间：		
	保密协议□　*尽职调查文件包□ 项目投资建议书□	流程平台复核	
项目经理意见			
分管投资总监对本阶段的意见			
投资决策委员会主席批示意见			
3. 投资决策阶段	时间：		
	投资项目专家咨询意见书□　MDS□ 投资备忘录□　投资意向书□ 投资合同□	流程平台复核	
行业专家组意见			
分管投资总监对本阶段的意见			
投资决策委员会决议			
投资决策委员会主席批示意见			
填表说明	1.*尽职调查文件包包括商务尽职调查、财务尽职调查、法务尽职调查、人事尽职调查、技术尽职调查 2.流程平台含公司财务、法务及人事等后台支持部门 3.本表由项目经理经办，对表中所列文档，在其选择框内打勾，并将本流程表报主投资总监、董事会主席及投资决策委员会审批		

4.2　基金项目投后管理

投后管理的职能在基金公司内部属于后台业务。在行业初期，投后管理并没有受到基金管理人的重视，不少投资经理在股权收购完成后便坐享其成。但之后越来越多的管理公司发现，投资失败的原因有相当一部分是在投资后出现的。

投后管理是项目投资周期中重要的组成部分，也是私募股权基金"募、投、管、退"四要点之一。从完成项目尽调并实施投资直到项目退出之前都属于投后管理的期间。由于标的企业面临的经营环境在不断变化，其经营发展也会受到各种因素影响，从而增加了项目投资的不确定性和风险（如市场风险、政策风险、技术风险、管理风险、法律诉讼风险等），投后管理正是为管理和降低项目投资风险而进行的一系列活动。投后管理关系到投资项目的发展与退出方案的实现，良好的投后管理将从主动层面减少或消除潜在的投资风险，实现投资的保值与增值，因此，投后管理对投资工作具有十分重要的意义。

4.2.1　投后管理工作事项

投后管理工作事项包括：

（1）投前调研跟踪。

（2）参与投资谈判。

（3）监督投资协议条款的执行。

（4）完善治理结构。

（5）业务流程梳理与完善。

（6）日常监管与跟踪（与被投企业保持联系、了解企业经营管理情况、定期编写投后管理报告等管理文件）。

（7）重大事项管理（对所出资企业股东会、董事会、监事会议案进行审议、表决等）。

（8）增值服务（为被投企业提供相关的行业最新政策与法律市场等方面的研究、人才输送与培养、整合国内外市场和资源、为企业做大与做强提供一系列所需的咨询与服务）。

（9）退出机制规划与执行。

4.2.2　投后管理的模式

4.2.2.1　现有模式

目前，活跃于中国市场的 VC/PE 投资机构对项目投后管理的人员配置大致可分为三类，即投前投后一体化、专业化投后、外部专业化。

（1）投前投后一体化

投前投后一体化即"投资团队负责制"（如图4-5所示），是指投资项目负责人除负责项目的开发、筛选、调查和投资外，也负责投资完成后对被投企业的管理工作。这一类投后管理模式主要适用于投资项目总量比较少的机构。

该模式的优势在于投资经理对项目充分了解，能够进行有针对性的持续跟踪和改进，同时与项目负责人的绩效直接挂钩，对项目团队的投后工作有一定激励性。

但其缺点也显而易见，随着管理项目数量增加，投后工作只能停留在基础回访和财报收集上，难以提供更深入的建议和管理支持。

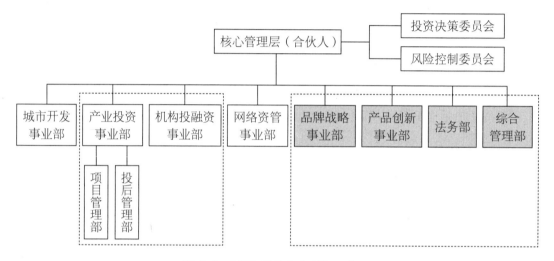

图 4-5 "投资团队负责制"示意图

（2）专业化投后

专业化投后即"投后负责制"，如图4-6所示。

投资规模与增值服务投入度息息相关。投资规模越大，投资风险就越大，投资机构就越需要精心构建增值服务体系，分配更多的资源。

随着机构投资项目的增多，项目经理的项目管理难度加大，为了应对第一种模式带来的投后工作缺失，投资机构开始成立独立的投后管理团队，独立负责投后事务。

这些事务不仅包括资源对接、定期回访，还包括深入洞察企业内部管理问题、制订详细计划及参与企业运营。

专职投后管理团队负责增值服务的优势在于投资项目负责人可以逐步淡出企业的后期培育工作，将更多的精力投入到潜力项目的挖掘开发中去；劣势则表现为项目在投后环节更换负责人，加大了被投企业与投资机构的磨合成本。

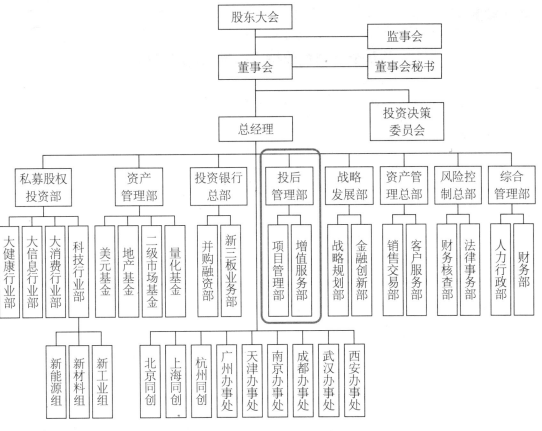

图 4-6　"投后负责制"示意图

（3）外部专业化

前两种模式的优劣势十分明显。但随着基金从垂直领域走向多元化组合，不同行业的受资企业面临不同类型的战略、业务和管理问题，因此内部投后管理团队的专业化程度面临巨大挑战。

部分投资机构逐渐探索出一种新的外部专业化模式，即将投后管理的部分工作，尤其是管理提升任务，交给外部咨询公司；或者将投后团队分离，独立成立管理咨询公司，使其绩效考核、费用核算与投资组合脱钩，转而向受资企业收费，从而形成新的合作模式。

此模式在一定程度上解决了第一种模式中人手和专业度的问题，也摒弃了第二种模式中投后团队与投资团队绩效考核冲突的问题，可视作相对成熟的解决方案。

4.2.2.2　创新模式

基于对目前投后管理三种主要类型优势和劣势的分析，基金公司可以采取投前全过程跟踪 + 专业投后管理的团队模式。投后管理团队参与、跟踪投资项目的尽调、投资及交易方案的设计，使投后管理人员对项目的整体情况有更深的了解，可以快速进入投后管理工作，为企业提出更有针对性的咨询和建议，减少与企业的磨合成本和试错成本。

【实例3】▶▶▶

某基金公司投前投后一体化管理架构

一、某基金公司投前投后一体化管理架构

某基金公司投前投后一体化管理架构如下图所示。

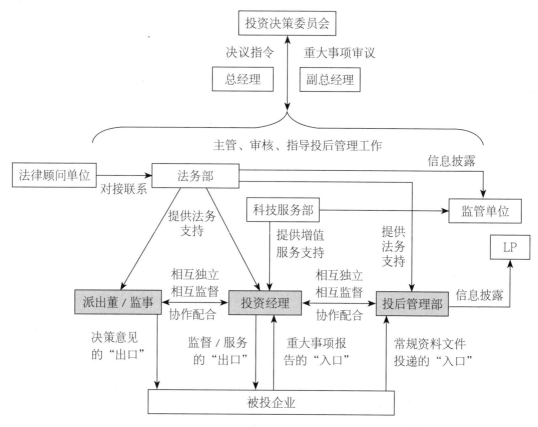

某基金公司投前投后一体化管理架构

二、职责说明

（一）投资经理

投资经理是指寻找、筛选、接触、访谈、尽调项目，并推进项目投资决策、投资协议谈判与签署等流程的项目投资负责人员或团队。

在投后管理体系中，投资经理主导被投企业的投后管理业务，在具体的投后管理工作中，可根据工作需要，申请获得投后管理部、派出董/监事、科技服务部、法务部、法律顾问单位的支持。总体来说，投资经理既要负责投前尽调、投中交易，也要负责投后的持续跟踪和价值提升，并且这些工作都以其为主导。

投资经理在投后管理阶段的主要职责包括：

（1）监管被投企业资金使用用途，如遇资金使用计划有重大变更，应立即告知投后管理部，并上报总经理、副总经理，及时采取相应的措施。

（2）督促被投企业及时出具有效的出资证明或股权证明，办理章程修改和工商、税务登记手续。

（3）通过电话、微信、邮件、巡视、走访等多种形式，关注投资协议的落实情况，监督企业的运营管理，了解企业的经营发展情况，掌握企业的经营动态。

（4）掌握被投企业的业绩对赌完成情况，股权回购触发情况，公司有无出现清算事件、重大诉讼及其他重大事项，及时报告并商议风险防控方案，代表投资机构向被投企业主张权益，谈判解决方案，特别是对赌补偿、股权回购、投资退出等事项。

（5）努力整合各方面资源，向被投企业提供各类增值服务。

（6）协助投后管理部督促被投企业，将财务报告、年度审计报告、年度总结计划与发展规划及其他相关资料呈报投资机构。

（7）协助派出董／监事、投后管理部、法务部对被投企业的重要决议文件（如股东会决议、董事会决议）进行分析审查，并提出意见。

（8）经批准授权，代表派出董／监事参加被投企业"三会"（股东会、董事会、监事会），并发表意见。

（9）根据被投企业发展态势、市场环境变化、基金投资策略与机会，选择适当时机、适合的投资退出方式，以最有利的方式设计投资退出方案，并上报投资决策委员会，审核通过后执行。

（二）投后管理部

投后管理部是指以常规性方法对被投企业经营管理等情况实行监督监管，对受托管理基金所有的投资项目进行经常性汇总分析、分类评价、风险防控的专门业务部门。在投后管理体系中，投后管理部主要对被投企业进行常规性管理，行使股东知情权，主要工作内容是收集财务资料、进行项目统计等。另外，需要在投后管理业务上最大限度地配合投资经理开展工作，同时也对其进行监督。

投后管理部在投后管理阶段的主要职责为：

（1）建立并及时更新投资项目库，实时统计投资总额、项目估值、预测收益率等重要指标。

（2）根据投资协议约定，按季或者按月催收被投企业财务报表及有关资料，按年催收被投企业的年度审计报告、年度运营总结报告、年度经营计划及有关资料。

（3）对被投企业财务报表进行分析研究，撰写定期财务分析报告，及时了解和掌握被投企业的运营情况。

（4）密切跟踪被投企业的风险变化，以投资前制定的风险控制点为依据，重点关注投资时存在的风险点是否已经消除。

（5）协助投资经理，规范被投企业财务制度并建账建制，规范财务和账务处理，提供财务、税务等咨询服务。

（6）根据收集的被投企业年度审计报告及有关资料，整理统计各投资项目的对赌、回购触发情况，并上报总经理、副总经理。

（7）根据了解和掌握的被投企业运营情况，将全部投资项目进行分类评价，分析论证项目的健康状况，并提出相应的项目管理策略。

（8）及时掌握被投企业的重大事项，参与商议风险防控方案，协助投资经理向被投企业主张权益，谈判解决方案，特别是对赌补偿、股权回购、投资退出等事项。

（9）协助派出董/监事、法务部对被投企业的重要决议文件（如股东会决议、董事会决议）进行分析审查，并提出意见。

（10）主管投资项目信息披露工作，联合法务部、科技服务部按时保质地将有关项目信息和所需材料上报中基协、证监局、金融办等监管单位及基金各有限合伙人。

（11）按照受托管理基金"合伙协议"的规定时间和规范要求，向基金各有限合伙人报送"基金运营情况报告"。

（12）监督投资经理对被投企业的投后管理工作。

（三）派出董/监事

派出董/监事是指按照受托管理基金机构与被投企业签署的投资协议的约定，由受托管理基金机构向被投企业委派董事、监事人选，与被投企业其他董事、监事一起组建高效运行的董事会、监事会，有效行使职权，代表受托管理基金参加被投企业决策管理的人员。

在投后管理体系中，派出董/监事则代表基金行使股东表决权，主要工作内容是参加各类公司会议，审议并表决各类议案等。另外，也需要在投后管理业务上最大限度地配合投资经理开展工作，同时也对其进行监督。

派出董/监事在投后管理阶段的主要职责为：

（1）代表受托管理基金机构出席被投企业股东会、董事会或监事会，听取被投企业经营报告并行使表决权，参与被投企业的决策管理。

（2）无论被投企业是否召开现场会议，均要求被投企业提交相关会议资料，并牵头组织对会议资料进行讨论。

（3）参会后，将被投企业董事会、监事会的会议资料交存投后管理部，同时将所了解的投资项目的生产、经营和管理等情况（如需说明）告知投资经理、投后管理部以及总经理、副总经理。

（4）根据内部讨论的结果，签署被投企业董事会或监事会相关决议文件。

（5）监督投资经理对被投企业的投后管理工作。

（6）依据《公司法》和被投企业章程的相关规定，行使相关职权，履行相关义务。

（7）监督被投企业的决策管理，协助规范治理结构，提出建议、意见。

4.2.3　建立投后管理机制

有了管理模式和管理人员之后，就要切实履行管理职责，所以必须建立完善的管理机制，包括检查机制、报告机制、分类评估机制，具体可以以制度的形式加以规范。投后管理人员应该对被投企业提交的财务报表进行分析研究，实时发现被投企业出现的任何问题，并要求被投企业作出解释，提出相应的解决和应对办法；定期参加被投企业的股东会、董事会。相应负责人对议案进行详细研究论证，是投资人参与并影响被投企业的重要方式。应长期保持对被投企业的关注和了解，对被投企业所处行业、市场、上下游企业等进行准确分析和把握，可以不定期电话沟通或现场调研的方式进行。

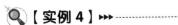

【实例 4】▶▶▶

某基金公司项目投后管理制度

1. 目的

为了规范 ×× 资本管理有限公司（以下简称"×× 公司"）的投后管理，建立有效的投后风险防范机制，实现良好的项目投资回报，特制定本管理制度。

2. 适用范围

本管理制度适用于 ×× 公司管理的私募投资基金已投项目，包括股权投资（全资、控股、参股）、债权投资或以混合投资方式参与投资的项目，以及由 ×× 公司实际控制管理、但以其他投资平台名义投资的项目。

3. 投后管理的主体与职责

3.1 ×× 公司依据"合伙协议"以基金执行事务合伙人的名义，或依据"基金合同"以基金管理人的名义，或以其他方式代表基金公司，通过项目公司股东会、董事会参与投资项目的管理与重大经营决策。

产品及基金运营部门、法律合规部门及不时聘请的外部专业顾问，为 ×× 公司参与投资项目管理与重大经营决策提供基础数据与专业意见。

3.2 产品及基金运营部门、法律合规部门人员组成的项目投后管理小组负责项目的过程管理。项目投后管理小组主要对项目运营情况进行跟踪检查，对影响项目风险控制的有关因素进行持续监控和分析，定期形成项目运营总结报告，对项目进行分类评估，并结合项目现状对项目经营提出合理化建议或积极采取应对措施。

4. 管理规定

4.1 投后项目的管理

4.1.1 在项目正式落实、投资款已实际到位的一个月内，项目公司应召开股东会会议及董事会会议，审议通过"公司章程""股东会议事规则""董事会议事规则""监事议事规则"（若有）；审议通过项目公司组织管理架构、人员设置方案和公司基本制度。

4.1.2 在项目正式落实、投资款已实际到位的三个月内，项目公司应编制完成项目发展方案、项目财务预测及主要经营指标，并报请董事会审议批准。

4.1.3 在每公历年度的年初，项目公司应编制项目公司上年度经营情况总结及本年度经营计划，并报请董事会审议批准。上年度经营情况总结经董事会确认后可作为上年度管理层的考核依据。本年度经营计划经董事会审议批准后，由项目公司总经理组织实施。

4.2 投后项目的过程管理

4.2.1 人员构成。在项目正式落实、投资款已实际到位的一个月内，××公司应成立项目投后管理小组，负责项目投后的过程管理。项目投后管理小组成员包括：2名（或以上）产品及基金运营部门人员，并任项目投后管理小组负责人；1名（或以上）法律合规部门人员；1名（或以上）其他相关人员。

4.2.2 检查机制。项目投后管理小组成员需定期或不定期对项目进行现场检查和非现场检查。现场检查是指项目投后管理小组协同必要的财务、审计、法律人员对项目进行现场访问和检查；非现场检查指通过电话、邮件、传真、报告审阅等形式对项目进行日常跟踪管理。现场检查原则上每季度进行一次。项目投后管理小组应对每次跟踪检查的时间、情况、人员、意见、建议等进行签字记录，并按本管理制度及公司档案管理要求将相关记录存档。如果在日常管理中发现任何重大潜在风险或对投资本金及收益安全产生影响的事件，项目投后管理小组成员应立即进行现场或非现场检查，并采取必要措施应对有关风险。

4.2.3 报告机制。项目投后管理小组负责人每月至少应召开一次全体会议（可根据需要邀请非项目组其他必要人员），对其管理的已投项目进行定期回顾及进度总结。会议形成会议纪要，与会人员签字后，报送××公司领导。每个季度，项目投后管理小组负责人组织收集各方面信息后，应形成项目季度运营情况总结报告，并报送××公司领导。报告内容包括但不限于项目计划执行情况、资金投入回收计划执行情况、项目重大事项及潜在风险等。对于项目需落实的具体工作，应落实到责任人，并跟进通报进展情况。

4.2.4 分类评估机制。项目投后管理小组应根据项目检查情况，对项目进行如下标准分类评估，并在月度报告显著位置进行定性提示。

（1）优秀：项目计划节点、资金、关键业绩中的一项或几项指标对比项目总体目标有所优化，使得基金投资IRR或投资回报倍数对比立项指标提升25%以上，且项目公司未出现其他潜在风险及可能影响基金收益和基金顺利退出的情形。

（2）良好：项目计划节点、资金、关键业绩指标与项目总体目标基本相符，基金投资IRR或投资回报倍数对比立项指标有所提升，且提升幅度在25%以内，项目公司未出现其他潜在风险及可能影响基金收益和基金顺利退出的情形。

（3）关注：项目计划节点、资金、关键业绩中的一项或几项指标未达到项目总体目标，使得基金投资 IRR 或投资回报倍数对比立项指标有所下降，且下降幅度在 20% 以内。项目公司出现潜在非重大事项风险情况，或虽然出现一些异常情况，但仍然属于正常可接受的情况。

（4）危险：项目计划节点、资金、关键业绩中的一项或几项指标未达到项目总体目标，使得基金投资 IRR 或投资回报倍数对比立项指标下降 20% 以上。或项目出现重大问题的可能性达 50% 及以上，并出现了系列问题，需要采取相关补救措施。

4.2.5　档案管理。项目跟踪管理小组负责人应就项目文件材料进行整理，合理编排顺序，填写档案清单（卷内目录）和案卷封面，并定期对项目文件材料进行复查和清理，检查文件材料的有效性和完整性。

4.2.4　投后管理的原则

投后管理应遵循图 4-7 所示的原则。

持续性原则	投后管理工作是一项连续性、一贯性的工作，投资业务发生后，投后管理人员就应将其纳入投后管理工作，严格按照规定，定期或不定期实地检查，直至该笔投资业务收回或终结
全方位原则	投后管理人员必须全面监控标的企业，包括直接关系到投资安全的关联方的经营管理、财务状况、抵（质）押品情况等，以及可能会对投资安全产生影响的国家宏观政策、标的企业所处的行业情况、市场竞争情况、上下游企业情况等
谨慎性原则	投后管理人员必须高度重视任何可能对投资造成不利影响的风险因素，及时采取有效措施化解或最大限度地降低风险
及时性原则	及时性原则包括两方面含义：其一，投后管理人员要按规定及时开展各项投后检查、管理工作；其二，发现问题要及时进行预警提示、发起风险预警等
真实性原则	投后管理人员在投后检查时，必须做到"检查必记录，记录必真实"，使投后管理工作真正落到实处，并有据可查
双人检查原则	投后管理人员在对融资方进行检查时，必须双人（或以上）同往，共同检查，双人签字，相互监督

图 4-7　投后管理的原则

4.2.5 投后管理的开展

投后管理的开展包括投资协议执行、项目跟踪、项目治理、增值服务四部分。

4.2.5.1 投资协议执行

按照项目投资时签订的"投资协议"，投后管理人员应对"投资协议"规定的相关条款进行分类汇总，并制订相应的实施计划，按时督促并落实相关条款内容。具体内容包括但不限于：

（1）对于项目投资中约定投资方派驻董事、财务总监的，应及时办理任命手续。

（2）支付投资款后，及时督促标的企业办理验资、股东变更、章程修改手续。

（3）如果投资后标的企业的经营触发"有条件条款"，如回购、共同出售、估值调整等，应及时制定处理方案。

4.2.5.2 项目跟踪

投后管理人员应定期了解标的企业的运营状况，获取其财务报表、经营数据、三会决议等文件，了解标的企业资产、负债、业务、财务状况、运营、经营成果、客户关系、员工关系发展等情况，当出现重大不利变化时，应向公司进行汇报，并与标的企业协商解决。投后管理人员应了解的事项包括但不限于以下内容。

（1）月度、季度、半年度、年度的财务报表。

（2）重大合同。

（3）业务经营信息。

（4）重大的投资活动和融资活动。

（5）标的企业经营范围的变更。

（6）重要管理人员的任免。

（7）其他可能对标的企业生产经营、业绩、资产等产生重大影响的事宜。

被投企业基本情况月报表如表 4-12 所示，项目跟踪管理季度报告如表 4-13 所示。

表 4-12 被投企业基本情况月报表

企业名称：　　　　　　　　　　投资经理：

报告日期：　　　　　　　　　　　　　　　　　　　　　单位：万元

投资时间		出资金额		持股比例	
总资产					
净资产					
销售收入					
企业人数					
产品研发情况					

续表

对外投资、重大资产购置与转让情况	
其他情况	
结论	

表 4-13　项目跟踪管理季度报告

（　　年第　　季度）

企业名称：　　　　　　　　　　投资经理：

报告日期：　　　　　　　　　　　　　　　　　单位：万元

投资时间		注资金额		持股比例	
销售收入		应收账款		总资产	
主要产品产量（值）		存货		净资产	
总人数或管理技术人员变化					
产品研发情况					
担保、法律纠纷					
股权变更情况					
对外投资、资产购置与转让情况					
股东会、公司投资决策委员会、监事会情况					
其他情况					
增值服务情况					
企业存在的问题及管理建议					
结论					

4.2.5.3　项目治理

投后管理人员应与标的企业保持沟通，对于需要由投资方指派董事表决的事项，及时提请董事审议。投后管理人员还应积极督促公司参加被投企业的股东会。

4.2.5.4　增值服务

增值服务是指公司为标的企业所提供的一系列咨询服务，具体内容包括帮助寻找和选择重要管理人员、参与制定战略与经营计划、帮助标的企业筹集后续资金、帮助寻找重要客户和供应商、帮助聘请外部专家等。投后管理团队的工作重点在于建立标的企业资源共享平台，为标的企业提供税收筹划、人力资源评估及推荐、财务规范辅导、业务流程改善等具备共性特征的服务；为标的企业上市工作进程提供咨询及建议，分析研究基础资料准备情况、可能出现的法律问题和法律障碍，提出相应的意见和建议，协助标的企业调整上市工作思路。

4.2.6　投后管理要点——财务管控

标的企业的财务状况直接关系项目投资的成败，因此这也是投后管理人员关注的重点。

（1）项目投资完成后，投后管理人员应对投资项目进行经常性的分析与检查，了解、掌握其运营情况；每季度向公司提交投资项目季度管理报告；每年根据投资项目的具体情况提出有针对性的书面管理建议，作为对投资项目提供增值服务的重要内容。投后管理人员应对投资项目实施动态监控，在发生影响标的企业投资安全的情形时，应及时向公司汇报，由公司研究采取相关措施。

（2）公司派出人员参与标的企业经营管理的，派出人员应按季度提交被投资企业经营情况报告。当出现影响公司投资安全的重大事项时，应及时汇报。

（3）未派出人员参与管理的，由项目团队定期、不定期现场走访标的企业，了解其经营情况和财务情况。

（4）公司财务部门负责对数据汇总、分析，并及时提供对决策有用的信息。

 【实例 5】▶▶▶ --

某基金公司投后管理指引

一、投后管理部及职责

1.1 投后管理部组织架构

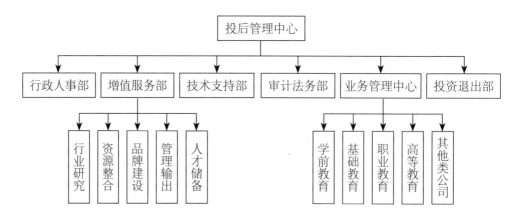

1.2 部门职责

1.2.1 行政人事部

主要负责本部门日常档案的分类管理，为被投企业、项目分类寻找与储备相关人才，并建立人才储备资源池。负责被投企业日常对接、投后管理人员培训等工作。

1.2.2　增值服务部

为被投企业提供相关行业法律、政策、市场等方面的研究；总结出不同类型企业遇到的一些问题以及相关的解决方案；整合国内外相关的资源，为企业做大做强提供一切可提供的资源与服务，具体如下。

（1）完善企业治理结构，设立股东会、董事会、监事会等决策机构，建立日常决策机制，使其各负其责、协调运转，建立有效制衡的公司治理结构。

（2）投后管理人员正式进驻后，协同相关的管理咨询专家，对企业进行深度调研、诊断，提出相关的解决方案并落地执行，对整个组织架构和工作运转流程进行调整、优化。

（3）对所投资企业按照不同的分类，提前与投后管理中心的行政人事部门进行对接，储备不同类型的企业关键岗位人才，并形成人才资源储备资源池。

（4）整合国内外相关的行业资源，为被投企业做大做强提供一切可提供的必要资源。

（5）对所投资的不同企业按照不同的管理类型进行总结研究及标准化，为所投企业进行管理输出，提高企业的管理效率，减少企业的试错成本。

（6）对于所投资企业相互之间有合作空间的，进行内部整合，甚至合并，提高市场占有率、利润率和行业壁垒等，做大做强所投资的企业。

（7）对所投资企业进行分类，按不同类型进行政策、法律法规以及行业发展趋势的研究，为所投资企业发展提供必要支持。

（8）协助所投资企业制定市场开拓、发展策略等，提升市场占有率，降低市场开拓成本；协助所投资企业制定可行的品牌推广策略，提升所投资企业品牌知名度，增加企业的无形资产。

（9）价值输出，主要是指从商业模式及投资逻辑两个方面对重点被投企业给予分析反馈，如亮点精华沉淀总结、糟粕错误反馈总结等，并给予项目投资负责人一定程度的价值补给。

具体形式包括：结合具体投资案例，针对某一领域的分析研究、失败案例的总结汇报、投资退出的建议研究等，汇总成干货报告，一方面对投资逻辑予以检验，另一方面在 VC/PE 机构内部实现价值共享，反哺投前。

定期的知识沉淀，一方面有利于投资人对当前投资经验的固化吸纳；另一方面也促成了企业的内部学习体系，从而产生知识价值，提升企业整体从业投资人的水平。

1.2.3　技术支持部

为所投企业提供办公信息化系统的建设及相关维护管理服务；为所投资企业提供工程管理等相关服务和其他技术支持服务。

1.2.4　审计法务部

对所投企业日常的财务状况进行监管、分析，并提出可行的解决办法，为投后管理工作提供相关的法律服务。

1.2.5　投资退出部

为所投资企业设计好相关的退出机制并实施。

1.2.6 业务管理中心

对所投资企业进行日常的监督管理。

二、投后管理工作流程

投后管理工作的流程如下图所示。

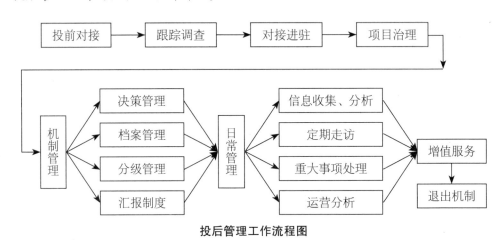

投后管理工作流程图

三、投后条款

本指引的核心条款，应当在投资协议中明确体现，以保证投后管理的顺利对接、推进。

四、投后工作规范

4.1 投前跟踪

对于确定要深度调研的项目，投资部要有专门的人员与投后管理部的人员进行对接。投后管理部确定相关的项目经理参与、跟踪项目的行业深度调研、法务调研、财务调研、投资讨论会、投资决策会、投资方案设计等工作，对项目投前进行全程跟踪，直到项目投资协议最终签订。

4.2 对接进驻

签订正式投资协议并完成划款工作后，应组织项目方和投资方召开投后管理对接会，参加人员为投后管理小组成员、项目方企业的高级管理人员，对接会主要有以下三项内容。

（1）投后管理部相关人员与项目方核心高管进行友好交流。

（2）阐述项目的投资理念和对投后管理的基本要求。

（3）明确项目方行政部门负责人（如董秘或者人事负责人）、财务部门负责人（如财务总监）等人员为日常对接人，建立日常对接的长效机制。

4.3 投后管理

投后管理相关人员正式进驻企业的工作流程如下。

（1）完善企业管理架构，建立股东会、董事会、监事会，按照投资协议，派驻董事、监事、财务管理、人事等相关人员；建立财务和人事等重要职能部门的定期汇报制度；完善企业管理规范，梳理整个业务流程，建立规范合理的管理制度和组织架构。

（2）建立所投企业重大事项汇报、协商制度。

4.4 日常监督

4.4.1 投后管理人员应定期了解公司的运营状况，获取公司财务报表、经营数据、三会决议等文件，了解公司资产、负债、业务、财务状况、运营、经营成果、客户关系、员工关系发展等情况，当出现重大不利变化时，应向公司进行汇报，并与项目公司协商解决。投后管理人员应了解的事项包括但不限于以下内容。

（1）月度、季度，半年度、年度的财务报表。

（2）重大合同。

（3）业务经营信息。

（4）重大的投资活动和融资活动。

（5）公司经营范围的变更。

（6）重要管理人员的任免。

（7）其他可能对公司生产经营、业绩、资产等产生重大影响的事宜。

4.4.2 定期走访

（1）投后管理项目负责人每个月走访项目一次，并向投后管理小组书面汇报项目生产经营计划执行情况，提供书面形式的访谈纪要。投后管理项目负责人应拜访项目方研发、生产、销售、财务等负责人，直接获取第一手的经营及市场变化等信息。

（2）财务内控部前期每个月走访项目一次，后期可每季度走访项目一次，核实项目提供的财务数据、生产经营情况，为季度、年度报告提供真实、可靠的依据。

4.4.3 财务信息收集与分析

（1）投后管理相关人员应定期收集项目月度、季度、年度财务报表，并抄送投后管理小组各成员，收集时间分别为月度结束后的 7 日内、季度结束后的 15 日内、年度结束后的 30 日内。

（2）投后管理部的财务内控人员对收集的财报进行分析，根据实际情况编写项目季度财务分析报告，并提出改进建议；同时确认投资资金和投资收益是否按投资计划正常运转，如财务状况发生重大变化，应及时组织召开投后管理小组会，商议对策，并向投后管理委员会作出书面汇报。

4.4.4 突发或重大事项处理

如被投企业生产经营发生重大突发事项或投资协议的履行发生重大违约，投后管理人员应立即提议并组织召开投后管理小组会，形成投后管理小组处理对策后向投后管理委员会报告，经投后管理委员会审核同意后执行。如发生以下情况，视为重大突发事项和重大违约。

（1）项目方不能按照合同履行或投资资金未按合同约定使用的。

（2）项目单项投资亏损超过 500 万元（含 500 万元），或虽不足 500 万元但投资亏损额达到账面投资额 20% 以上的。

（3）未能按照合同完成预定利润目标 60% 以上的。

（4）对投资额、资金来源及构成进行重大调整，致使企业负债过高，超出企业经济承受能力，导致银行到期资金不能归还的。

（5）参、控股股权比例发生重大变化，导致控制权转移的。

（6）项目方严重违约，出现损害投资人利益的。

（7）对外进行抵押、担保、诉讼，对生产经营产生重大影响的。

投后管理小组应针对突发事件进行个案查核，全面研究，全面分析，总结经验教训，制定应对策略。

4.4.5　竞争分析及运行评估

投后管理部牵头召开项目投后管理讨论会，召开时间为每月月初第一个星期，重点讨论项目投资分析报告，包括企业竞争分析报告、项目总体运行状况评估报告（含项目每月、每季度财务分析），并出具相关报告，呈交公司投后管理委员会。

（1）每月、每季度组织的投后管理小组讨论会上提供项目竞争分析报告，重点对投资项目的国家政策变化、行业趋势变化、竞争格局变化进行研究，重点分析市场、技术变化和竞争对手变化对企业产生的重大影响，投后管理小组达成共识后，再反馈给项目方。

（2）投后管理小组在每季度组织的投后管理小组讨论会上还必须提供项目总体运行评估报告，对项目运行实际结果与年度经营计划进行对比分析，找出偏离原因，并提出调整公司投资战略的建议方案，经投后管理小组讨论后形成决议，上报投后管理委员会审核批复。

项目总体运行评估基本指标应包括：

① 对项目可行性研究的论证、决策、实施和运营情况进行全面回顾。

② 对项目财务和经济效益、技术和能力、项目管理等方面进行分析评价。

③ 对项目存在问题提出改进意见和责任追究建议。

4.5　决策管理

（1）公司派出董事、监事代表公司出席项目方董事会、股东会或监事会，听取审查企业的经营报告，并行使权力，参与企业的决策管理。具体由投后管理部的财务内控部负责安排，要求被投企业提前通知会议时间、地点，并提交相关会议资料。

（2）投后管理部的财务内控部负责牵头对会议资料进行讨论，所有需要行使表决权的议案，都要经过投后管理委员会审查决定，重大事项要提交投后管理委员会决定，出席会议人员必须按照会议精神履行投票决定权。

（3）派出董事、监事不能参加的，可指定投后管理部人员列席参加，代表本公司立场表达意见，并提出建议。

（4）所有与会人员应及时将相关会议情况向投后管理小组组长报告，所有会议资料应留存，由财务内控部入库归档备查。

4.6　增值服务

（1）投后管理人员应及时了解被投企业对增值服务的需求，并及时提交给公司。应由公司领导出面跟项目方高管沟通增值服务事宜，投后管理部应做好各种对接和准备工作。

（2）投后管理部应当积极推动企业改制上市准备工作，每年应针对已投资项目的具体情况向企业提出有针对性的管理建议，作为对所投资企业提供增值服务的重要内容。

（3）建立双方相互沟通的长效机制，以项目方核心高管定期与公司相关投后管理人员会谈或不定期电话沟通等形式进行。

4.7　档案管理

投后管理形成的所有文档均抄报或提交投后管理部的财务内控部，财务内控部为每一个项目建立独立档案并妥善保管，以便于公司或部门随时查阅、跟踪管理和评估。

4.8　分级管理

为节省人力，实现有限资源的最优配置，可将项目分为重点关注对象和一般关注对象。特殊情况下，项目发生严重突发事项或重大违约，可召开投后管理小组会议讨论，将项目列为重点关注对象，由投后管理小组采取个案个议的模式讨论确定；一般关注对象采取4.4～4.7的相关规定。

4.9　汇报制度

投后管理部前期可按每月，后期可按每季度（年度）编制相关报告并呈送公司投后管理委员会，报告内容应包括项目投资总体情况、项目退出总体情况和项目财务分析情况等。

4.10　投资退出

4.10.1　投资退出设计

根据企业发展态势、市场环境变化和投资公司自身的投资策略、机会，在适当时机，选择以下四种投资退出方式中最有利的方式设计投资退出方案。

（1）IPO退出。

（2）企业回购。

（3）收购、合并收购。

（4）破产清算。

4.10.2　投资退出实施

（1）已约定退出方式的投资退出实施

对于在投资前已约定退出方式（投资合同中已有明确条款）并通过投后管理委员会审批的退出实施，可由被投企业按约定方式实施投资退出，或按约定的其他条款保障投资收益。

（2）未约定退出方式的投资退出实施

① 由投后管理人员根据对所投企业的动态跟踪管理，向投后管理委员会提出有关投资退出时机、方式的建议，并会同评估事务所、会计师事务所、律师事务所等单位，作

出退出时的投资估值。

② 投后管理委员会可根据投后管理人员提供的有关退出时机、方式、投资估值的建议，会同相关部门，制定具体的退出方案。

③ 对投后管理委员会审议通过的退出方案，应报合伙人大会进行投资退出决策审议，投后管理委员会对投资退出方案负责，合伙人大会具有决策权。

 学习笔记

请对本章的学习做一个小结，将你认为的重点事项和不懂事项分别列出来，以便于自己进一步学习与提升。

本章重点事项
1. _____
2. _____
3. _____
4. _____
5. _____
本章不懂事项
1. _____
2. _____
3. _____
4. _____
5. _____
个人心得
1. _____
2. _____
3. _____
4. _____
5. _____

第 5 章

基金公司风险控制

 学习目标：

1.了解风险管理的目标、原则，掌握风险管理体系的内容组成、风险管理的组织架构和职责。

2.了解风险管理的主要环节——风险识别、风险评估、风险应对、风险报告和监控、风险管理体系的评价，掌握各个环节的管理要求、措施及细节。

3.了解风险的分类——市场风险、信用风险、流动性风险、操作风险、合规风险、声誉风险、子公司管控风险等，掌握各类风险的应对措施。

基金公司作为一种金融机构，在经营中面临着多方面的风险，必须进行有效的风险控制，才能保证投资者的利益不受损害，并且通过风险控制，可使基金公司承担的风险及所获得的收益与基金的投资战略相匹配。

基金管理公司的风险控制是在风险识别、衡量和分析的基础上，有效防范和化解风险，防范利益输送及其他损害投资者利益的行为。

5.1 风险管理概述

5.1.1 风险管理的目标

（1）严格遵守国家有关法律法规和公司各项规章制度，自觉形成守法经营、规范运作的经营思想和经营风格。维护基金投资人的利益，在风险最小化的前提下，确保基金份额持有人利益最大化。

（2）不断提高公司经营管理的专业水平，提高对投资决策、经营管理中存在风险的警觉性，有效维护公司股东及基金投资者的利益。

（3）建立行之有效的风险控制制度，确保公司各项业务顺利运行，确保基金资产和公司财产安全完整，确保公司取得长期稳定的发展。

（4）维护公司信誉，树立良好的公司形象，及时、高效地配合监管部门的工作。

5.1.2 风险管理的原则

公司风险管理应当遵循图 5-1 所示的基本原则。

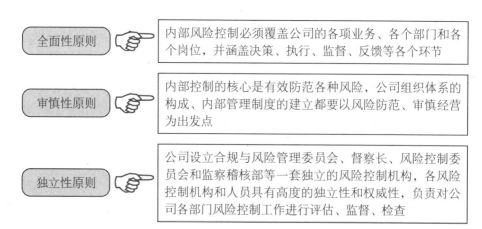

全面性原则	内部风险控制必须覆盖公司的各项业务、各个部门和各个岗位，并涵盖决策、执行、监督、反馈等各个环节
审慎性原则	内部控制的核心是有效防范各种风险，公司组织体系的构成、内部管理制度的建立都要以风险防范、审慎经营为出发点
独立性原则	公司设立合规与风险管理委员会、督察长、风险控制委员会和监察稽核部等一套独立的风险控制机构，各风险控制机构和人员具有高度的独立性和权威性，负责对公司各部门风险控制工作进行评估、监督、检查

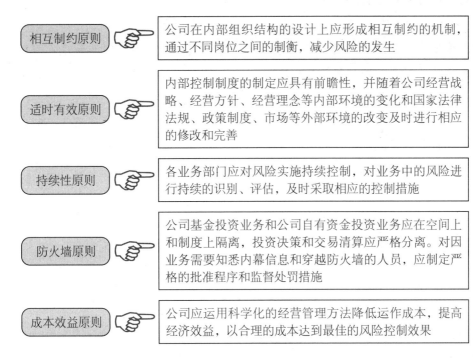

图 5-1　风险管理的原则

5.1.3　风险管理体系

基金公司应当建立合理有效的风险管理体系,包括完善的组织架构,全面覆盖公司投资、研究、销售和运营等主要业务流程及环节的风险管理制度,完备的风险识别、评估、报告、监控和评价体系,良好的风险管理文化。

基金公司应当在维护子公司独立法人经营自主权的前提下,建立覆盖整体的风险管理和内部审计体系,提高整体运营效率和风险防范能力。

🔍【实例 1】▶▶▶

私募基金运营风险控制制度

1. 目的

为确保公司业务合规运营,对业务运营进行实时监控及风险处理,有效防范和化解风险,根据《私募投资基金监督管理暂行办法》《私募投资基金管理人内部控制指引》等规定,制定本制度。

2. 内部风险控制目标和原则

2.1 公司内部风险控制的目标

（1）保证公司的经营运作符合国家有关法律法规及公司各项规章制度，形成守法经营、规范运作的经营思想和经营风格。

（2）保证投资人的合法权益不受侵犯。

（3）完善公司治理结构，形成科学合理的决策机制、执行机制和监督机制，保证公司的经营目标和经营战略得以实现。

（4）建立行之有效的风险控制系统，将各种风险严格控制在规定的范围内，保证业务稳健进行。

（5）维护公司的信誉，保持公司的良好形象。

2.2 内部风险控制工作的原则

略。

3. 管理规定

3.1 风险来源与分类

3.1.1 风险来源于公司私募基金管理及相关各部门业务流程的每一个环节，相应地，风险控制应涉及私募基金管理及相关部门的各个业务岗位。每个员工在公司的风险控制体系中都要发挥重要的作用。

3.1.2 公司经营中的风险，总体而言可以分为以下几种：管理风险、投资风险、流动性风险、合规性风险、操作风险、职业道德风险等。

（1）管理风险。指公司相关的治理结构不规范、不科学，因缺乏民主透明的决策程序和管理议事规则、适合公司发展需要的组织结构和运行机制、有效的内部监督和反馈系统等因素造成的风险。

（2）投资风险。指私募基金所投资的标的价格大幅度波动导致基金资产可能遭受到损失，可进一步分为投资研究风险、投资决策风险、投资实施风险、投资指令风险和异常交易风险等。

（3）流动性风险。指私募基金资产不能迅速转变成现金来应对投资者支付要求而导致的风险，这也是发展开放式基金需要特别加以管理的风险。

（4）合规性风险。指公司运作违反国家法律法规的规定，或者私募基金投资违反法规及私募基金契约有关规定导致的风险。出现此类风险，有可能受到证券监管部门的处罚，这关系到公司运营资质和声誉，是公司必须加以严格控制的风险。

（5）操作风险。指操作中公司各部门或者业务各环节，因人为因素或管理系统设置不当、违反操作流程等因素导致的风险。

（6）职业道德风险。指员工行为违背国家有关法律法规和公司有关规定，对公司产生不良影响导致的风险。

（7）其他外部风险。例如，金融市场危机、政府政策、行业竞争、灾害、代理商违约、托管方违约等。这些外部风险一般来说对整个行业都会产生影响，防范这些外部风险，依然需要加强内部管理。

3.2　内部风险控制体系

3.2.1　公司治理结构

3.2.1.1　公司致力于治理结构建设，完善组织框架，建立民主、透明的决策系统，高效、严谨的业务执行系统，健全独立的监督系统和反馈系统。

3.2.1.2　公司股东依照法律和公司章程对公司经营行使相应的权力。

3.2.1.3　公司建立如下运营风控体系：投资决策委员会（简称"投决会"）、风控合规部、基金运营部。

3.2.1.4　投资决策委员会在基金业务风控方面的职责包括但不限于：

（1）讨论并贯彻监管机构及公司股东会或执行董事下达的有关风险控制的事项。

（2）审议和处理公司业务运营过程的重大风险事件。

3.2.1.5　公司设立风控合规部，针对公司在经营管理和基金运作中的风险进行研究，并制定相应的控制制度，协助公司管理层切实加强对公司业务的监督。风控合规部在业务运营风控方面的职责包括但不限于：

（1）在投资决策委员会授权范围内对投资经理的投资权限进行审批和监督。

（2）审核公司有关产品合同、对外宣传材料等。

（3）检查业务运作的全过程是否合法合规，是否存在隐患，并及时提交评估报告和改进意见。

（4）依据法律法规要求，审核向主管机关、监管机构、合作单位报送的文件。

3.2.1.6　公司根据独立性与相互制约、相互衔接原则，在机构精简的基础上设立基金运营部。其在业务运营风控方面的职责包括但不限于：

（1）作为交易风险控制的第一道屏障，统一监控基金产品的实时交易风险。

（2）迅速判断、处理基金运营部风控人员报告的客户疑似异常交易行为。

（3）按照基金产品要求设置风险阈值，对风控参数进行日常维护。

（4）对基金产品进行日常风险监控，实时掌握各项风险指标的变化。

（5）配合风控合规部对基金产品交易过程中的异常交易行为进行监控，对发现的异常情况及时上报公司投资决策委员会。

（6）对超过授权和产品阈值的交易及持仓，有权采取强平措施。

（7）定期、不定期编制风险报告。

（8）协助配合公司风控合规部的检查工作，提供相关信息资料。

（9）有效组织公司在管基金的信息披露工作。

3.2.1.7　公司证券投资基金投资经理与交易员作为一线人员，应严格自律，履行相关职责。证券投资基金投资经理在业务运营风控方面的职责包括但不限于：

（1）对投资指令是否合规、是否符合产品策略及产品等进行审核。

（2）根据部门关于基金产品的形成原则，设计产品。

交易员在业务运营风控方面的职责包括但不限于：

（1）在部门授权范围内根据产品要求进行业务操作。

（2）严格执行符合规定的投资指令，及时反馈交易结果。

3.2.2 内部风险控制架构

3.2.2.1 内部风险控制架构是公司为实现风险控制目标，建立的涵盖公司经营管理各个环节，顺序递进、权责明确、严密有效的三道监控防线。

3.2.2.2 第一道监控防线。由各部门经理负责，部门全员参与，根据公司经营计划、业务规则及自身具体情况，制定本部门的作业流程及风险控制措施，同时分别在自己的授权范围内对关联部门及岗位进行监督并承担相应职责。直接参与交易、资金、电脑系统、财务会计等业务的重要岗位，要尽可能设置双岗；属于单人单岗处理的业务，要强化后续的监督机制。在关键部门和重要业务之间要有书面凭据的传递制度，相关人员要在书面凭据上签字。

3.2.2.3 第二道监控防线。公司总经理负责，由公司投资决策委员会和公司总经理组成经营管理层，对公司各部门、各项业务的风险状况进行全面监督，并及时制定相应对策和控制措施。

3.2.2.4 第三道监控防线。在股东领导下，公司股东会掌握公司的整体风险状况。定期审阅公司内部风险控制制度及相关文件，并根据需要随时修改、完善，确保风险控制与业务发展同步进行；在特殊情况下，可以对公司业务进行一定的干预。

3.2.3 内部风险控制规则

3.2.3.1 内部风险控制规则是公司为实现风险控制目标，建立的一整套完善的制度体系，主要由两部分组成，分别是管理制度和内控制度。

3.2.3.2 内控制度汇集了各项管理制度中的风险控制措施，并对管理制度的制定提出风险控制方面的要求，管理制度要符合内控制度的要求。

3.2.3.3 管理制度由公司各类综合管理制度、各类基金管理制度和各部门业务规章制度组成，是各部门在具体业务工作中要遵循的业务流程和规则。

3.3 风险控制措施

3.3.1 管理风险控制

3.3.1.1 公司管理层必须牢固树立内控优先思想，自觉形成风险管理观念，忠于职守，勤勉尽责，严格遵守国家法律法规和公司各项规章制度。建立合法有效的决策程序，公司的投资决策委员会负责基金投资的决策，应避免决策的随意性。

3.3.1.2 严格遵循公司产品开发管理要求，进行上线报备；严格按照监管机构关于私募基金产品的上线管理要求，开展业务。

3.3.2　投资风险控制

3.3.2.1　投资决策风险的控制措施

（1）设立投资决策委员会，分析宏观经济形势及市场状况，决定各基金投资原则，控制私募基金投资总体风险。

（2）确定投资决策委员会及基金经理的投资权限。

（3）投资决策委员会及基金经理，要在遵照投资决策委员会确定的投资原则和授权权限下，依据投资研究报告，对投资标的进行管理，并对投资标的进行跟踪、研究。

3.3.2.2　投资实施风险的控制措施

（1）事前控制：基金投资决策委员会审核基金经理的项目提案，并作出决策；各项风险指标的控制应符合公司基金业务实施方案及相关产品要求。

（2）事中控制：基金运营部风险管理员按照已审批通过的产品风控措施及阈值进行具体产品的风控。投资实施过程全程监控，当基金经理的指令明显违反相关法规法令及公司的相关制度和授权范围时，相关人员应拒绝执行指令，并进行记录，同时将情况汇报公司主管投资的总经理，并通知基金经理。

（3）事后控制：定期审核投资项目运行情况，如发现有违规或异常情况，应制作"警示报告"，报告总经理，并通知基金经理，确保各项投资符合法规及私募基金契约。

（4）每日交易结束后，风险管理员要编制"风险监控日报表"，全面、系统、准确地做好风控记录及分析，并及时上报部门经理。

3.3.2.3　投资指令风险的控制措施

（1）规定只有基金经理（或其书面授权的助理）才有权下达所管理基金的交易指令；证券投资基金投资经理的投资指令原则上必须通过规定的交易系统下达。交易人员在没有收到投资指令的情况下，不得擅自进行投资交易，交易人员不得违背投资指令进行交易。

（2）明确基金经理必须对其管理基金的运作中涉及的投资行为负责，并需要对偶然发生的异常行为作出合理的解释。

（3）投资经理因出差等原因无法通过相关系统或书面指令单下达指令的，可通过电话录音等形式下达指令，但事后应于抵达公司当日补交书面交易指令单。

（4）交易员对系统交易记录、书面交易指令、电话录音、交易日志等进行备份、保管与归档，风险管理员定期检查相关记录。

3.3.2.4　异常交易风险的控制措施

基金运营部风险管理员应实时关注产品的异常交易风险，对同一投资组合的同向与反向交易、不同投资组合的同向与反向交易（包括交易时间、交易价格、交易数量、交易理由等）进行监控，发现异常情况时，及时上报至公司投资决策委员会。公司风控合规部对基金业务交易过程中的异常交易行为进行监控，并按监管要求对异常交易行为进行报告。

3.3.2.5 当出现下列情况时，基金运营部风险管理员应及时向部门经理报告。

（1）业务操作过程中有违反相关管理制度及规定、超出部门审批权限的异常投资交易行为。

（2）存在风控指标触及阈值的情况。

（3）存在交易所限制的异常交易操作行为。

3.3.2.6 发生以下情形之一的，风控合规部应立即向总经理和投资决策委员会报告。

（1）私募基金业务被交易所调查或者采取风险控制措施，或者被权力机关调查。

（2）客户提前终止基金委托。

（3）其他可能影响私募基金业务开展和投资者权益的情形。

3.3.2.7 因投资经理或交易员人为过错使交易结果不符合产品策略的（买卖方向、交易标的、数量、价格、开平仓五项），应立即上报部门经理。

根据差错所造成损失金额的大小，按照以下权限分级处理。

（1）预计损失在5万元以内的，责任人立即处理，并将错单性质及处理结果报告部门经理。

（2）预计损失在5万元到20万元的，应立即报告部门经理，由部门经理确定解决措施。

（3）预计损失在20万元以上的重大事故，应立即报告部门经理，部门经理将风险事故及处理建议上报投资决策委员会，由投资决策委员会确定解决措施。重大差错处理结果应以书面形式向公司风控合规部备案。对于当事人应负的责任，应按照公司相关规定处理。

3.3.3 流动性风险控制

3.3.3.1 根据私募基金契约对资产流动性的限制，保证现金比例不低于基金资产的一定比例。

3.3.3.2 定期由投资决策委员会对基金资产流动性进行评估，监控基金资产流动性的变动情况。

3.3.4 合规性风险控制

公司设立风控合规部，对公司管理和基金管理过程中的遵规守法情况以及公司内部控制制度的实施和落实情况进行监督、评价，及时、准确地发现问题并提出警示，最大限度地降低公司和基金的违规风险。

3.3.5 操作风险控制

3.3.5.1 越权违规风险控制：各部门应根据公司经营计划、业务规则及自身具体情况制定本部门的作业流程、岗位职责和权限，同时分别在自己的授权范围内对关联部门及岗位进行监督，并承担相应职责。

3.3.5.2　巨额赎回风险控制：因市场大幅波动或公司的不良传闻引起基金巨额赎回的风险。采取的措施主要有：加强与投资者交流；进行持续性的投资者培训与教育活动；及时解释、澄清各种传闻。

3.3.5.3　基金登记过户业务风险控制

基金登记过户业务中存在的风险主要有以下方面：

（1）基金申购及赎回通知单据等丢失。

（2）因人为原因操作失误。

（3）计算机系统安全性。

采取的风险防患措施为：

（1）安全保管申购及赎回通知原始单据。

（2）严格人员培训。

（3）规范计算机系统作业，设置复核岗位，由高级业务主管在计算机系统中审核确认，同时与销售部门及托管银行定期对账。

3.3.5.4　基金会计业务风险的控制措施

（1）遵循公认的会计准则。

（2）实行会计复核与业务复核制。

（3）实行凭证管理，包括会计凭证登录、传递、归档等一系列管理。

（4）建立完善的基金数据录入、价格核对、价格确定及净值发送的估值程序。

（5）与托管银行定期对账。

3.3.5.5　电脑系统风险的控制措施

（1）公司所有电脑设置密码及相应的权限。

（2）电脑系统机房空间隔离并设置门禁。

（3）建立数据备份制度。

（4）制订灾难恢复计划。

3.3.6　职业道德风险控制

3.3.6.1　加强员工守法意识、职业道德的教育，员工必须根据自身的工作岗位，提交自律承诺书，保证严格执行国家有关法律法规和公司"员工行为准则"的有关规定。员工的守法情况和职业道德将作为录用和提升的重要标准。

3.3.6.2　根据不同的岗位和职责，制定相应的业务规则，明确各个岗位对公司规范运作的责任，规范各自的行为。

3.3.7　其他风险控制

3.3.7.1　第三方违约风险的控制措施：公司通过谨慎选择第三方、实行资信调查、完善代理合同、明确双方业务数据交换及资金划转规则及违约责任，要求第三方定期进行独立审计等。

3.3.7.2 当第三方违反约定或其行为已经损害基金持有人利益时，公司将根据有关法规的规定，组织开展更换第三方的工作。

3.3.7.3 当第三方出现破产、清算时，公司将根据有关法规的规定，组织开展更换第三方的工作。

3.3.7.4 当第三方出现破产、清算时，公司将根据有关法规采取措施，将投资者损失减少到最小。

3.4 基金运营隔离墙相关规定

3.4.1 公司对基金运营进行集中管理，人员、业务、场地与其他业务部门相互独立，建立业务隔离墙制度。

3.4.2 公司基金业务运营与公司自有资金运营，在资金的管理、使用和财务核算上完全分开。公司保持客户委托资产与自有资产相互独立，对不同客户的委托资产独立建账、独立核算、分账管理。

3.4.3 不同的证券投资基金账户之间隔离，即各投资经理只能看到自己负责的账户，而看不到其他投资经理负责的账户。

3.4.4 技术防范关联交易与利益输送，在投资交易系统中禁止"对敲"交易处理，即禁止不同证券投资基金账户之间可能导致不公平交易和利益输送的同日反向交易。

3.4.5 公司对证券投资基金委托资金的操作、内容、目标等要严加保密，不得向其他不相关人员透露各种产品的相关信息。对敏感资料或信息传递，应指定经办人，并禁止使用外部网络传送。

3.5 私募证券投资基金日常风险检测、监控

3.5.1 基金运营部风控人员负责对基金账户之间进行的可疑交易或者不公平交易行为进行监控。对于涉及异常交易的基金，对其投资策略及执行情况、持仓头寸及比例进行监控，并按规定向监管机构报告。

3.5.2 基金运营部风控专员负责监控不同管理账户的指令流和风险度，并及时通知投资经理，避免下达的交易指令与其他账户之间有"对敲"嫌疑，从而避免利益输送。

（1）策略模型从开发、建立、验证到实战运用之前，需经风控专员核准。

（2）计算与分析交易部位，并评估风险敞口与交易额度的关系。

（3）每日针对各项账户进行风险评估，在计算账户损益的同时，了解交易所承担的各类潜在风险是否违反交易策略。

（4）对使用的评估模型进行定期验证，从而降低模型的风险。

（5）每月至少一次对所有账户进行压力测试，并于必要时立刻对所有账户进行压力测试。特别是当市场发生急剧变化时，风控专员应对账户持有部位的市场风险、信用风险及流动性风险进行压力测试，并将结果及时提交投资经理，使其了解账户风险敞口和潜在损失，以便采取应对措施。

3.6　业务运营危机管理

3.6.1　基金业务运营危机管理是公司为应对业务开展过程中的各种危机情境所进行的规划决策、动态调整、化解处理等活动，其目的在于消除或降低危机所带来的威胁和损失。

3.6.2　公司业务运营危机的种类包括但不限于：

（1）信誉危机，如客户违反基金合同约定；客户对公司基金业务人员、产品投资决策、收益或损失情况有异议；出现客户投诉等。

（2）决策危机，如公司决策层在基金业务中决策失误等。

（3）操作危机，如公司基金人员没有按规定执行操作指令或者错误执行操作指令等。

（4）信息系统危机，如公司信息技术系统出现故障，无法正常交易等。

（5）外部危机，如交易所系统故障、监控中心数据无法传送等。

（6）媒介危机，如同行诋毁、不实报道等。

3.6.3　公司投资决策委员会是业务运营危机处理的领导机构，负责组织、指导、协调处理危机事项。

3.6.4　投资决策委员会在业务运营危机中的具体职责有：

（1）负责检查、督促公司贯彻落实公司相关制度，特别是风险控制制度情况。

（2）对于已经发生的危机，根据危机类型，迅速对危机的覆盖面和影响力作出判断，并依照规定采取有效处理措施，指导处理危机事项。

（3）根据公司实际情况，其他应当由投资决策委员会负责的事项。

3.6.5　业务运营危机中基金运营部的职责有：

（1）作为交易风险控制的第一道屏障，统一监控基金产品的实时交易风险。

（2）当证券投资基金账户持仓风险率达到规定标准时，通知客户追加保证金或采取其他措施，防范产品客户出现穿仓、透支风险。

（3）对交易系统异常产生的错误报单进行处理，或者在应急情况下根据公司相关规定启动人工报单机制。

3.6.6　风控合规部在业务运营危机方面的职责有：

3.6.6.1　检查基金业务运作的全过程是否合法合规，是否存在风险隐患，并及时提交评估报告和改进意见，防患于未然。

3.6.6.2　依据法律法规要求，审核向监管机构、自律组织、控股股东报送的有关危机报告。

3.6.7　公司主要业务运营危机类型的应对对策和处置方案。

3.6.7.1　信誉危机处理方案：首先本着诚实信用、平等协商的原则，由工作人员尽量与客户沟通，协商解决相关争议；或根据客户与公司签订的"基金合同"，按流程解决争议。如客户对结果仍不满意，可依资管合同约定，采取仲裁或诉讼方式解决争端。

3.6.7.2 操作危机处理方案：公司从负责人到每一位员工都应严格按照"××公司运营风险控制制度"的规定，勤勉尽责，谨慎地执行每一个交易指令，公平对待每一笔基金业务，如发生操作危机，要按规定妥善处理。

3.6.7.3 信息系统危机处理方案：公司信息技术运维人员应严格做好技术系统运维工作。如出现技术故障，应按以下流程操作。

（1）信息技术运维人员发现故障后，第一时间报告部门负责人。

（2）部门负责人对交易系统事件进行预判，启动交易系统应急处置。

（3）部门负责人指挥故障处理，同时上报信息技术分管领导和投资决策委员会。

（4）投资决策委员会及时协调业务部门、风控合规部和其他相关部门积极配合故障处理。

（5）故障处理完成后，应撰写故障处理报告（报告包括发生的时间、现象、处理措施、后续处理手段等内容），并总结经验教训。

3.6.7.4 媒介危机处理方案：媒介危机发生后，公司将按以下流程处理。

（1）公司管理层应调动一切可用资源，控制事态发展。

（2）办公室启动危机公关，阻止事态扩大，切断事态扩大的信息源。

（3）投资决策委员会快速调查、了解事情真相，指定公司发言人，统一公司上下口径，及时建立正确、可行的信息传播通道，保证信息发布的权威、客观、公正，并与监管部门保持充分沟通。

（4）查找媒介危机发生的原因，如客户对公司不满，进而向外散布。公司将本着服务客户的原则，满足客户合理需求，彻底、理性地解决问题。

3.7 其他

3.7.1 公司证券投资基金业务应配备备用网络，保证网络畅通不间断，并适时搭建证券投资基金业务专用交易信道，最大限度降低业务可能面临的信息技术风险。

3.7.2 公司证券投资基金业务相关人员与公司签订保密协议，受公司业务运营风险控制制度及相关要求制约，负有保密义务。

3.7.3 公司员工必须诚实守信，严格遵守法律法规和委托合同的要求，禁止利益输送、违规承诺收益、不正当交易及泄露客户密码等行为的出现，避免法律风险。

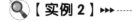

【实例2】▸▸▸

基金销售业务风险控制制度

1. 目的

为了加强公司内部控制，有效防范和化解风险，诚信、合法、有效地开展基金销售业务，保障基金投资人的利益，依据《中华人民共和国证券投资基金法》《证券投资基金销售管理办法》《证券投资基金销售机构内部控制指导意见》等法律法规,制定本制度。

2. 基金销售内部控制的目标与原则

2.1 基金销售内部控制的目标

(1)严格遵守国家有关法律法规和行业监管规则,自觉形成守法经营、规范运作的经营思想和经营理念。

(2)防范和化解经营风险,提高经营管理效益,确保经营业务的稳健运行和客户资金的安全,实现基金销售机构持续、稳定、健康的发展。

(3)确保基金销售业务中的业务记录、财务信息和其他必要信息真实、准确、及时和完整。

2.2 开放式基金代理销售风险控制应遵循健全、有效、独立、相互制约及审慎原则。内部控制体系完整有效,应包含内部环境控制、业务流程控制、会计系统内部控制、技术内部控制和监察稽核控制。

2.2.1 健全性原则。开放式基金销售业务的内部运作和管理实行集中管理体制。公司技术部负责信息技术保障工作。运营部负责代销业务的交易管理、集中清算,具体办理开放式基金的认购、申购与赎回业务,涉及开放式基金认购、申购、赎回、开销户、查询、冻结、解冻、红利发放、非交易过户、转托管和客户资料更改等各项业务。公司研究部负责基金的研究和增值服务的开发、提供。公司市场营销部负责整个公司基金销售的策划、宣传和客服等相关业务。监察稽核部涵盖了开放式基金交易和管理的各个部门、岗位和环节的监督和稽核。

2.2.2 有效性原则。严格执行开放式基金交易的各项风险防范制度,规范各交易操作环节,强化各项风险防范措施的落实,提高风险抵御能力,保证开放式基金交易业务的健康、有序发展。

2.2.3 独立性原则。公司内各部门和岗位的职责保持相对独立,确保基金销售资产及自有资产独立管控。

2.2.4 相互制约原则。公司内各部门和岗位严格履行各项规章制度,采取授权审批与具体经办相分离的措施。差错确认与具体处理相分离,技术人员与业务经办人员相分离,数据生成与应用人员相分离,软件开发与操作人员相分离,保持各部门、岗位之间相对独立,权责分明,相互制衡。

2.2.5 审慎性原则。充分认识严格执行制度所带来的现实效益和潜在效益、违规操作可能带来的风险和损失,谨慎对待每一个操作环节,确保开放式基金交易的正常进行。

3. 管理规定

3.1 内部环境控制

3.1.1 销售决策委员会对基金销售业务进行科学、透明的决策,高效、严谨地执行各项业务规定，对基金销售业务进行健全、有效的内部监督和反馈。

3.1.2 针对基金产品、投资人风险承受能力、运营操作等建立科学严密的风险评估体系，对机构内外部风险进行识别、评估和分析，及时防范和化解风险，保证销售适用性原则的有效贯彻和投资人资金的安全。公司专门制定了"基金销售适用性管理办法"，将定量分析与定性分析相结合，对基金产品的风险进行分析；对于到公司进行基金投资的客户，公司进行专项问卷调查，充分评估投资人风险承受能力；公司专门制定了"基金销售业务操作流程"，对业务操作等工作流程作出详细规定，还建立了科学的销售决策机制，可以有效防范和规避可能存在的风险。

3.1.3 公司建立科学的授权批准制度和岗位分离制度。各业务部门在适当授权的基础上实行恰当的责任分离制度，直接的操作部门或经办人员和直接的管理部门或控制人员必须相互独立、相互牵制。

在明确不同岗位工作任务的基础上，赋予各岗位相应的责任和职权，建立相互配合、相互制约、相互促进的工作关系。对已获授权的部门和人员进行有效的评价和反馈，对不适用的授权及时修改或取消。

公司授权控制主要内容包括：

（1）公司各业务部门在规定的业务、财务、人事等授权范围内行使相应的经营管理职能。

（2）基金销售业务和管理程序必须遵循公司制定的操作规程，经办人员的每一项工作必须在其业务授权范围内进行。授权分为一般授权和特别授权。

一般授权，管理人员和操作人员应以公司下达给各部门的岗位职责和工作任务书为限，在各自的岗位、职责范围内开展工作。

特别授权，部门（岗位）的行为超越一般授权范围的，必须得到享有相应权限的上级主管人员的特别授权后方可进行。特别授权应以书面形式逐级下达，并妥善保存备查。

（3）销售业务和管理程序必须遵从管理层制定的操作规程，经办人员的每一项工作必须在其业务授权范围内进行。

（4）对已获授权的部门和人员应建立有效的评价和反馈机制，对不适用的授权应及时修改或取消。

（5）销售业务前台的宣传推介和柜面操作岗位应当相互分离，销售业务后台的信息处理和资金处理岗位应当相互分离、相互制约。各主要环节应当分别由不同的部门（或岗位）负责，负责风险监控和业务稽核的部门（或岗位）应当独立于其他部门（或岗位）。

3.1.4 公司的管理，要有效控制公司的业务风险，具体控制内容如下。

（1）严格执行"基金销售业务操作流程"，确保公司业务范围和业务授权按照规定执行。

（2）严格执行公司统一的标准化服务规程，制定"基金销售业务客户服务标准"，提高服务质量，避免差错事故的发生。

（3）各部门严格执行公司制定的"基金销售业务账户管理制度"，按照业务流程和相应授权办理各项业务，确保客户信息的有效管理和客户资金的安全。

（4）在基金销售各项业务操作过程中，应根据公司制定的信息技术系统和平台管理有关制度和操作规程，严格控制权限，按照制度要求执行各项工作，确保信息管理的安全有效。

（5）基金销售业务由公司统一管理，研究部依据"基金产品风险评价方法"负责确定基金产品的风险等级；运营部依据"基金销售业务操作流程""投资者风险承受能力调查问卷"确定投资人风险承受能力，辅助投资者进行基金投资；清算中心依据"基金销售业务资金清算流程"进行资金清算；监察稽核部依据"内部控制制度""基金销售业务稽核实施细则"进行风险评估，各业务部门要做好业务留痕、定期核对等工作，通过部门之间的协调工作，有效控制公司的风险。同时，各部门应建立有效的报告系统。

（6）加强对公司的监督和管理，做好业务留痕、定期核对等工作，由监察稽核部采取现场检查、风险评估等方式完成对公司的有效风险控制。

3.1.5　根据从事基金销售业务人员的配备情况及培训情况，由人事部负责基金代理销售工作中的人员聘用、培训、晋升、淘汰等工作，确保基金销售人员具备与岗位要求相适应的职业操守和专业胜任能力。

（1）应完善销售人员的招聘程序，明确任职资格条件，审慎考察应聘人员。

（2）应当建立员工培训制度，通过培训、考试等方式，确保员工理解和掌握相关法律和规章制度。员工培训应当符合基金行业自律机构的相关要求，培训情况应当记录并存档。

（3）应当加强对销售人员的日常管理，建立管理档案，对销售人员的行为、诚信、奖惩等情况进行记录。

（4）销售机构应当建立科学合理的销售绩效评价体系，健全激励与约束机制。

3.1.6　公司应建立有效的内部控制，防止商业贿赂、不正当交易行为和洗钱行为的发生。

3.1.7　公司各部门应根据"基金销售业务应急处理措施"组织应急计划的学习和演练，保证发生异常时尽快恢复到正常工作状态，以避免损失，具体措施和计划如下。

（1）代销业务清算交收的应急措施。

（2）清算系统突发事件的应急措施。

（3）系统运行异常而造成客户经济损失的应急措施。

（4）通信线路、通信设备和通信软件出现故障时的应急计划。

（5）开放式基金销售系统通信服务器出现故障时的应急计划。

（6）开放式基金销售系统柜面工作站出现故障时的应急计划。

（7）UPS系统和电源系统出现故障时的应急计划。

（8）数据库系统出现故障时的应急计划。

（9）网络设备出现故障时的应急计划。

3.1.8 公司定期评价内部控制的有效性，根据市场环境、新技术应用和新的法律法规等，适时改进。

3.2 决策流程控制

3.2.1 由公司销售决策委员会依据相关规定在现有组织结构的基础上，科学、客观地研究、评价公司的销售策略、基金产品、合作对象，并作出决策。对销售公司的整体布局、规模发展和技术更新等进行统一规划。对公司的选址、投入与产出进行严密的可行性论证，适时改进，不断适应基金代理销售中各项业务的发展，实现效益最大化。公司及销售人员严格执行销售决策。

3.2.2 研究部依据"基金产品风险评价方法"，负责建立科学的基金产品评价体系，审慎选择所销售的基金产品，对基金产品的基本情况进行持续的跟踪和关注。

3.2.3 选择的基金销售业务合作服务提供商符合监管部门的资质要求，基金销售支付结算机构是具有有效资格的第三方支付结算机构或商业银行，监督银行具有证监会认可的监督银行资格，基金销售资金账户在监督银行开立。与合作服务提供商签订相关服务协议，明确双方权利与义务，明确每项业务操作的业务流程。

3.2.4 销售决策中的重大决策过程必须留有书面记录，以备监察稽核部及监管机构等单位核查。

3.3 销售业务执行流程控制

3.3.1 各部门严格执行公司制定的"基金销售业务操作流程"，根据基金业务交易规则、公司各部门业务操作流程开展各项工作。对开户、销户等账户类业务，认购、申购、赎回等交易类业务，质押、继承、司法强制措施等被动接受类业务，严格按照规章制度执行。

（1）业务基本规程应体现双人双岗的原则，对各业务环节实施有效复核，确保各环节业务操作的准确性。

（2）按照法律法规和招募说明书规定的时间办理基金销售业务，基金交易时间为上海、深圳证券交易所交易时间，或基金契约规定的其他时间。对于投资者交易时间外的申请，均作为下一交易日交易处理。

（3）按照操作规程做好交易记录，对每日交易情况及时核对并存档保管。

（4）对网上自助式销售，建立完善的营销管理和风险控制制度，确保投资人获得必要服务，并保证销售资金的安全。

（5）在交易被拒绝或确认失败时主动通知投资人。

3.3.2 按照"基金销售业务客户服务标准",严格执行操作规程,不得超出制度对服务对象、服务内容、服务程序等业务规定的范围,具体规定如下。

(1)宣传推介活动应当遵循诚实信用原则,不得有欺诈、误导投资人的行为。

(2)遵循销售适用性原则,关注投资人的风险承受能力和基金产品风险收益特征的匹配性。

(3)及时、准确地为投资人办理各类基金销售业务手续,有效识别客户身份,严格管理投资人账户。

(4)向投资人提供"证券投资基金投资人权益须知",确保投资人了解相关权益。

(5)为基金份额持有人提供良好的持续服务,保障基金份额持有人有效了解所投资基金的相关信息。

(6)明确投资人投诉的受理、调查、处理程序。

3.3.3 宣传推介材料及"证券投资基金投资人权益须知"由公司统一制作,公司各部门和合作对象未经批准不得自行制作和发放宣传推介材料。宣传推介材料事先要经基金管理人的督察长检查,并报中国证监会审核。

3.3.4 依据"基金销售业务客户服务标准",信息披露由公司统一组织、审核和发布。各部门、合作对象未经授权不得擅自进行信息披露。

3.3.5 公司依据所制定的"基金销售业务客户服务标准",采取以下方式接受客户投诉:网络投诉、电话投诉、信函投诉、当面投诉。客服中心负责处理客户投诉,在交易场地内设置投诉意见箱,公布投诉(咨询)电话、网址及电子邮箱,并定期查阅客户投诉。对投诉要及时处理,做到件件有落实。对客户的投诉要做到:

(1)准确记录客户投诉的内容,所有客户投诉应当留痕,投诉电话应当录音。

(2)充分评估客户投诉风险,采取适当措施,及时、妥善处理客户投诉。

(3)根据客户投诉总结相关问题,及时发现业务风险,完善内控制度。

3.3.6 各部门应严格按照"基金销售业务账户管理制度"进行账户管理,确保各类账户的开立和使用符合规定,保证基金销售资金的安全和账户的有序管理。

3.3.7 清算中心按照"基金销售业务资金清算流程"进行资金清算,清算人员认真执行资金清算流程,确保基金销售资金清算与交收的安全性、及时性和高效性,保证销售资金的清算与交收工作顺利进行。

(1)严格管理资金的划付,将赎回、分红款项直接划入投资人开户时指定的账户。投资人申请赎回时变更资金账户的,应对申请变更人的有效身份进行核实,并记录申请变更人的基本信息、时间、地点、账户信息,同时作为异常交易处理。

(2)严格按照约定的时间进行资金划付,超过预定时间的资金应当作为异常交易处理。

(3)结算部应当将当日的全部基金销售资金于同日划入统一的专门账户,实现日清日结。

3.3.8 建立严格的基金份额持有人信息管理制度，及时维护、更新基金份额持有人的信息，对基金份额持有人的信息应当严格保密，防范投资人资料被不当运用。基金份额持有人信息的维护和使用应按照基金销售业务操作规程中的规定明确权限并留存相关记录。

3.3.9 各部门必须根据"基金销售业务稽核实施细则"等规定，建立异常交易的监控、记录和报告制度，并重点关注基金销售业务中的异常交易行为，具体异常行为如下。

（1）反洗钱相关法律法规规定的异常交易。

（2）投资人频繁开立、撤销账户的行为。

（3）投资人短期交易行为。

（4）基金份额持有人变更资金账号的行为。

（5）违反销售适用性原则的交易。

（6）超过约定时间进行资金划付的行为。

（7）其他应当关注的异常交易行为。

3.3.10 依据"基金销售业务资料档案管理办法"，建立档案管理制度，各部门应妥善保管相关业务资料。档案管理保管期限为：账户类资料永久保存，交易类资料保存15年。档案管理的范围包括：基金账户开户申请书、开户凭条、身份证件复印件、授权委托书原件、机构证件、经办人证件复印件，交易业务凭条、交易申请书、特殊账户业务相关文件以及其他业务所需的申请书、必要证件等。开放式基金业务电子数据的备份与保存工作依据公司技术部的相关规定执行。

3.4 会计系统内部控制

3.4.1 公司实行"统一管理、统一核算、项目控制、部门监管"的财务管理体制。财务部统一管理公司各部门的财务关系，制订公司的资金预算及日常开支计划，并定期对财务管理工作进行检查。

3.4.2 自有资产与基金投资人资产分别设账管理，财务部负责自有资产的核算和管理，清算中心负责投资人资产的核算和管理。

3.4.3 执行基金销售业务前必须与基金公司签订代销协议，协议中必须明确双方权利、义务，确保各项费用、报酬的收取符合法律法规的规定及销售合同、代销协议或合作协议的约定，并对收取的各项费用、报酬开具相应的发票或支付确认。不得向基金管理人索取销售合同、代销协议约定之外的费用或报酬。代销协议中应对向基金持有人提供持续服务事宜作出明确约定，持有投资人联系方式等资料信息的一方应承担持续服务责任。基金销售机构至少应向基金注册登记机构提供基金份额持有人姓名、身份证号码、基金账号等资料。

3.4.4 清算中心必须严格按照"基金销售业务资金清算流程"进行清算，认真完成基金清算交收工作。在授权范围内,及时、准确地完成资金清算,确保投资人资产的安全。

3.4.5 清算中心每日完成内部基金申赎总量与资金往来的对账;外部客户、基金注册登记机构和第三方支付机构信息与资金的对账。

3.5 技术内部控制

3.5.1 技术部严格按照中国证监会关于基金销售业务信息管理平台的技术指引建立信息技术内部控制制度,确保信息管理平台安全、高效运行。

3.5.2 技术部根据相关要求设置必要的信息管理岗位,信息技术负责人和信息安全负责人不能由同一人兼任,重要业务环节应当实行双人双岗制。

3.5.3 严格执行授权制度,按照岗位责任制度、门禁制度、内外网分离制度等管理要求,确保系统安全运行。

3.5.4 信息技术开发、运营维护、业务操作等人员必须相互分离,信息技术开发、运营维护等技术人员不得介入实际的业务操作。

3.5.5 数据库和操作系统的密码口令应当分别由不同人员保管,用户使用的密码口令要定期更换,不得向他人透露。

3.5.6 对信息数据实行严格的管理,保证信息数据的安全、真实和完整,并能及时、准确传递;严格执行计算机交易数据的授权修改程序,并坚持电子信息数据的定期查验。

3.5.7 建立电子信息数据的即时保存和备份制度,系统数据逐日备份并异地存放,系统运行数据中涉及基金投资人信息和交易记录的备份应当在不可修改的介质上保存至少15年。

3.5.8 对信息技术系统定期开展稽核检查,完善业务数据保管等安全措施,制订业务连续性计划,进行故障排除、灾难恢复的演习,确保系统可靠、稳定、安全运行。

3.6 监察稽核控制

3.6.1 监察稽核部依据"基金销售业务稽核实施细则",就基金销售业务内部控制制度的执行情况独立地履行监察、评价、报告、建议职能。

3.6.2 监察稽核人员对于发现的违法违规行为、异常交易情况或者重大风险隐患应及时向管理层报告。

3.6.3 遇有如下重大问题,监察稽核部负责人应及时向中国证监会或其派出机构报告,并依规定予以披露。

(1)基金销售机构违规使用基金销售专户。

(2)基金销售机构挪用投资人资金或基金资产。

(3)基金销售中出现的其他重大违法违规行为。

3.6.4 对客户服务中心收到的重大客户投诉及处理情况进行复查,并按照监管部门的要求进行报告。

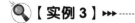

【实例3】

防范内幕交易、利益冲突——合规风险制度

1. 目的

××基金管理有限公司（以下简称"本公司"）作为私募基金管理人，为防止出现内幕交易、利益冲突而构成重大合规风险，维护基金份额持有人的合法权益，依据《证券投资基金法》《私募投资基金监督管理暂行办法》《私募投资基金管理人登记和基金备案办法（试行）》《私募投资基金管理人内部控制指引》等相关规定，制定本制度。

2. 适用范围

适用范围为与本公司建立正式劳动关系的全体员工，包括与公司签订正式劳动合同的员工及派遣制员工（以下统称"员工"）。

3. 管理规定

3.1 本制度所规范的证券和股权投资行为包括：

（1）股票投资，包括上市公司股票及其衍生品（如权证、股指期货等）投资。

（2）证券投资基金投资。

（3）股权投资，指投资于未公开上市的公司的行为，包括但不限于公司设立时的初始投资，以及通过股权转让、赠与、继承或增资等方式对公司进行的投资。

3.2 目标和原则

3.2.1 本公司作为私募基金管理人，制定防范内幕交易、利益冲突制度的总体目标是：

（1）保证遵守私募基金管理人的相关法律法规和自律规则。

（2）防范经营风险，确保经营业务稳健运行。

（3）保障私募基金财产安全、完整，维护基金份额持有人的利益。

3.2.2 本公司作为私募基金管理人，制定本制度时遵循以下原则。

（1）全面性原则。本制度覆盖各项业务、各个部门和各级人员。

（2）相互制约原则。组织结构权责分明、相互制约。

（3）有效执行原则。通过科学的手段和方法，建立合理的控制程序，维护本制度的有效执行。

（4）独立性原则。各部门和岗位的职责保持相对独立，基金财产、管理人固有财产、其他财产的运作分离。

（5）成本效益原则。以合理的成本控制达到最佳的效果，本制度与本公司的管理规模和员工人数等方面相匹配，契合自身的实际情况。

（6）适时性原则。本公司作为私募基金管理人，将定期评价本制度的有效性，并随着有关法律法规的调整和经营战略、方针、理念等内外部环境的变化同步、适时修改或完善。

3.3 基本内容

（1）本公司作为私募基金管理人，自觉遵守法律法规、相关监管规定和公司规章制度的要求，只从事法律法规和相关监管规定允许的交易行为。不利用内幕信息及其他未公开信息进行违规交易，不进行任何形式的利益输送。

（2）本公司作为私募基金管理人，遵守基金份额持有人利益优先的原则，信守对基金份额持有人、监管机构的承诺，不发生损害私募基金财产和基金份额持有人利益的行为，不从事任何与履行工作职责有利益冲突的活动。

（3）本公司作为私募基金管理人，设立综合管理部，对本公司员工行为进行监督，确保本公司员工遵守法律法规、相关监管规定和公司规章制度，并以勤勉、谨慎、尽责的态度，诚实、公正地对待基金份额持有人，不利用职务便利为自己或他人谋取不当利益。

（4）为防止利益冲突，员工进行证券投资或股权投资时，应该严格遵守有关法律法规和公司制度，并认真履行有关的信息披露、申报、处置义务。

（5）本公司员工直接或间接进行股权投资的行为，应事先报公司备案，并遵循基金份额持有人利益优先和公司利益优先的原则，避免发生利益冲突。

（6）本公司员工进行股权投资的限制。

① 不得投资于与本公司有或者可能有重大业务关系、竞争关系或利益冲突的公司。

② 不得在其投资的公司中兼职并领取薪酬。

③ 不得进行其他可能损害基金份额持有人利益和公司利益的股权投资。

④ 不得进行在规模上或性质上会影响其正常履行工作职责的股权投资。

（7）员工直接或间接持有的原未上市或未公开转让的股权投资转为上市或公开转让的，应按下述流程进行处置。

① 本公司作为私募基金管理人的基金或投资组合参加该股权投资的询价和投资的，持有该股权的员工应本着避免利益冲突的原则，不得参与有关投资决策，并主动向公司提出回避。

② 该股权投资可以公开交易的，如有重大利益冲突，员工应在3个月内卖出。

（8）本公司员工投资本公司作为私募基金管理人的证券投资基金，应当遵循公平、公开和公正的原则，防范利益冲突和利益输送，不得为牟取短期利益从事损害其他基金份额持有人利益的活动。

3.4 检查和监督

（1）本公司作为私募基金管理人，对于本制度的建立及执行情况，接受中国基金业协会的检查和监督。

（2）本公司作为私募基金管理人，按照《私募基金管理人内部控制指引》的要求制定本制度，并在中国基金业协会私募基金登记备案系统填报及上传本制度。

（3）本公司作为私募基金管理人，若有违反本制度、相关法律法规及自律规则的行为，将由中国基金业协会按规定处理。

 【实例4】▶▶

特定客户资产管理风险控制制度

1. 目的和原则

1.1 目的

公司制定本制度，旨在保护特定客户资产委托人的合法权益，促进公司特定客户资产业务的规范发展，有效防范和化解风险，防范利益输送及其他有损特定资产客户利益的行为。

公司特定资产风险控制的总体目标是，保证公司特定资产运作严格遵守国家有关法律法规和资产管理合同规定；确保特定资产的稳健运行和受托财产的安全完整，防范和化解风险，防范可能存在的利益输送行为，确保公平对待公司所管理的各类资产。

1.2 特定资产管理内部控制应当遵循的原则。

略。

2. 适用范围

本制度适用于特定客户资产委托人的资产管理风险控制。

3. 管理规定

3.1 公司内控风险控制架构与流程

3.1.1 公司设风险控制委员会。风险控制委员会的主要职责是，根据公司相关制度规定，对公司经营管理的全过程进行风险控制。风险控制委员会由公司总经理、监察稽核部总监、市场部总监、金融工程部总监和基金运营部总监组成，总经理任风险控制委员会主任。

风险控制委员会负责制定公司内控制度并执行；对公司运作中存在的风险问题和隐患进行研究，并作出控制决策；负责听取各部门风险情况汇报，对潜在的风险问题提出解决建议，并部署相关的风险解决方案。

3.1.2 公司设督察长。督察长负责组织、指导公司监察稽核工作。

督察长的职责范围，应当涵盖基金及公司运作的所有业务环节。督察长对董事会负责，对基金运作、内部管理、制度执行及遵规守法等情况进行内部监察稽核。督察长定期独立地向中国证监会及全体董事提交监察稽核报告。

3.1.3　公司设监察稽核部。监察稽核部具体负责公司内部的监察稽核工作，就内部风险控制制度的执行情况独立地履行检查、评价、报告及建议职能，对总经理负责，并协助督察长工作。

3.1.4　公司各部门应根据公司经营计划、业务规则及各部门具体情况制定本部门标准化的作业流程及风险控制制度，将风险控制在最小范围内。

3.1.5　公司在风险控制方面实行自上而下和自下而上相结合的内控流程。

自上而下，即通过风险控制委员会和投资决策委员会、督察长、监察稽核部、各业务部门及每个业务环节和岗位对风险工作理念和要求进行传达和执行的过程。

自下而上，指通过每个业务岗位及各业务部门逐级对各种风险隐患、问题进行监控，并及时向上报告，反馈风险信息，实施风险控制的过程。

3.2　特定客户资产管理面临的风险种类

3.2.1　特定客户资产管理过程中与其他委托资产共有的风险包括市场风险、政策风险、决策风险、操作风险、技术风险。

3.2.2　特定资产管理中应重点关注的风险。

（1）合同管理风险：在资产管理合同的签订阶段和履行过程中产生的以下各种风险。

合同签订阶段的评估风险，资产管理人未能充分了解客户的风险偏好、风险认知能力和承受能力，未能客观评估客户的财务状况，未向客户说明有关法律法规和相关投资工具的运作市场及方式而产生的风险。

合同约定不明的风险，委托双方因投资管理合同没有约定或约定不明确而发生争议或纠纷所产生的风险。

违约风险，特定客户资产管理过程中因违反资产管理合同约定以及委托人提前解约赎回而产生的风险。

（2）法律风险：由于违法违规或对决策、经营、操作的合法合规性评估失误而造成损失的风险，以及对上述失误的法律后果认识不足、处理失当而造成损失扩大的风险。

① 违规承诺收益或承担损失。

② 进行有损委托人利益的异常交易、不正当交易等。

③ 从事内幕交易，操纵证券交易价格及其他不正当的证券交易活动。

（3）流动性风险：资产组合无法在要求的时间内，在没有冲击成本的前提下变现的潜在风险。

（4）道德风险：从事特定客户资产管理活动的人员最大限度地增加自身效用时，进行的不利于他人的行为。

3.3　特定资产管理基本的风险控制机制

3.3.1 公司将通过建立科学严密的岗位分离制度，确保特定客户资产业务内控的有效性，防止出现职责不清、利益输送以及信息失密等风险。

公司成立专门的特定资产管理部，专门负责特定客户资产相关业务的投资管理、组织、协调工作，其专户投资经理不仅应与公募基金的办公区域严格分离，而且不得与公募基金经理相互兼任。

涉及特定资产管理业务的前台部门（研究部、投资部、交易部、金融工程部等）和后台部门（基金会计、IT 系统支持等）岗位必须严格分离，并拥有相互独立向公司管理层汇报的渠道。

监察稽核部负责公司特定客户资产管理业务的监察稽核工作。

为确保相关岗位能够充分物理隔离，公司对不同的部门和岗位设立必要的防火墙制度。

3.3.2 公司特定资产与公司自有资产严格分离，并设立独立账户进行管理；公司管理的其他公募基金与特定客户资产的委托管理资产也分别设立账户，以确保其他委托财产与特定客户资产管理业务相互独立。

3.3.3 特定资产管理业务的信息应严格保密，除法律法规另有规定或特定客户资产委托人事先同意外，不得进行公开的信息披露；通过独立的投资电脑系统和系统授权限制，使特定客户资产业务与公司管理的其他委托财产在信息上相互隔离，避免利益输送。

公司员工与公司签订保密合同，并受到公司内控制度、监察制度的制约，负有严格的保密义务；因工作变动需离开公司的，应签署"离职承诺"，保证保守公司及委托人的商业秘密。

3.3.4 公司制定"特定资产管理业务专职人员行为规范"，要求专职人员必须诚实守信，严格遵守法律法规和委托合同的要求，禁止利益输送、违规承诺收益、不正当交易及泄露客户秘密等行为的出现，避免道德风险。

3.3.5 监察稽核体系独立于特定客户资产管理业务的研究、投资、交易、会计、运营等体系。监察稽核部对特定客户资产投资业务中出现的违反法规、公司风险管理制度及委托合同规定的风险行为，进行日常监控和监察稽核；要求有关部门采取风险控制措施，通过定期或不定期的专项监察稽核向公司管理层汇报有关风险问题，并督促相关部门整改。

3.4 特定资产业务各特定风险的防范措施

公司按照风险控制制度规定的相关措施来防范特定资产管理与其他投资组合相同的风险。

3.4.1 合同管理风险的防范措施

（1）在资产委托合同签订阶段，公司通过以下措施防范风险。

公司通过"投资者调查问卷"，充分了解客户的风险偏好、风险认知能力和承受能力，客观评估客户的财务状况，并通过"风险声明书"向客户揭示有关法律法规和相关投资工具的风险，以防范因风险评估失误而产生的风险。

资产委托人应签订"自律申明书"，申明不在特定资产管理过程中承诺返还资产管理费或托管费，不承诺收益，不利用所管理的其他资产为资产委托人谋取不当利益，不在证券承销和证券投资等业务活动中为资产委托人提供配合等。

公司市场部会同监察稽核部，严格审查资产委托人的资料和委托资产的来源，确保资产委托人资料的真实性和资金来源的合法性，确保委托资产的合法性，避免利用来源不当的资产从事反洗钱活动。

由资产委托人签订"承诺书"，承诺资料的真实性和资金来源的合法性，并承诺不向资产管理人索取商业贿赂。

（2）公司监察稽核部负责对资产委托合同内容进行管理。

公司参照监管部门的规定制定公司的标准合同，在资产管理合同中尽可能将全部问题进行明确约定，避免出现没有约定或约定不明的事项。

在合同中明确约定委托人变更或提前解除管理合同、部分或全部撤回委托资产时双方的权利与义务。

在合同中约定双方对合同条款的理解出现分歧时的解决方式。

资产管理合同在签订之前必须由公司监察稽核部法务人员进行合规审核。

公司按照法定时间将签订的资产管理合同报证监会备案。当合同以任何形式进行变更、补充时，在规定时间内报证监会备案。

（3）在资产管理合同履行阶段，由理财顾问和金融工程部对投资过程是否符合合同约定进行监督。当发现不符合合同约定的投资要求时，可以向投资决策委员会建议召开风险评估会议，及时作出调整，以符合合同约定。

3.4.2　投资相关风险的防范措施

（1）特定资产与公司管理的其他财产共享客观化的研究平台，研究员的调研成果和研究报告，必须同时向基金经理和专户投资经理报告，防止因研究报告提交的时间不同而不公平对待各类资产。

（2）公司实行三级配置，清楚地划分专户投资经理、产品经理和行业投资经理的职责，通过层层配置，分散投资，减少非系统性风险，保障特定客户的利益。

（3）投资决策委员会会议实行回避制度，议题为公募基金事宜时，负责特定客户资产管理的相关人员应回避；议题为特定客户资产管理事宜时，公募基金的相关管理人员应回避。

（4）督察长可列席投资决策委员会会议，对相关投资决策提出有关风险控制的提示；监察稽核部对投资决策流程和执行程序的合法合规性进行监督。

（5）专户投资经理应依据委托合同和投资决策委员会资产配置决议，在规定范围内调整投资策略和投资组合；对于超过权限的投资，上报投资决策委员会审批后方可进行。

（6）公司从系统上严格限定投资交易权限，专户投资经理只有在各个组合之间进行配置的权限；组合经理只有在组合内进行行业配置和选择投资品种的权限；专户投资经理和组合经理享有特定的交易权限，其他任何人均无此权限。

（7）专户投资经理、组合投资经理在不违反合同和投资决策委员会决策的前提下独立进行投资，其他任何人包括公募基金经理、公司管理人员以及客户均不得干涉投资。

（8）特定资产管理投资人员和公募基金投资管理人员也不得就各自的配置计划互相交流。

3.4.3 交易阶段的内部控制机制

（1）公司实行集中交易制度，所有投资必须根据集中交易制度的规定在集中交易室完成。投资指令通过交易系统以电子指令形式下达，由集中接单员审核无误后分发给相应的交易员，各交易员之间独立操作，不得沟通各自的交易内容。

（2）在交易系统中，针对不同的专户设置独立的账户，有独立的股东代码，并对不同的专户进行独立的交易流水记录和持仓记录。

（3）基金运营部对交易系统的权限严格设定，只有经过批准的专户投资经理和组合投资经理才可以下达买卖指令。

（4）公司建立科学合理的公平投资机制，实现不同投资组合之间的公平投资。公平投资原则贯穿于指令下达、交易执行的各个环节。实行随机分发、每笔保单自动分拆的方式，达到公平交易，防止不同投资组合之间进行利益输送。

（5）公司建立系统的交易方法，根据投资组合的投资风格和投资策略制定客观、完整的交易规则，并按照这些交易规则进行交易决策，以保证各投资组合交易决策的客观性和对立性。

（6）按照法律法规以及合同的规定，在交易系统中设置投资合规合约比例的预警值和禁止值，超过禁止值的下单将被禁止，并对可执行的异常交易进行预警设置。

（7）监察稽核部通过交易系统对交易事项进行监控，一旦发现违规、违约或异常交易情况，应向专户投资经理发出提示，并要求相关投资人员进行说明，监察稽核部有权采取相关制止措施。

（8）公司监察稽核部负责对资产管理过程中的合法合规性进行监察稽核。

3.4.4 报告制度

（1）监察稽核部每季度将对涉及特定客户资产投资的公司各业务环节进行稽核，并出具季度监察稽核报告。

监察稽核部每年还将对特定客户资产投资管理部门遵守法规、委托合同和部门制度等情况开展一次专项稽核工作。

（2）公司按照合同约定的时间，编制并向委托人报送委托财产的投资报告，对报告期内委托财产的投资运作情况作出说明。

（3）当投资目标和投资策略类似的证券投资委托财产和委托财产投资组合之间的业绩表现有明显差距时，公司应出具书面分析报告，由专户投资经理、督察长、总经理分别签署后报证监会备案。

（4）公司按法定要求定期完成特定资产管理业务季度报告和年度报告，并报证监会备案。

3.5 风险控制制度的保障和评价

3.5.1 为保障风险控制制度的持续性和有效性，公司内部必须形成良好的控制环境，建立持续的控制检验制度和独立的控制报告制度。

3.5.2 控制环境是与风险控制制度相关的各种因素相互作用的综合效果及其对业务、员工的影响。良好的控制环境可为其他风险控制制度要素提供规则和架构，主要包括各项风险控制制度对各项业务的牵制力，公司管理层、员工对风险控制制度的重视程度。公司致力于从公司文化、组织结构、管理制度等方面营造良好的控制环境。

3.5.3 公司致力于营造一个浓厚的合规文化氛围，使控制意识能在公司内部广泛分享，并扩展到公司所有员工，确保内控机制的建立、完善和各项管理制度的执行。

3.5.4 控制报告制度是指监察稽核部及时将风险控制制度的实质性缺陷或失控情况向公司总经理和督察长报告的制度。公司应具备完善的信息系统，确保报告程序的有效性，保证总经理和督察长及时、可靠地取得准确、详细的信息。

3.5.5 对监察稽核工作出色，防止了某些重大风险的发生，为公司挽回了重大损失，业绩特别突出的监察稽核人员，公司应予以表彰和奖励。

3.5.6 监察稽核部有关监察稽核人员要认真履行工作职责，认真、及时地反映情况，对隐瞒不报、上报虚假情况或监察稽核不力、给公司造成巨大风险和损失的人员，依公司规定追究其责任。

3.5.7 对于完善各项规章制度、风险防范工作积极主动并卓有成效的部门，公司应给予适当表彰与奖励。

3.5.8 由于部门制度不完备、工作程序不合理或管理混乱而造成较大风险并给公司带来损失的，应追究部门主要负责人的责任。

5.1.4 风险管理的组织架构和职责

基金公司应当构建科学有效、职责清晰的风险管理组织架构，建立和完善与其业务特点、规模和复杂程度相适应的风险管理体系，董事会、监事会、管理层依法履行职责，形成高效运转、有效制衡的监督约束机制，以保证风险管理制度的贯彻执行。

5.1.4.1 董事会

董事会对有效的风险管理承担最终责任，具体履行以下风险管理职责。

（1）确定公司风险管理总体目标，制定公司风险管理战略和风险应对策略。

（2）审议重大事件、重大决策的风险评估意见，审批重大风险的解决方案，批准公司的基本风险管理制度。

（3）审议公司风险管理报告。

（4）授权董事会下设的风险管理委员会或其他专门委员会履行相应风险管理和监督职责。

5.1.4.2 管理层

公司管理层对有效的风险管理承担直接责任，履行的风险管理职责如下。

（1）根据董事会的风险管理战略，制定与公司发展战略、整体风险承受能力相匹配的风险管理制度，并确保风险管理制度得以全面、有效的执行。

（2）在董事会授权范围内批准重大事件、重大决策的风险评估意见和重大风险的解决方案，并按章程或董事会相关规定履行报告程序。

（3）根据公司风险管理战略和各职能部门与业务单元的职责分工，组织实施风险解决方案。

（4）组织各职能部门和各业务单元开展风险管理工作。

（5）向董事会或董事会下设的专门委员会提交风险管理报告。

5.1.4.3 专业风险管理委员会

公司管理层可以下设履行风险管理职能的委员会，如操作风险委员会、股票投资风险委员会、信用风险委员会等。这些专业风险管理委员会对管理层负责，协助管理层履行以下职责。

（1）指导、协调与监督各职能部门和各业务单元开展风险管理工作。

（2）制定相关风险控制政策，审批风险管理重要流程和风险敞口管理体系，并与公司整体业务发展战略和风险承受能力相一致。

（3）识别公司各项业务所涉及的各类重大风险，对重大事件、重大决策和重要业务流程的风险进行评估，并制定重大风险的解决方案。

（4）识别和评估新产品、新业务的新增风险，并制定控制措施。

（5）重点关注内控机制的薄弱环节和那些可能给公司带来重大损失的事件，并提出控制措施和解决方案。

（6）根据公司风险管理总体策略和各职能部门与业务单元的职责分工，组织实施风险应对方案。

5.1.4.4　风险管理职能部门

基金公司应设立独立于业务体系汇报路径的风险管理职能部门或岗位，并配备有效的风险管理系统和足够的专业人员。风险管理职能部门或岗位对公司的风险管理承担独立评估、监控、检查和报告的职责。

（1）执行公司的风险管理战略和决策，拟定公司风险管理制度，并协同各业务部门制定风险管理流程、评估指标。

（2）对风险进行定性和定量评估，改进风险管理方法、技术和模型，组织推动建立、持续优化风险管理信息系统。

（3）对新产品、新业务进行独立监测和评估，并提出风险防范和控制建议。

（4）负责督促相关部门落实公司管理层或其下设风险管理职能委员会的各项决策和风险管理制度，并对风险管理决策和风险管理制度执行情况进行检查、评估和报告。

（5）组织推动风险管理文化建设。

5.1.4.5　各业务部门

各业务部门应当执行风险管理的基本制度流程，定期对本部门的风险进行评估，并对风险管理的有效性负责。业务部门应当承担如下职责。

（1）遵循公司风险管理政策，研究制定本部门或业务单元业务决策和运作的各项制度流程，并组织实施。具体制定本部门业务相关的风险管理制度和相关应对措施、控制流程、监控指标等，或与风险管理职能部门（或岗位）协作，制定相关条款，将风险管理的原则与要求贯穿于业务开展的全过程。

（2）随着业务的发展，对本部门或业务单元的主要风险进行及时的识别、评估、检讨、回顾，提出应对措施或改进方案，并具体实施。

（3）严格遵守风险管理制度和流程，及时、准确、全面、客观地将本部门的风险信息和监测情况向管理层和风险管理职能部门或岗位报告。

（4）配合和支持风险管理职能部门或岗位的工作。

5.1.4.6　各部门负责人

各部门负责人是部门风险管理的第一责任人，基金经理（投资经理）是相应投资组合风险管理的第一责任人。公司所有员工是本岗位风险管理的直接责任人，负责具体风险管理职责的实施。员工应当牢固树立内控优先和全员风险的管理理念，加强法律法规和公司规章制度的培训学习，增强风险防范意识，严格执行法律法规、公司制度、流程和各项管理规定。

> **提醒您**
>
> 公司应当将风险管理纳入各部门和所有员工的年度绩效考核范围。

🔍 【实例 5】▸▸▸ --

××基金管理有限公司治理结构与机构设置

1. 公司治理结构

1.1 根据《中华人民共和国公司法》，为了保护公司和股东的合法权益，××基金管理有限公司法人治理结构设置如下。

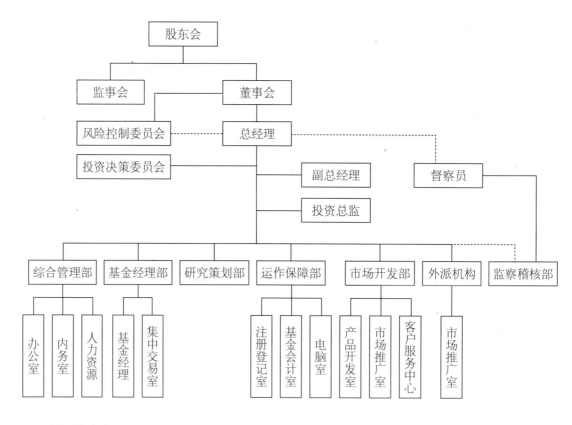

1.2 股东会

1.2.1 会议组成

股东会是公司的最高权力机构，由全体股东组成。各股东派一名代表作为股东代表参加股东会。股东会依照《公司法》及"××基金管理有限公司章程"行使职权。

1.2.2　股东会的职权

股东会行使下列职权。

（1）确定公司的经营方针、经营目标和经营范围。

（2）选举和更换董事，决定有关董事的报酬事项。

（3）选举和更换由股东代表出任的监事，决定有关监事的报酬事项。

（4）审议批准董事会的报告。

（5）审议批准监事会的报告。

（6）审议批准公司的年度财务预算方案、决算方案。

（7）审议批准公司的利润分配方案和亏损弥补方案。

（8）对公司增加或者减少注册资本作出决议。

（9）对股东向股东以外的人转让出资作出决议。

（10）对公司合并、分立、变更形式、解散和清算等事项作出决议。

（11）修改公司章程。

（12）法律、行政法规及公司章程规定的应当由股东会作出决议的其他事项。

1.3　董事会

1.3.1　董事会的构成

公司设董事会，董事会由 × 名董事组成，其中 × 名由股东单位委派，× 名为独立董事，另有 × 名为公司总经理。

1.3.2　董事会的职权

董事会对股东会负责，行使下列职权。

（1）负责召集股东会，并向股东会报告工作。

（2）执行股东会的决议。

（3）决定公司内部管理机构的设置。

（4）决定公司的经营计划。

（5）制定公司的年度财务预算方案、决算方案。

（6）制定公司的利润分配方案和亏损弥补方案。

（7）制定公司增加或者减少注册资本的方案。

（8）拟定公司合并、分立、变更形式、解散的方案。

（9）根据董事长提名，聘任或者解聘公司总经理、督察员；根据总经理的提名，聘任或者解聘公司副总经理、基金经理。

（10）决定公司高级管理人员的薪酬及其他形式的报酬。

（11）对总经理及其他高级管理人员的业绩表现进行评估，并负责实施适当的高级管理人员发展计划，确保合适的候选人被提升到高级职位。

（12）审定公司的基本管理制度、基本规章。

（13）授权风险控制委员会制定公司内控制度，并定期听取风险控制委员会报告。

（14）拟定公司章程修订案，并报股东会审议。

（15）决定发起或管理基金。

（16）审议公司自有资产的审计事务。

（17）审议公司的关联交易。

（18）批准公司关于租用基金专用交易席位的方案。

（19）确定销售代理、托管或注册登记机构及相关费率。

（20）聘请或更换公司会计师事务所。

（21）股东会授予的其他职权。

1.3.3 董事长行使下列职权。

（1）领导董事会工作，主持股东会和召集、主持董事会会议。

（2）检查董事会决议的实施情况。

（3）作为风险控制委员会主席，定期主持召开风险控制委员会会议，行使相应职权。

（4）提名总经理及督察员人选。

（5）监督公司督察员履行职责的情况，阅读公司监察稽核报告，发现问题及时提出意见或采取措施。

（6）监督公司总经理对公司自有资产的运用情况，并在董事会授权的范围内行使职权，支持、保证和监督总经理工作，但不得干预总经理的日常经营管理工作。

（7）签署公司重要合同和其他重要文件，或出具委托书委托其他代表签署文件。

（8）董事会授予的其他职权。

董事长不能履行职权时，可以指定副董事长代行职权。

1.4 监事会

1.4.1 监事的选举与任命

公司设监事会，监事会由×名监事组成，其中×名由股东单位委派，×名为公司员工代表。股东代表担任的监事由股东委派后经股东会选举产生。员工代表担任的监事由公司员工选举，报股东会确认后产生。经全体监事会成员一致同意，推选其中一人为监事长。

监事每届任期三年，可以连选连任。监事的任职应报中国证监会备案。

1.4.2 监事会的职责

监事会向股东会负责，并依法行使下列职权。

（1）听取风险控制委员会的报告，了解公司风险防范情况，发现问题及时向股东会汇报。

（2）检查公司的财务状况，必要时有权建议董事会聘用或解聘会计师事务所。

（3）与公司法律顾问沟通，确保公司合法合规运作。

（4）对公司董事、总经理和其他高级管理人员执行公司职务时违反法律、行政法规或者公司章程的行为进行监督。

（5）当公司董事、总经理和其他高级管理人员的行为损害公司的利益时，要求前述人员予以纠正。

（6）提议召开临时股东会。

（7）列席董事会会议。

（8）公司章程规定或股东会授予的其他职权。

1.5　总经理

总经理行使下列职权。

（1）主持公司的经营管理工作，组织实施董事会决议。

（2）组织实施公司年度经营计划。

（3）拟定公司内部管理机构的设置方案，并报董事会批准。

（4）拟定公司的基本管理制度，并报董事会批准。

（5）制定公司的具体规章。

（6）提请聘任或解聘公司副总经理、基金经理，并报董事会批准。

（7）聘任或解聘除由董事会聘任或解聘以外的管理人员。

（8）按照国家法规和公司管理制度，组织对员工进行考核、评议，并决定薪酬奖惩、升降级等事宜。

（9）在董事会授权范围内代表公司对外处理重要业务。

（10）总经理在日常工作中处置或运用公司股本金超过10%的资产时（按中国证监会规定作为基金发起人认购基金份额的投资除外），应事先征得董事长或董事会的批准。

（11）公司章程和董事会授予的其他职权。

公司设副总经理和投资总监，协助总经理工作。

1.6　风险控制委员会

1.6.1　风险控制委员会的职能

风险控制委员会主要针对公司经营管理和基金运作中的风险进行研究并制定相应的控制制度，协助公司董事会切实加强对公司的监督。

1.6.2　风险控制委员会的组成

风险控制委员会由公司董事长任主席，公司总经理、独立董事（1名）、监事（1名）、督察员任委员，公司副总经理列席会议。

1.6.3　风险控制委员会的职责

（1）制定并修改公司内部风险控制制度。

（2）监督公司投资决策委员会对所管理基金资产的风险控制。

（3）针对公司经营管理和基金运作中存在的风险隐患提出意见和建议。

（4）向董事会独立报告公司风险控制情况。

（5）在特殊情况下，行使干预权。

1.6.4 风险控制委员会会议的召开

风险控制委员会会议每季度定期召开，每次会议应对会议内容、决议进行记录并妥善保存。

风险控制委员会会议决策实行少数服从多数的投票表决制，风险控制委员会二分之一以上成员参加会议，且所有成员二分之一以上表决通过，方可形成有效决议。委员会主席有最终否决权。

1.6.5 风险控制委员会的权限

（1）内部风险控制制度的决策权：风险控制委员会负责组织制定公司的内部控制制度，并定期审阅、批准修改，以保证公司风险控制适应业务发展的需要。

（2）建议权：风险控制委员会有权对公司的日常经营管理和基金运作提出独立而客观的意见和建议。

（3）独立报告权：风险控制委员会有权就公司风险控制情况，独立向公司董事会报告。

（4）干预权：风险控制委员会在通常情况下不直接介入日常管理工作，但如有下列情况发生，则会行使一定的业务干预权。

① 当市场发生重大变化（所持个股发生重大变化或基金净值发生重大变化），在及时向公司董事会、监事会报告的同时，风险控制委员会可以要求投资决策委员会暂停操作，作出解释，制定具体对策。

② 当内部管理出现严重问题和重大违规事件，在及时向公司董事会报告的同时，风险控制委员会可以向公司总经理提出要求，提高公司高级管理人员对问题的认识，并作出改正保证。

1.6.6 风险控制委员会的操作流程

（1）根据公司董事会授权，组织制定公司的内部风险控制制度。

（2）定期召开委员会会议，听取公司总经理和督察员关于落实、监督内控制度执行情况的报告，审阅、修改公司内控制度。

（3）提出对公司风险控制、经营管理和基金运作的意见和建议，并形成会议决议，交由总经理落实，督察员监督。

（4）独立向公司董事会提交风险控制委员会报告。

1.7 督察员

为进一步监督公司的规范运作，公司设立督察员岗位。

督察员的职责是：

（1）向董事会负责，全权负责公司及基金资产运作的监察稽核工作。

（2）负责检查公司执行国家有关法律法规及政策的情况，对基金运作、公司内部管理制度执行及遵规守纪等情况进行监察稽核。

（3）除每月独立向董事长和中国证监会出具监察稽核报告外，对发现的基金运作中的重大违规行为，立即向董事长和中国证监会报告。

（4）直接领导公司监察稽核部，并提名该部门经理人选。

2. 内部机构设置及职能

2.1　××基金管理有限公司内部机构的设置是为了保证基金管理公司的有效运作，合理分配公司内部资源，适应公司治理结构的需要。基金管理公司各部门之间存在着相互联系、相互制约、独立运作的关系，各部门及岗位分别在自己的授权范围内承担各自的职责。

2.2　投资决策委员会职能

2.2.1　投资决策委员会的职能

投资决策委员会是基金公司的最高投资决策机构，负责对公司所管理的基金资产进行投资决策和风险控制。

2.2.2　投资决策委员会的组成

投资决策委员会由公司总经理任主席，副总经理、投资总监、基金经理部经理和研究策划部经理任委员，基金经理列席会议。

2.2.3　投资决策委员会的职责

（1）审阅基金经理制定的投资组合方案，并对其运作的风险进行评估和控制。

（2）批准基金投资原则，对基金经理作出投资授权。

（3）对超出基金经理及投资总监权限的投资项目作出决定。

（4）定期监视基金的风险指标、收益指标及流动性指标，并予以控制。

（5）对基金资产巨额赎回、连续巨额赎回等制定相应对策和控制措施。

（6）批准、考核基金经理的年度工作计划和工作绩效，对基金经理等主要投资人员的任免提出建议。

2.2.4　投资决策委员会会议的召开

投资决策委员会会议每月定期召开，根据需要，也可召开临时会议。

投资决策委员会会议实行少数服从多数的投票表决制，二分之一（含）以上成员参加会议且所有成员二分之一以上表决通过，方可形成有效决议。每位成员拥有一票表决权，委员会主席拥有最终否决权。

投资决策委员会应对会议内容、表决结果等进行记录并妥善保管。

2.3　综合管理部职能

综合管理部的主要职能有：组织办公及公司会议、文件起草、核定和督办议定事项、公司信息披露准备工作、公司对外宣传及公共关系管理、人力资源管理、公司后勤保障、文件档案管理、公司经营活动的资金使用及管理、公司的财务管理等，该部门设置如下。

2.3.1 办公室

负责文件收发、文稿拟定、印章管理及相关的办公事务；负责信息披露的各项准备工作；组织公司各部门业绩考评；负责对外宣传，建立及维护公司联络网，促进公共关系；负责公司保安、车辆管理，固定资产和低值易耗品的购置、维护及其他后勤工作。

2.3.2 财务室

主要职责是进行公司的财务会计核算及财务管理，负责基金管理公司日常财务收支的审查、核算；制定财务预算、决算，核定财务成本；定期进行财务分析，实施财务检查与监督，组织财务成本考核。

2.3.3 人事资源管理室

负责员工招聘、业务培训，组织各部门业绩考评，工资、薪金定级和奖惩方案拟定，制订员工保险、安全、福利计划。

2.4 基金经理部职能

基金经理部主要负责基金资产的运作，确保基金资产的保值与增值。基金经理部可根据管理基金的数目设置基金管理小组，公司管理的每只基金都设一个基金管理小组，由一名基金经理和若干基金经理助理组成。

2.4.1 基金经理负责制

公司实行投资决策委员会领导下的基金经理负责制，基金经理职责如下。

（1）制定基金投资组合方案，并上报投资决策委员会。

（2）在投资决策委员会授权下，下达基金交易指令。

（3）对投资组合进行跟踪、分析，并在权限范围内调整投资组合。

（4）为管理的基金运作中涉及的交易行为负责。

（5）对基金投资理念和投资组合作出解释。

2.4.2 集中交易室

基金经理部下设集中交易室，其职能如下。

（1）具体执行每日基金经理下达的交易指令。

（2）掌握操作技巧，降低投资成本。

（3）严密监视交易指令执行中的异常现象，及时反馈市场变化，为投资决策委员会及基金经理部制订投资计划提供支持。

（4）完成交易执行结果表单。

2.5　研究策划部职能

研究策划部是公司的基础研究部门，主要负责采集、分析各类政治、经济、行业信息，研究宏观经济和资本市场的情况，深入上市公司、其他研究机构和业界人士进行调研，撰写调研报告，开发与研究新业务等，为投资决策委员会和基金经理部的投资决策提供投资建议和依据。

2.6　运作保障部职能

运作保障部由基金会计室和电脑信息室两部分组成。

2.6.1　基金会计室

（1）与托管银行核对现金余额、所持各证券的数量，并报告基金经理。

（2）根据所持股票公司的股息分配及所持到期债券等信息核对账目。

（3）计算单位基金资产净值。

（4）对基金交易实施事后监控：当基金交易已达公司内部警示标准，如存在异常双向交易行为，交易价格明显高于市场收市价格等情况时，应及时出具"警示报告"，报给负责投资的副总经理，副本交基金经理部及监察稽核部备案。

（5）制作基金分红方案及其他财务事项的说明性公告。

（6）编制投资组合报告及其他财务报告。

（7）处理交易系统中的开户、资金存取、调拨以及交易席位租用等有关事宜。

（8）清算、交割、记账及账户管理。

（9）向托管银行通报每日交易情况。

2.6.2　电脑信息室

电脑信息室主要负责公司办公电脑软硬件的开发、配置和维护，交易系统的日常维护，交易信息的收集、处理和备份，信息集成系统的安装、开通与调试，影音监控系统的日常监控，办公自动化系统的应用、维护，网站建设与维护，资讯系统的开发与维护等。

2.7　市场开发部职能

2.7.1　市场开发部主要负责基金品种开发、方案设计、市场推广、对外宣传、基金产品销售与客户服务，以及公司国际业务的发展、公司的对外合作等，是公司制定发展战略和开拓新业务的重要咨询部门，也是对外服务的窗口部门。

2.7.2　市场开发部下设的机构

（1）产品开发室：负责新产品开发与运作研究；密切关注业界最新动态和发展趋势，及时制订相应的研究计划；独立或与外部机构合作完成研究项目的策划和实施；主动为公司发展战略提供咨询和建议。

（2）市场推广室：负责制定市场战略和营销计划，组织与协调市场战略、营销计划的实施；策划并协调完成广告策划、产品推介等工作；与媒体、客户保持密切联系，及时分析市场发展状况，积极挖掘潜在客户，及时与有关人士沟通；制作产品宣传材料及开展媒体宣传工作。

（3）客户服务中心：负责公司客户的咨询服务、直销客户的接待、客户资料的管理、客户投诉的接待与处理。客户咨询服务主要包括人工咨询电话的管理与接待，网站信息的管理及通过邮件向客户反馈信息，自动语音电话的管理与服务，自动传真的管理与服务，相关资料的寄送和投资者研讨会的安排。直销客户的接待包括协助直销客户在直销网点完成申购和赎回指令的下达，协助直销客户进行款项划拨和相关手续办理。客户资料的管理包括妥善保管客户资料，对客户资料进行分类和分析，了解不同客户的要求。客户投诉的接待与处理，包括热情、耐心地接收客户的投诉，及时处理客户的各类投诉并反馈给投资者。

2.8 监察稽核部职能

2.8.1 为保证基金资产运作过程中的独立性、合规性及有效性，最大限度地保护投资者利益，取信于市场，公司设立了监察稽核部。监察稽核部是公司的职能部门，其管理遵照公司各项规章制度执行。监察稽核部由公司督察员直接领导，独立执行基金资产运作的监察稽核工作。"独立"是指其独立于公司其他部门和管理层，独立于基金资产的运作，或独立于其他影响该部门公正、客观开展工作的关系。监察稽核部经理由督察员提名，总经理任命。

2.8.2 监察稽核部的职责

（1）负责制定公司及基金资产运作的监察稽核制度。

（2）检查、监督公司内部控制制度执行情况，警示公司内部管理及基金运作中的风险，及时提出改进意见并监督落实。

（3）检查、评价公司及基金资产运作的内部控制制度的合法性、合规性、合理性、完备性和有效性。

（4）检查基金各项报告、报表、统计资料、记录及公开披露信息的真实性和准确性。

（5）调查公司内部的违规案件，协助监管机关处理相关事宜。

2.9 外派机构职能

外派机构是公司根据业务发展需要，在公司总部以外的地区设立的办事机构，初期只设立北京办事处，主要负责与主管部门、各行业主管机关、机构客户以及主要媒体的沟通与联系；收集国内外的相关政策、信息和动态，在第一时间向公司通报；负责相关的接待和服务工作等。

【实例6】 ▶▶▶ ---

××基金公司岗位隔离制度

1. 目的

为了加强本公司基金管理的风险控制管理，保护基金份额持有人及相关当事人的合法权益，确保公司及基金的运作符合《证券投资基金法》《公司法》和其他有关法律、行政法规的规定，保障公司平稳运营，特制定本制度。

2. 适用范围

适用于基金风险隔离管控工作，具体应涵盖公司各项业务流程与业务环节，主要包括投资管理、信息披露、财务系统等方面。

3. 本制度订立的目标、原则

3.1 基金风险隔离制度的总体目标

（1）保证公司经营运作严格遵守国家有关法律法规和行业监管规则，自觉形成守法经营、规范运作的经营思想和经营风格。

（2）保证公司经营管理和基金投资运作符合行业最佳操守。

（3）提高经营管理效率和效益，确保经营业务稳健运行和受托资产安全完整，实现公司持续、稳定、健康的发展。

（4）确保所使用的和对外公布的财务和其他信息真实、准确、完整。

（5）维护公司良好的市场形象和社会形象。

3.2 基金风险隔离制度的原则

（1）全面性原则：基金隔离工作必须覆盖公司的所有业务部门和岗位，并涵盖决策、执行、监督、反馈等各项经营业务流程与环节。

（2）有效性原则：基金隔离应科学、合理、有效，公司全体职员必须竭力维护其有效执行，任何职员不得拥有超越制度约束的权力。

（3）独立性原则：公司必须在精简机构的基础上设立能充分满足公司经营运作的机构。各机构、部门和岗位在职能上保持相对独立性。

（4）相互制约性原则：公司内部各部门和岗位设置应权责分明、相互牵制，并通过切实可行的相互制衡措施来消除基金隔离管控中的盲点。

（5）防火墙原则：公司基金资产、自有资产和其他资产的运作应严格分离，基金投资、决策、执行、清算、评估等部门和岗位在物理上适当隔离。

（6）成本效益原则：公司运用科学化的经营管理方法降低运作成本，提高经济效益，力争以合理的控制成本达到最佳的基金隔离效果。

4. 管理规定

4.1 基金管理部对基金业绩、风险进行科学的评估。基金风险评估工作的基本要求如下：

（1）建立并不断完善基金的业绩风险评估系统。

（2）对每支基金及其基金经理建立科学的评价标准与方法。

（3）通过有效的方法确定或构建合理的基金绩效评价基准。

（4）由独立的部门和岗位实施评估，确保绩效评估的独立性和客观性。

4.2 财务部基金风险隔离工作应遵循以下基本要求。

（1）建立独立的基金会计部门与岗位。

（2）依据会计法、会计准则等法律法规，制定公司的基金会计制度、会计工作流程和会计岗位工作手册，针对风险控制点建立严密的会计系统。

（3）以基金为会计核算主体，单独建账，独立核算，不同基金在名册登记、账户设置、资金划拨、账簿记录等方面相互独立。

（4）通过复核制度、凭证制度等基本会计措施，真实、完整、及时地记载每一笔业务，并正确进行会计核算和业务核算。

（5）按照有关法规的要求，采取合理的估值方法和科学的估值程序，公允地反映基金在估值时点的净值。

（6）定期与托管行核对基金的账务和交易记录，发现有不一致的地方，及时找出原因，并予以纠正。

（7）建立基金清算制度。

（8）建立会计档案保管制度，确保档案真实、完整。

4.3 财务系统的基金风险隔离控制应当遵循以下要求。

（1）公司财务核算独立于基金会计核算系统。

（2）在岗位分工的基础上明确各会计岗位职责，严禁需要相互监督的业务由一人独自操作全过程。

（3）坚持正确的会计核算，建立严格的成本控制和业绩考核制度，强化会计的事前、事中和事后监督。

（4）制定财务收支审批制度和费用报销管理办法，自觉遵守国家财税制度和财经纪律，坚决避免重大财务支出由一个部门或一个主管全权决定。

（5）制定完善的会计档案保管和财务交接制度，财务部门必须妥善保管密押、业务用章、空白支票等重要凭据和会计档案，严格执行会计资料的调阅手续，防止会计数据的损毁、散失和泄密。

（6）强化财产登记保管和实物资产盘点制度，重要资产必须进行定期或不定期盘点，及时处理盘盈、盘亏，并分析及总结原因。

4.4 信息披露的基金风险隔离控制应当遵循以下要求。

（1）信息披露符合法律法规及中国证监会、证券交易所的有关规定。

（2）由统一的部门负责信息披露工作，进行信息的收集、组织、审核和发布，并接受基金投资人查询。

（3）建立严密的信息披露实施流程，加强对信息的审查核对，使所公布的信息符合法律法规的规定。

（4）加强对公司信息披露工作的检查和评价，对存在的问题及时提出改进办法，对信息披露出现的失误提出处理意见，并追究相关人员的责任。

（5）掌握内幕信息的人员不得利用内幕信息进行证券交易，也不得将内幕信息透露给他人。

（6）将信息披露资料建档长期保存，以便及时查验。

（7）部门与部门、员工与员工之间的信息沟通按规定的程序进行，切实执行信息的密级管理制度。

（8）各部门及员工的对外交流应符合公司的相关规定，对外交流的观点与口径应保持一致。

5.2　风险管理主要环节

风险识别、风险评估、风险应对、风险报告和监控及风险管理体系的评价是风险管理的主要环节。每一环节应当相互关联、相互影响、循环互动，并依据内部环境、市场环境、法规环境等内外部因素的变化，及时更新完善。

5.2.1　风险识别

风险识别应当覆盖公司各个业务环节，涵盖所有风险类型。公司应当对已识别的风险进行定期回顾，并针对新法规、新业务、新产品、新的金融工具等及时进行了解和研究。

公司应在风险识别过程中，对业务流程进行梳理和评估，并针对业务流程中的主要风险点，建立相应的控制措施，明确相应的控制人员，不断完善业务流程。

5.2.2　风险评估

公司可采取定量和定性相结合的方法进行风险评估，并保持评估方法的一致性，协调好整体风险和单个风险、长期风险和中短期风险的关系。

具体来说，基金管理公司主要可从以下几个角度进行风险评估。

（1）宏观环境的风险评估

宏观环境的风险评估项目如表 5-1 所示。

表 5-1　宏观环境的风险评估项目

序号	项目	说明
1	国家层面政策	国家层面政策的制定、颁布、调整和实施通常对整个国民经济体系以及国内资本市场都会产生极其深刻的影响，进而对基金公司的运营产生影响。因此，国家层面政策的影响对基金公司来说是十分巨大和深远的，某一经济政策的实施和调整很可能会对整个行业的全部或大部分基金公司产生彻底的影响
2	宏观货币政策	在我国，基金公司的募资环节和资本运营环节都与国家的货币政策走向密切相关
3	财政政策	国家财政政策的导向对基金的发展至关重要，资金流入的行业与国家政策扶持行业的契合度将直接影响股权投资的收益
4	金融或私募行业监管政策	随着金融（私募）行业的发展，整个金融行业也面临更严格的监管与规范要求，合规形势更加严峻
5	地方性政策	部分地区的自发组织或按当地政府规定组织的自律行业协会，颁布、调整和实施了一些行业自律性政策法规，或对当地基金管理人进行一定的监督管理
6	市场波动和经济发展状况	当前经济发展所处周期及经济波动情况，对基金公司有较大影响。一般当经济繁荣时，市场需求旺盛，基金公司募集资金的难度会大大降低，这种情况也有助于基金公司找到优质的投资项目，投资机会多且容易成功，同时资本退出更加容易。反之，当经济萧条时，基金公司的发展也会比较困难
7	利率、汇率及购买力的变动	这些指标的变动影响着基金公司募集资金的成本、资本退出的难度和收益率的高低，所以是影响基金公司风险水平的重要影响因素
8	人民币汇率机制改革	人民币汇率机制的改革会对基金公司造成较大的影响，基金公司也要进一步防范外汇风险
9	社会舆论和不可抗力	某些突发性事件引发的社会舆论会导致人们对私募基金、私募行业甚至整个市场态度发生转变，进而导致一些经济行为对企业产生影响。不可抗力如战争、自然灾害等，可能导致基金资产或企业遭受损失，这些因素都有可能影响企业的经营与发展

（2）投资者的风险评估

投资者的风险评估项目如表 5-2 所示。

表 5-2　投资者的风险评估项目

序号	项目	说明
1	投资者行为	投资者情绪、投资者交易策略和投资者"羊群效应"都会影响基金公司的流动性，当投资者存在不理性行为或者盲目跟风时，会对基金公司的资金流产生较大影响
2	投资者违约	投资者出资对基金的投资行为乃至日常经营都会产生关键性的影响。为此，投资者出资违约，即不出资、少出资或迟延出资，均会对基金以及其他守约合伙人的合法权益产生不同程度的负面影响
3	风险承受能力	基金公司在选择投资者时需要评估投资者的适当性，如果没有完整的投资者适当性评估，很有可能出现因投资者能力与产品风险不匹配而增加基金公司信用风险的问题

（3）融资企业的风险评估

融资企业的风险评估项目如表 5-3 所示。

表 5-3　融资企业的风险评估项目

序号	项目	说明
1	所处行业	由于股权投资者在高新技术投资项目的选择和帮助企业实现价值增值等方面的能力与普通投资者相比存在优势，更容易获得超额的收益
2	道德水平	基金公司将资金投资给融资企业后，融资企业的大股东及经营管理人可能会为了自己的利益而隐藏损害投资人的行为，这就形成了道德风险
3	财务状况	融资企业的财务状况反映了其经营情况，从中能够看出企业的未来持续发展能力和未来发展状态
4	市场经营情况和成长能力	只有优质的具有成长价值的投资项目才能带给基金公司可观的收益，而市场经营情况和成长能力则是判断一个企业优秀与否的重要指标
5	发展前景	具有良好发展前景的融资企业才能有巨大的发展空间，才能给基金公司带来更大的获利空间以及更小的投资风险
6	信用记录	融资企业的信用情况能够反映出其未来违约的概率，例如，对于一家信用良好的企业，基金公司基本上可以不用担心其违约的风险

（4）基金公司运营的风险评估

基金公司运营的风险评估项目如表 5-4 所示。

表 5-4　基金公司运营的风险评估项目

序号	项目	说明
1	管理团队素质	基金公司管理层把握着企业的日常管理和未来的发展方向，是企业发展的掌舵者。管理层素质风险是指管理层由于自身能力的限制不能正确地引导企业健康发展而带来的风险

序号	项目	说明
2	公司治理结构	公司治理结构是针对基金公司所有者与经营者之间关系的一整套制度安排，是基金公司内部组织架构和权责分配体系的具体表现形式。组织架构是基金公司操作风险管理活动的基础，其确定了操作风险管理过程中各职能部门的职责
3	企业文化氛围	企业文化管理是企业管理的最高形式，风险管理则是基金公司的"生命线"，因此，基金公司的企业文化建设尤其要体现风险管理的特点，即注重风险管理的文化建设
4	制度和流程的科学性	如果基金公司内部的业务流程及配套制度存在不当或偏差，且没有及时加以完善，就会造成操作或执行困难，甚至给蓄意不法者留下流程漏洞或制度漏洞，从而增加了风险暴露程度
5	人力资源管理	人力资源管理政策是企业为了实现目标而制定的人力资源获取、开发、保持和利用等一系列政策规定和制度安排。在基金公司内部，降低风险的重要条件是重视人力资本建设
6	财务状况	如果一家基金公司拥有较为良好的财务状况、合理的资产负债比、充足的流动性资金，那么它更有可能具有较强的风险应对能力。而且企业提供的财务报表能够向公众传达企业的内部信息，有利于企业形象的建立
7	管理团队背景	具有外资背景的基金公司可能具有与国内不同的投资理念、投资风格，对投资收益有相应的影响，进而影响投资行为
8	专业的尽调团队	最终的投资决策必须建立在全面尽职调查的基础之上，所以需要有专业的团队进行尽职调查
9	高层管理者	高层管理者对战略规划、文化建设等问题的关注程度，可能会对企业的风险产生影响
10	员工	员工的素质以及对风险管理的认识程度会影响其日常工作中的风险规避程度
11	历史业绩	历史业绩是衡量一个机构管理及投资水平的重要指标。好的历史业绩是基金公司口碑的保证，也是投资者非常看重的一个指标。具备丰富投资经验的基金公司往往搭建了具备一定规模的行业网络，拥有更丰富的资源
12	合作伙伴	合作伙伴对于基金公司的发展有着巨大的作用，合作伙伴实力的大小对企业的风险可能会有所影响，联合投资可以减少基金公司的投资风险，但合作伙伴的选择也会带来不确定的风险
13	交易条款的设计	交易条款构思与谈判是指基金公司和企业在签订协议前，根据自身的不同利益需求，就协议内容、条款等进行谈判。基金公司要在金融投资工具、交易价格、资本结构、管理介入、占有的企业股权比例、未来融资要求和退出方式等方面与企业协商一致，再签订交易协议
14	投资期限	投资期限的长短会影响投资者的预期收益，因此对基金公司的投资期限提出更高的要求，即如何确定投资期限的长短以满足自身流动性的要求及投资者的收益期望
15	管理水平	管理水平的高低会对被投企业的发展产生巨大的影响，管理得好的基金公司可以为被投企业提升价值，从而促进投资的成功

序号	项目	说明
16	信息披露情况	股权投资因自身的专业性而存在严重的信息不对称，外界无法深入了解其中的具体信息，故信息披露和风险揭示显得尤为重要，它会影响基金公司的声誉和信用
17	项目退出情况	退出时间和退出方式会决定基金公司能否顺利退出一项投资，实现高水平的收益
18	IT 系统和信息系统的状况	随着信息技术的飞速发展，基金公司各项业务的开展越来越依赖于信息系统和技术。基金公司内部由技术系统因素引发的风险通常较为隐蔽，一旦发生问题，涉及范围广泛，往往会给基金公司和投资者带来巨大影响。IT 技术系统、软硬件设施故障，设备失灵会造成系统服务中断或错误服务，增加风险发生的可能性
19	合规力度	基金公司为控制合规风险，实现合规经营目标，会通过特定的组织机构，制定和实施一系列制度、标准和程序，主动使自身的经营管理行为合规。基金公司对合规风险的重视程度和管理规划的科学性都决定着基金公司能否合规运行

5.2.3 风险应对

风险应对是指基金公司在识别风险、分析风险概率及风险影响程度的基础上，结合董事会设定的风险偏好，对评估出的重大风险采取相应的应对策略。基金公司应当建立专门的风险应对管理制度，明确风险事件的等级，有针对性地采取应对措施。基金公司应当建立清晰的风险事件登记制度和风险应对考评管理制度，明确风险事件的等级、责任追究机制和跟踪整改要求。

（1）风险应对流程

风险应对流程如图 5-2 所示。

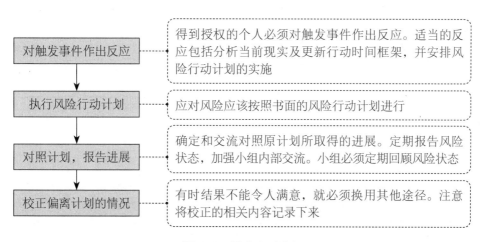

图 5-2 风险应对流程

（2）风险应对策略

风险应对策略主要有风险承担、风险规避、风险转移、风险转换、风险对冲、风险补偿、风险控制七种基本类型，如表5-5所示。

表5-5　风险应对策略

序号	策略	说明
1	风险承担	风险承担是企业对风险承受度之内的风险，在权衡成本效益之后，不准备采取控制措施降低风险或者减轻损失的策略。采用风险承担时，管理层需考虑所有的方案，如果没有其他备选方案，管理层需确定已对所有可能的规避、降低或分担方法进行了分析。在作出风险应对的过程中，管理层需要评估各种风险控制措施的成本及风险发生的可能性和影响程度，选择一种最佳的风险应对策略
2	风险规避	风险规避是企业对超出风险承受度的风险，通过放弃或者停止与该风险相关的业务活动来避免和减轻损失的策略。采用风险规避的目的是，预期出现不利后果时，一并化解风险。比如，公司认为某个投资项目风险发生的可能性很大且又不能承受也不能采取措施降低，则可以选择退出投资项目，或勒令子公司退出投资项目，从而规避风险
3	风险转移	风险转移是企业通过合同或非合同方式将风险转嫁给另一个人或单位的一种风险管理策略。在明确的风险战略指导下，企业可与资金雄厚的独立机构签订保险合同，如有必要，可与其他保险公司签订合同，以减少投资风险；或者通过结盟或合资方式，投资于新市场或新产品，获取回报，转移风险
4	风险转换	风险转换是指通过一些特殊手段，将一种风险转换成另外一种或几种其他风险，使得转换后的风险更容易管理或获得额外盈利的风险管理策略。 风险转换策略的典型应用就是可转换债券。可转换债券是指一种发行人依照法定程序发行、在一定期间内依据约定条件可以转换为股票（通常为普通股）的公司债券。持有该债券时，面临的主要风险有可转换债券发行失败风险，股票上市失败风险，可转换债券到期不能转股的风险，转股后每股收益、净资产收益率摊薄的风险及可转换债券价格波动风险等。当该债成功转换为普通股票后，持有者面临的风险转换为股票价格波动风险、股票套牢风险等，同时也可能带来一定盈利
5	风险对冲	风险对冲有两种解释，一种是通过承担多种相关风险，使这些相关风险之间产生对冲关系，以降低这些风险的管理策略；另一种是指通过投资或购买与标的资产收益波动负相关的某种资产或衍生产品，来冲销标的资产潜在的风险损失的风险管理策略。比较典型的例子就是套期保值业务和期权交易业务
6	风险补偿	风险补偿是指在事前（损失发生以前）对承担风险措施制定必要的补偿机制，以增加个人或单位承担风险的信心和勇气。通常来说，对于那些无法通过风险对冲、风险转换或风险转移进行管理，而且又无法规避、不得不承担的风险，可以采取这种风险补偿策略
7	风险控制	风险控制是企业在权衡成本效益之后，准备采取适当的控制措施降低风险或者减轻损失，将风险控制在风险承受度之内的策略。由于风险的两个主要维度是发生的可能性及发生后的影响程度，因此风险控制就是降低发生的可能性，或者降低发生后的影响程度，以减小风险等级

5.2.4　风险报告和监控

公司应当建立清晰的报告监测体系，对风险指标进行系统和有效的监控，并根据风险事件发生频率和事件的影响来确定风险报告的频率和路径。风险报告应明确风险等级、关键风险点、风险后果及相关责任、责任部门、责任人、风险处理建议和责任部门反馈意见等，以确保公司管理层能够及时获得真实、准确、完整的风险动态监控信息，明确并落实各相关部门的监控职责。

 【实例 7】▶▶▶ --

××基金重大事件风险报告制度

1. 目的

为及时掌握重大风险事件情况，切实加强对重大风险事件的应急管理，防止重大风险事件对公司造成冲击，避免单体风险转化为系统性风险，根据《私募投资基金监督管理暂行办法》《基金管理公司风险管理指引（试行）》，制定本制度。

2. 适用范围

本制度所称重大风险事件是指可能严重危及公司正常经营、偿付能力和资信水平，影响地区金融秩序和社会稳定的事件。

3. 权责部门

3.1 重大风险事件报告和应急管理工作实行属地管理。公司负责重大风险事件报告和应急管理工作。

3.2 监管部门建立职责关系明确、报告路线清晰、反应及时有效的重大风险事件报告机制、应急管理机制和问责制度。

3.3 公司主要负责人对重大风险事件报告和应急管理工作负责；监管部门指定专人专岗具体负责重大风险事件的接报、上报和应急管理工作。

4. 管理规定

4.1 公司在重大风险事件发生后及时向市政府相关部门报告简要情况，24 小时内报告具体情况。报告的重大风险事件具体包括以下情形。

（1）引发群体事件的。

（2）发生诈骗且金额可能达到其净资产 5% 以上投资损失的。

（3）重大债权到期未获清偿致使公司流动性困难，或已无力清偿到期债务的。

（4）主要资产被查封、扣押、冻结的。

（5）因涉嫌违法违规被行政机关、司法机关立案调查的。

（6）发现主要出资人虚假出资、抽逃出资，或主要出资人对公司造成其他重大不利影响的。

（7）3个月内，高级管理层中有二分之一以上辞职的。

（8）主要负责人失踪、非正常死亡或丧失民事行为能力的，或被司法机关依法采取强制措施的。

（9）监管部门要求报告的其他情况。

4.2 公司对发生的私募基金管理业务重大风险事件的性质、事态变化和风险程度及时做出判断；对可能影响地区金融秩序和社会稳定的重大风险事件，应在事件发生24小时内，向市人民政府、金融监管部门及基金业协会报告。报告的重大风险事件具体包括以下情形。

（1）引发群体事件的。

（2）破产、解散或被撤销的。

（3）发生重大诈骗或投资损失，可能危及金融秩序或引发系统性风险的。

（4）其他可能危及金融秩序、影响社会稳定或引发系统性风险的情况。

报告内容包括重大风险事件的简要情况、可能产生的风险、已采取和拟采取的应急措施。

4.3 公司应在重大风险事件处置完毕的20个工作日内，将事件的整体处置情况报告给所在的市人民政府、金融监管部门及基金业协会。

4.4 公司依据本制度和当地实际情况，建立重大突发风险事件应急管理机制。

公司制定重大突发风险事件应急管理预案，明确应急管理岗位及职责、应急管理措施和应急管理程序，及时、有效地处置重大突发风险事件，保护投资人和其他相关利益人合法权益，有效维护社会稳定，防止系统性风险的发生。

4.5 公司会同相关部门建立重大风险事件的协调处置机制，确保发生融资性担保机构重大风险事件时，能够及时、有效地进行处置。

4.6 对可能影响地区金融秩序和社会稳定的重大风险事件，公司会依照法律法规和政府信息公开制度的有关规定，及时、准确地公开重大风险事件的相关信息。

4.7 公司建立重大风险事件报告和应急管理的问责制度，对故意迟报、瞒报、谎报真实情况的主要负责人，给予相应处理。

5.2.5 风险管理体系的评价

公司应当对风险管理体系进行定期评价，对风险管理系统的安全性、合理性、适用性和成本与效益进行分析、检查、评估和修正，以提高风险管理的有效性，并根据检验结果、外部环境的变化和公司新业务的开展情况进行调整、补充、完善或重建。

5.3　风险分类及应对措施

基金管理公司应当重点关注市场风险、信用风险、流动性风险、操作风险、合规风险、声誉风险和子公司管控风险等各类主要风险。

5.3.1　市场风险

市场风险指因受各种因素影响而引起证券及其衍生品市场价格不利波动，使投资组合资产、公司资产面临损失的风险。市场风险管理的控制目标是严格遵循谨慎、分散风险的原则，充分考虑客户财产的安全性和流动性，实行专业化管理和控制，防范、化解市场风险。

市场风险管理的主要措施如图 5-3 所示。

①	密切关注宏观经济指标和趋势、重大经济政策动向、重大市场行动，评估宏观因素变化可能给投资带来的系统性风险，定期监测投资组合的风险控制指标，提出投资调整应对策略
②	密切关注行业的周期性、市场竞争、价格、政策环境和个股的基本面变化，构造股票投资组合，分散非系统性风险。公司应特别加强禁止投资证券的管理，对市场风险较大的股票建立内部监督、快速评估机制和定期跟踪机制
③	关注投资组合的收益质量风险，可以采用夏普（Sharp）比率、特雷诺（Treynor）比率和约翰逊（Jensen）比率等指标衡量
④	加强对场外交易（包括价格、对手、品种、交易量、其他交易条件）的监控，确保所有交易都在公司的管理范围之内
⑤	加强对重大投资的监测，对基金重仓股、单日个股交易量占该股票持仓显著比例、个股交易量占该股流通值显著比例等进行跟踪分析
⑥	可运用定量风险模型和优化技术，分析各投资组合市场风险的来源和暴露程度。可利用敏感性分析，找出影响投资组合收益的关键因素。可运用情景分析和压力测试技术，评估投资组合对于大幅和极端市场波动的承受能力

图 5-3　市场风险管理的主要措施

5.3.2　信用风险

信用风险包括债券发行人拒绝支付利息或到期时拒绝支付本息的违约风险，或由于债券发行人信用质量降低导致债券价格下跌的风险，及因交易对手违约而产生的交割风险。信用风险管理的控制目标是对交易对手、投资品种的信用风险进行有效的评估和防范，将信用风险控制于可接受范围内，并获得最高的风险调整收益。

信用风险管理的主要措施如图5-4所示。

1	建立针对债券发行人的内部信用评级制度，结合外部信用评级，对发行人信用风险进行管理
2	建立交易对手信用评级制度，根据交易对手的资质、交易记录、信用记录和交收违约记录等因素，对交易对手进行信用评级，并定期更新
3	建立严格的信用风险监控体系，对信用风险及时发现、汇报和处理。公司可对其管理的所有投资组合与同一交易对手的交易集中度进行限制和监控

图5-4　信用风险管理的主要措施

5.3.3　流动性风险

（1）流动性风险的定义

流动性风险是指因市场交易量不足，导致不能以合理价格及时进行证券交易的风险，或投资组合无法应对客户赎回要求所引起的违约风险。流动性风险管理的控制目标是通过建立适时、合理、有效的风险管理机制，将流动性风险控制在可承受的范围之内。

（2）流动性风险管理的主要措施

流动性风险管理的主要措施如图5-5所示。

1	制定流动性风险管理制度，平衡资产的流动性与盈利性，以适应投资组合日常运作的需要
2	及时对投资组合资产进行流动性分析和跟踪，包括计算各类证券的历史平均交易量、换手率和相应的变现周期，关注投资组合内的资产流动性结构、投资组合持有人结构和投资组合品种类型等因素的流动性匹配情况
3	建立流动性预警机制。当流动性风险指标达到或超出预警阈值时，应启动流动性风险预警机制，按照既定投资策略调整投资组合资产结构或剔除个别流动性差的证券，以使组合的流动性维持在安全水平
4	进行流动性压力测试，分析投资者申赎行为，测算当面临外部市场环境的重大变化或巨额赎回压力时，冲击成本对投资组合资产流动性的影响，并相应调整资产配置和投资组合

图5-5　流动性风险管理的主要措施

5.3.4 操作风险

操作风险是指由于内部程序、人员和系统不完备或失效，以及外部事件而导致直接或间接损失的风险，主要包括制度和流程风险、信息技术风险、业务持续风险、人力资源风险、新业务风险和道德风险。操作风险管理的控制目标是建立有效的内部控制机制，尽量减少人为错误、系统失灵和内部控制缺陷所产生的操作风险，保障内部风险控制体系有序、规范运行。

（1）制度和流程风险

制度和流程风险是指由于日常运作尤其是关键业务操作，缺乏制度、操作流程和授权，或制度流程设计不合理带来的风险，以及由于上述制度、操作流程和授权没有得到有效执行带来的风险，业务操作差错率超过可承受范围带来的风险。

制度和流程风险管理的主要措施如图 5-6 所示。

措施一	建立合规、适用、清晰的日常运作制度体系，包括制度、日常操作流程，尤其是关键业务操作的制约机制
措施二	制定严格的投资工作流程、授权机制、制约机制，明确投资决策委员会、投资总监和基金经理的职责权限，建立健全绩效考核机制
措施三	加强公司印章使用与保管、合同签署及保管的管理，投资部门所有交易的合同签署与印章使用都要通过后台部门并交由后台备案
措施四	加强对员工业务操作技巧的培训，加强程序的控制，以确保日常操作的差错率能在预先设定的、可以承受的范围内
措施五	建立前后台或关键岗位间的职责分工和制约机制

图 5-6 制度和流程风险管理的主要措施

（2）信息技术风险

信息技术风险是指信息技术系统不能提供正常服务，影响公司正常运行的风险；信息技术系统和关键数据的保护、备份措施不足，影响公司业务持续运行的风险；重要信息技术系统不使用监管机构或市场通行的数据交互接口，影响公司业务正常运行的风险；重要信息技术系统提供商不能在技术系统生命周期内提供持续支持和服务的风险。

信息技术风险管理的主要措施如图 5-7 所示。

措施一	信息技术系统尤其是重要信息技术系统，具有确保各种情况下业务持续运作的冗余能力，包括电力及通信系统的持续供应，系统和重要数据的本地备份、异地备份以及关键设备备份等

图 5-7

措施二	信息技术人员具有及时判断与处理各种信息技术事故、恢复系统运行的专业能力，信息技术部门应建立各种紧急情况下的信息技术应急预案，并定期演练
措施三	系统程序变更、新系统上线前应经过严格的业务测试和审批，确保系统的功能性、安全性符合公司风险管理要求
措施四	对网络、重要系统、核心数据库的安全保护、访问和登录进行严格的控制，关键业务需要双人操作或相互复核，应有确保数据安全的多种备份措施和对备份数据准确性进行验证的措施
措施五	以权限最小化和集中化为原则，严格对公司投研、交易、客户等各类核心数据进行管理，防止数据泄露
措施六	选择核心信息技术系统服务商，应将服务商在系统生命周期内的长期支持和服务能力、应急响应能力和与公司运行相关的其他系统兼容性列为重点考核内容

图5-7　信息技术风险管理的主要措施

（3）业务持续风险

业务持续风险是指由于公司危机处理机制、备份机制准备不足，导致危机发生时公司不能持续运作的风险。业务持续风险管理的主要措施如图5-8所示。

措施一	建立危机处理决策、执行及责任机构，制定各种可预期极端情况下的危机处理制度，包括危机认定、授权和责任、业务恢复顺序、事后检讨和完善等内容，并根据严重程度对危机进行分级归类和管理
措施二	建立危机预警机制，包括信息监测及反馈机制
措施三	危机处理与业务持续制度应重点保证危机情况下公司业务的持续运行
措施四	业务持续管理机制演习至少每年进行一次

图5-8　业务持续风险管理的主要措施

（4）人力资源风险

人力资源风险是指缺少符合岗位专业素质要求的员工、过高的关键人员流失率、关键岗位缺乏适用的储备人员和激励机制不当所带来的风险。人力资源风险管理的主要措施如图5-9所示。

| 措施一 | 确保关键岗位的人员具有足够的专业知识和能力，并保持持续的业务学习和培训 |

措施二	建立适当的人力资源政策，避免核心人员流失
措施三	建立关键岗位人员的储备机制
措施四	建立权责匹配、科学长效的考核和激励约束机制

图 5-9　人力资源风险管理主要措施

（5）新业务风险

新业务风险是指由于对新产品、新系统、新项目和新机构等论证不充分或资源配置不足导致的风险。新业务风险管理的主要措施如图 5-10 所示。

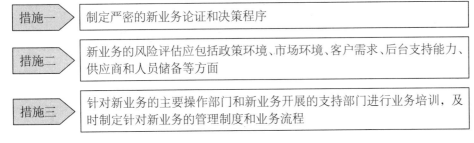

措施一	制定严密的新业务论证和决策程序
措施二	新业务的风险评估应包括政策环境、市场环境、客户需求、后台支持能力、供应商和人员储备等方面
措施三	针对新业务的主要操作部门和新业务开展的支持部门进行业务培训，及时制定针对新业务的管理制度和业务流程

图 5-10　新业务风险管理的主要措施

（6）道德风险

道德风险是指员工违背法律法规、公司制度和职业道德，通过不法手段谋取利益所带来的风险。道德风险管理的主要措施如图 5-11 所示。

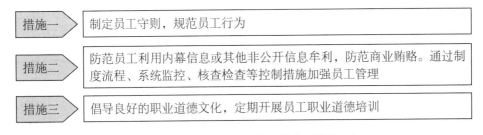

措施一	制定员工守则，规范员工行为
措施二	防范员工利用内幕信息或其他非公开信息牟利，防范商业贿赂。通过制度流程、系统监控、核查检查等控制措施加强员工管理
措施三	倡导良好的职业道德文化，定期开展员工职业道德培训

图 5-11　道德风险管理的主要措施

5.3.5　合规风险

（1）合规风险的定义

合规风险是指因公司及员工违反法律法规、基金合同和公司内部规章制度等而导致公司可能遭受法律制裁、监管处罚、重大财务损失和声誉损失的风险。合规风险的控制目标是确保公司遵守法律法规、监管规则和基金合同或独立账户投资方针的规定，审慎经营。

（2）合规风险的类别与管理措施

合规风险的类别与管理措施如表5-6所示。

表5-6　合规风险的类别与管理措施

序号	风险类别	管理措施
1	投资合规性风险	（1）建立有效的投资流程和投资授权制度 （2）通过在交易系统中设置风险参数，对投资的合规风险进行自动控制。对于无法在交易系统自动控制的投资合规限制，应通过手工监控、多人复核等措施予以控制 （3）重点监控投资组合中是否存在内幕交易、利益输送和不公平对待不同投资者等行为 （4）对交易异常行为进行定义，并通过事后评估对基金经理、交易员和其他人员的交易行为（包括交易价格、交易品种、交易对手、交易频度、交易时机等）进行监控，加强对异常交易的跟踪、监测和分析 （5）每日跟踪评估投资比例、投资范围等合规性指标执行情况，确保投资组合的合规性指标符合法律法规和基金合同的规定 （6）关注估值政策和估值方法隐含的风险，定期评估第三方估值服务机构的估值质量。对于以摊余成本法估值的资产，应特别关注影子价格及两者的偏差带来的风险。进行情景压力测试，并及时制定风险管理情景应对方案
2	销售合规性风险	（1）对宣传推介材料进行合规审核 （2）对销售协议的签订进行合规审核，对销售机构签约前进行审慎调查，严格选择合作的基金销售机构 （3）制定适当的销售政策和监督措施，防范销售人员违法违规和违反职业操守 （4）加强销售行为的规范和监督，防止延时交易，商业贿赂，误导、欺诈和不公平对待投资者等违法违规行为的发生
3	信息披露合规性风险	（1）建立信息披露风险责任制，将应披露的信息落实到各相关部门，并明确其对提供信息的真实性、准确性、完整性和及时性负全部责任 （2）信息披露前应经过必要的合规性审查
4	反洗钱合规性风险	（1）建立风险导向的反洗钱防控体系，合理配置资源 （2）制定严格有效的开户流程，规范对客户身份的认证和授权资格的认定，对有关客户的身份证明材料予以保存 （3）从严监控客户核心资料信息的修改、非交易过户和异户资金划转 （4）严格遵守资金清算制度，对现金支付进行控制和监控 （5）建立符合行业特征的客户风险识别和可疑交易分析机制

5.3.6　声誉风险

（1）声誉风险的定义

声誉风险是指因公司经营和管理、员工个人违法违规行为或外部事件导致利益相关方对公司负面评价的风险。声誉风险管理的控制目标是通过建立与自身业务性质、规模和复杂程度相适应的声誉风险管理体系，防范、化解声誉风险对公司利益的损害。

（2）声誉风险的主要管理措施

声誉风险的主要管理措施如图5-12所示。

措施一	建立有效的公司治理架构，声誉风险管理政策、制度和流程，对声誉风险事件进行有效管理
措施二	对声誉风险进行情景分析，评估重大声誉风险事件可能产生的影响和后果，根据情景分析结果制定可行的应急预案，并开展演练
措施三	对于已经识别的声誉风险，应尽可能评估声誉风险对流动性风险和信用风险的影响，并视情况采取应对措施

图5-12 声誉风险的主要管理措施

5.3.7 子公司管控风险

（1）子公司管控风险的定义

子公司管控风险是指由于子公司违法违规或存在重大经营风险，造成母公司财产、声誉等受到损失和影响的风险。子公司管控风险管理的控制目标是通过建立覆盖整体的风险管理体系和完善的风险隔离制度，防范可能出现的风险传递和利益冲突。

（2）子公司管控风险的主要管理措施

子公司管控风险的主要管理措施如图5-13所示。

措施一	根据整体发展战略、公司风险管控能力和子公司经营需求，指导子公司建立健全治理结构
措施二	与子公司之间建立有效的风险隔离制度，严格禁止利益输送行为，防范可能出现的风险传递和利益冲突
措施三	建立关联交易管理制度，规范与子公司间的关联交易行为
措施四	定期评估子公司发展方向和经营计划的执行情况
措施五	母公司管理的投资组合与子公司管理的投资组合之间，不得违反有关规定进行交易

图5-13 子公司管控风险的主要管理措施

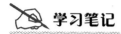 **学习笔记**

请对本章的学习做一个小结，将你认为的重点事项和不懂事项分别列出来，以便于自己进一步学习与提升。

本章重点事项
1. _____
2. _____
3. _____
4. _____
5. _____
本章不懂事项
1. _____
2. _____
3. _____
4. _____
5. _____
个人心得
1. _____
2. _____
3. _____
4. _____
5. _____

第6章

基金公司客户管理

 学习目标：

1.了解基金客户服务的原则，掌握客服组织结构和工作职责、客户服务内容、客服中心关键工作流程、客户服务规范、客户服务品质管理要领。

2.了解客户忠诚度的影响因素、损害机构客户忠诚度的要素，掌握提升机构客户忠诚度的措施。

3.了解什么是特定客户资产管理业务及基金公司开展特定客户资产管理业务的形式，掌握特定客户资产管理业务的要求及监督管理、特定客户资产管理业务的开展方式。

6.1 基金客户服务

客户服务是基金营销的重要组成部分，通过销售人员主动、及时开发市场，争取投资者的认同，建立与投资者的长期关系，奠定有广度和深度的投资者基础，才能达到拓展业务和提升市场占有率的目标。

6.1.1 基金客户服务的原则

基金客户服务的宗旨是"客户永远是第一位的"，从客户的实际需求出发，为客户提供真正有价值的服务，帮助客户更好地使用产品。这一宗旨体现了"良好的客服形象、良好的技术、良好的客户关系、良好的品牌"的核心服务理念。要求基金销售机构建立最专业的服务队伍，及时、全方位地关注客户的每一项服务需求，并通过提供广泛、全面和快捷的服务，使客户感受到无处不在的满意和贴心。

（1）客户至上原则

企业的生存离不开客户，客户的满意应是客户服务人员追求的目标。"客户至上"是每一位客户服务人员在服务过程中应遵循的原则。

（2）有效沟通原则

每一位客户服务人员都应站在客户的角度，理解客户、尊重客户，一切为客户着想，为客户提供高品质、高效率的服务。出现分歧时，更要急客户之所急，耐心、细致地与客户沟通好具体细节，不能臆测客户需求，切忌草率行事。

（3）安全第一原则

基金投资涉及投资者的身份、地位及财富等个人信息，基金销售机构应建立严格的基金份额持有人信息管理制度和保密制度，及时维护、更新基金份额持有人的信息。应对基金份额持有人的信息进行严格保密，防止投资人资料被不当运用。

（4）专业规范原则

基金的认购、申购、赎回等交易都有详细的业务规则，销售机构在提供服务时，必须遵守法规和业务规则。

6.1.2 客服组织结构和工作职责

基金公司应设立客户服务中心，下设客户服务岗，岗位职责包括：

（1）负责每日客户呼入电话的接听和网站客户服务系统的应答，并负责解答客户的咨询，受理客户的投诉建议、业务申请等。

（2）根据客户服务中心的统一安排，开展呼出业务。

（3）按照公司及客户服务中心的统一规划，做好呼叫中心各项软硬件设施的建设工作。

（4）协助其他部门进行电话联络、通知，以及专项客户问卷调查等工作。

（5）发掘潜在客户，进行交叉营销，并为销售人员提供拓展销售的机会。

> **提醒您**
>
> 　基金公司应根据业务需要对客户服务各岗位员工授予相应的业务权限，并在业务系统中设置用户，以确保各岗位业务人员在规定的授权范围内行使相应的职责。

6.1.3　客户服务内容

（1）信息查询服务

基金公司应承诺客户通过电话和互联网等方式享受信息查询服务。信息查询服务内容包括公司信息、基金信息、基金账户信息（内容）三类。任何投资者均可方便地查询公司信息、基金信息。交易客户还能够通过客户服务中心查询基金账户信息（内容）。

（2）咨询服务

基金客户服务中心建立内容丰富、功能强大的知识库，承诺客户通过电话和互联网等方式咨询与基金有关的知识。服务人员可按照多个关键词组合对知识库进行检索，按照检索的结果，选择适合的答案答复客户。

在开放式基金认购期间，基金公司应安排经验丰富的业务人员为客户提供咨询服务；同时开通专家热线，通过一般座席转接到专家座席，为客户提供专家咨询服务。

（3）传真服务

基金公司应承诺直销客户通过传真获取公司信息、基金信息、基金账户信息（内容）等资料。客户服务中心将根据客户传真信息，有针对性地、有目的地解决客户的咨询问题。

（4）信息定制服务

为更好地服务基金客服中心的注册客户，基金客户服务中心可提供信息定制服务，定制内容包括研究报告、投资理财资讯和公司宣传推广资料等。

（5）投诉处理服务

基金客户服务中心提供人工投诉、信件和电子邮件投诉等服务。

客户投诉的有关内容均应做好记录，并转给有关部门，客户服务中心负责跟踪投诉处理过程，投诉处理结果由客户服务中心答复客户。人工投诉、信函和电子邮件投诉记录应作为备注内容存档，并且每两个月报基金公司监察稽核部备案。

（6）资料寄送服务

基金客户服务中心寄送的资料包括持有人开户确认书、交易记录、投资理财资讯和公司宣传推广资料等。依据寄送时间的不同，资料寄送分定期寄送和非定期寄送两种。材料寄送采用电子邮件、信函、传真等方式。

（7）投资理财培训讲座

基金客户服务中心将利用公司的专业力量及外部专业资源，为基金投资者提供多层次、多视角的系列投资理财讲座，与投资者分享基金投资理念，剖析国内外经济形势、金融政策及其中的投资契机。

6.1.4　客服中心关键工作流程

6.1.4.1　申请客服号流程

任何客户都能够在网站或呼叫中心申请客服号，客服中心将为客户自动生成客服号和初始客服密码。客户应该在得到客服号及密码时，修改初始客服密码，以保证身份安全。

对于拥有客服号的客户，客服中心能够为其提供个性化服务，如客户信息及客户服务历史信息的主动显示、客户个性化提醒等。

（1）一般客户申请客服号

一般客户随时能够通过网站或呼叫中心申请客服号，申请当天就能够得到客服号，即成为该公司的基金注册客户。

（2）直销或代销客户申请客服号

直销或代销客户在直销或代销机构申请开户并获得确认后，客服系统将为其自动分配一个客服号，客户不需要再到客服中心申请。在 T+2 日，客户可通过电话方式，凭开户姓名、身份证件类型及证件号码查询到自己的客服号及初始客服密码。客户拿到初始客服密码后应尽快修改，以保证安全。

6.1.4.2　信息查询流程

客户在客服系统内的操作均被记录下来，客服中心将按照客户咨询、查询、投诉等信息，进行分析和数据挖掘，查找出潜在客户和重点客户。

客服中心与选择出的潜在客户和重点客户主动联系，进一步了解和核实这些客户的偏好和需求，并记录存档。

应针对潜在客户和重点客户设计不同的产品和服务模式，以适应不同客户的需求，真正实现个性化服务。

6.1.4.3　交易服务申请流程

直销客户能够申请客服交易服务。电话交易服务必须事先到基金直销营业网点或客服中心专门受理地点办理书面手续，签订客服中心服务协议书，明确客户享有客服中心的各项服务权益和义务。没有签订交易协议书的客户在呼叫中心或网站不能进行交易。

6.1.4.4　投诉、建议受理流程

客服中心接到客户投诉或建议后，按以下流程进行处理。

（1）座席人员将客户的投诉或建议电话转接到座席班长处。

（2）投诉或建议受理完毕后，由座席班长录入投诉处理结果，并且每两个月报给监察稽核部备案。

6.1.4.5　系统信息维护流程

对呼叫中心和网站有关信息的更新，包括 IVR 语音播报、传真内容、基金公司信息、基金信息、客户来信选登、网上调查表等，必须先提交公司监察稽核部审核，审核通过后，方可对外公布。

6.1.5　客户服务规范

为了提升客服形象和效率、质量，基金公司应制定相应的客户服务规范，如表 6-1 所示。

表 6-1　客户服务工作规范

序号	类别	规范细则
1	法律法规规范	（1）必须遵守国家法律法规和公司的有关规章制度 （2）客户服务中心必须通过销售网站和客户服务电话对外公布客户服务的受理时间，一经提前公告，不得随意更改 （3）客户服务人员同样应遵守销售人员行为规范，客服人员不得以不正当理由拒绝、拖延或者中止对客户的服务，不得拒绝客户的咨询，不得顶撞、刁难客户。对不能答复的问题要尽快联系相关业务部门寻求帮助，得到明确答复后，尽快给客户解答 （4）客户服务中心工作人员在回答客户的问题时，要遵循公司统一规定的标准和原则，不得擅自以规定之外的方式进行客户服务活动 （5）对于个人资料和个人交易情况的咨询，只答复给投资人本人 （6）客户服务人员必须严守客户秘密，对投资人买卖基金的任何信息以及任何机构的商业信息（如基金名称、金额、数量、持有人名字等）必须严格保密，不得泄露 （7）严禁在客户服务过程中做与本职工作无关的事情。严禁向客户泄露基金的机密信息，不得进行内幕交易 （8）客户服务人员必须公平对待所有客户，不得有任何歧视客户的行为或言语

续表

序号	类别	规范细则
2	陈述风险规范	（1）专业解答客户咨询，回答问题要以公司或基金管理人统一提供的资料为依据 （2）谨慎回答公司产品盈利预测、投资回报承诺等类型的咨询，对于投资收益、投资风险等敏感问题，不可作出承诺或保证，不得有虚假陈述、欺诈性宣传、误导投资人的行为 （3）公司有关的宣传材料、业务表格中，必须在显著位置提醒投资人注意基金投资的风险，谨慎作出决策 （4）客户服务人员有义务提请投资人在进行投资前仔细阅读基金合同、招募说明书等有关资料，充分揭示基金的投资风险，不对基金收益作出任何形式的承诺
3	举止规范	（1）对待工作认真负责，对待客户谦虚礼让，应以积极认真的工作精神、热情周到的工作态度为客户提供优质服务，并积极、准确地向投资人宣传基金知识，推介基金产品。对客户的批评和指责，要谦虚接受，积极改正 （2）在开展客户服务活动中，积极摸索做好客户服务工作的办法、思路，寻找受投资人欢迎的客户服务方式 （3）必须使用文明用语，杜绝服务禁语，态度谦和，文雅大方 （4）仪容仪表端庄、整洁，举止大方、文明，着装符合公司的统一规定 （5）客户服务人员不得拒绝投资人的咨询和询问，不得刁难客户，应遵守客户服务人员形象规定，提高纠纷处理水平，任何时候不得与客户发生冲突
4	信息披露	（1）严格遵守《证券投资基金信息披露管理办法》等相关法律法规和公司信息披露制度的规定 （2）客户服务人员未经授权，不得以公司的名义和新闻媒体进行接触或回答问题，遇有关情形应立即联系公司市场营销部
5	其他注意事项	（1）及时、详尽、耐心、细致、友好地回答客户提出的问题。对于当场不能回答的问题，应认真记录，并告知客户会尽快予以答复，同时立即向客户服务主管汇报，如客户服务主管无法解决，则立即向上级主管领导汇报，协调解决，得到明确答复后，尽快回复投资人 （2）每周与公司其他相关部门进行沟通，及时反馈客户服务信息 （3）严禁将客户服务电话用作私人用途 （4）杜绝任何有损客户利益的行为，严禁在客户服务活动中以权谋私。应遵守公司规定的财务标准，严禁私自收取佣金及各种好处费

6.1.6 客户服务品质管理

品质管理的原则为"事前预防、事中防范、事后监督"。"事前预防"主要是对新员工进行充分的岗前培训，考核通过后，方准予其上岗工作；"事中防范"主要是规范客户服务岗位人员的工作品质标准；"事后监督"主要是设定定性、定量指标，系统化地评定各岗位服务人员的品质要求和达成情况。

6.1.6.1 统一客户服务标准

基金公司为提高客户服务质量，应统一客户服务标准。

（1）当已经了解客户性别时，应称呼"先生"或"女士"。

（2）当客户没有回应或电话听不清楚时，应告知客户：您的电话不是很清楚，请问您是否可以换一个地方讲话？当客户换过地方还是听不清楚时，不能直接挂断电话，应告知客户：很抱歉，您的电话不是很清楚，建议您重新拨打一次，再见。

（3）当客户讲方言时，不能直接挂断电话，要询问客户是否可以使用普通话进行咨询。如果客户无法使用普通话交流，可指导客户登录网站的"在线客服"进行线上咨询。

（4）需要记录客户相关信息时，要复述一次进行确认。

（5）当客户投诉某位客服代表时，要先向客户道歉，并婉转地询问事情的始末，告知客户会记录下来提交给主管处理。

（6）当客户询问客服代表姓名，应告知自己的工号。如客户坚持询问，应告知公司有规定，只允许告知客户自己的工号。

（7）当遇到骚扰电话时，可回答：请问您是否有基金业务方面的问题需要咨询？如果没有，感谢您致电，再见。

（8）客户提出建议后，要以积极的态度回应客户，感谢客户提出的建议，并表示会第一时间反馈给运营中心相应的负责人。

（9）遇到情绪很激动、态度很恶劣的客户时，首先应调整好心态，尽量抚平客户的情绪，待客户的情绪得到缓和后，再婉转地询问客户的具体情况。应尽快为客户处理，如不能处理，应第一时间报告给主管。

（10）在客户描述自己遇到的问题时，应不时地进行回应，使客户确认客服人员在倾听自己的投诉。

（11）当客户通过"在线客服"发送不礼貌的文字时，客服人员首先进行提醒：请您使用文明用语，否则会被系统自动屏蔽。若客户不予理会，"在线客服"可将客户屏蔽掉；当客户通过电话传达不礼貌的言语时，客服人员首先进行提醒：请您使用文明用语。提醒 2 次，如客户不予理会，可直接挂断电话。

（12）严禁与客户发生性质恶劣的争执，严禁辱骂或者以轻蔑的态度对待客户。因客服人员自身态度问题导致的投诉，按照"投诉处理制度"执行。

（13）客服人员必须严守客户秘密，对注册用户买卖基金的任何信息（如基金名称、金额、数量、持有人姓名等）必须严格保密，不得泄露。

（14）严禁在接听客户咨询电话时对客户发表评论性看法，包括大势分析、个股行情、基金评论等。

6.1.6.2 明确质量核查内容和风险点

基金公司应明确核查内容和风险点，如表6-2所示。

表6-2 质量核查内容和风险点

序号	服务项目	核查要点
1	热线服务	（1）咨询、查询类来电，应核查对问题的解答是否正确、合规，记录是否完整、翔实 （2）需回复的来电，应核查是否按要求在24小时内进行了回复 （3）诸如申购、赎回等重要来电，应核查是否进行了详细记录和归类，是否由组长或主管通报了相关销售人员 （4）投诉类来电，应核查记录是否完整，是否按照投诉等级和流程在规定时间内进行了处理。发现有过时或错误的信息内容时，应及时修正
2	项目呼出服务	（1）核查是否在呼出前对原始数据进行了分析、整理 （2）核查呼出内容是否与事先设定的目标内容一致 （3）核查是否对每日呼出结果进行了汇总和统计，呼出过程中出现的问题是否及时进行了调整和解决 （4）呼出结束后是否将整个更新后的数据进行了整理，并传递给其他相关岗位共享
3	客户回复	（1）核查每日是否对客户来信（含电子邮件）、网上留言等内容进行了回复 （2）核查是否对回复内容进行了妥善保存和归类
4	邮寄服务	（1）定期邮寄：核查是否在规定的日期内寄出，退信率是否在预先设定的范围内 （2）日常邮寄：核查是否在规定时间内处理并寄出，邮寄数据是否进行了保存
5	文件归档	（1）是否按工作手册要求将每日工作文件归档 （2）书面归档是否与系统登记的电子归档一致，有没有遗漏

6.1.6.3 品质管理的核查方法

（1）核查方式为抽查方式，每月应至少对核查内容抽查2次。

（2）对于不合格内容或存在风险隐患的内容，应找出问题所在，并协助相关负责人进行改进。

（3）应于核查结束后对抽查数据进行统计和分析，并做好事后总结工作；在一周内完成质量控制报告，提交主管并反馈给被核查人。

6.2 机构客户忠诚度提升

忠诚的客户可以为企业带来巨大的收益，但客户的数量却是有限的，即客户资源具有有限性，因此，基金公司若试图在激烈的竞争中保持优势地位，就必须拥有一批忠诚客户。基金营销过程中，机构客户购买量大、决策时间长、对营销服务依赖性强等特点决定了机构客户忠诚度对基金公司营销成功与否起关键作用，因此，提高机构客户忠诚度成为基金营销的重要目标之一。

6.2.1　客户忠诚度的影响因素

客户忠诚度受企业自身营销策略、员工忠诚度、产品创新程度等多个方面的影响。每一次交易行为，都包含三个方面——企业、客户和环境，但就客户忠诚度而言，环境的影响甚微。因此，对忠诚关系影响最为深远的主要是企业和客户。企业是一个由内部员工组成的组织，员工在产品和服务的生产、传递过程中发挥了巨大的作用，因而应该将内部员工从企业中独立出来，从企业、客户及员工三个维度构建客户忠诚概念模型，如图 6-1 所示。

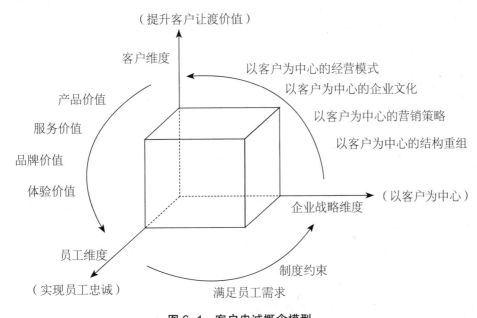

图 6-1　客户忠诚概念模型

6.2.2　损害机构客户忠诚度的要素

（1）基金产品费率不合理且具有随意性

基金产品的费率问题是影响基金营销的一个重要因素，目前国内基金公司确定费率时采取市场手段和行政手段相结合的方式，国家监管机构对有关的费率设置了一个区间，基金公司可以根据市场情况在区间内对费率进行灵活调整。在费用支付方式上，前端收费和后端收费并行。在购买费率上，根据不同的机构客户划分了不同的费率档次。在赎回费率上，根据机构客户持有时间的长短确定了不同的赎回费率。基金产品的费率结构呈现多层次趋势，但仍然存在一些问题：基金产品费率定高了，无法吸引足够多的机构投资者，基金公司规模不上去；基金产品费率定低了，致使基金公司盈利下滑，不利于基金公司吸引足够的优秀人才，最终会影响整个证券基金业的长期可持续发展。

（2）重基金产品宣传，轻机构客户价值

目前大多数基金公司的营销策略只聚焦在基金产品的宣传上，没有整体的营销解决方案。营销人员常常只关心产品本身，在推介过程中一味强调基金产品条款和风格的优势，却没有考虑机构客户的需求到底是什么，是什么因素在影响机构客户的忠诚度。因此，虽然在推介活动中耗费了巨大的人力、物力、财力和时间，结果却对机构客户的感召力非常差。

（3）重售前推介，轻持续营销

机构客户购买的基金份额一般都比较多，少则几千万，多则上亿，因此对机构客户来说，风险较大。当机构客户购买一只基金产品后，会主动与基金公司保持紧密的沟通和联系，以共同努力完成投资收益目标。目前很多基金营销人员不懂得去用心经营机构客户，将基金产品推介出去，就认为营销过程彻底结束了；一旦基金营销人员购买行为完成，便立即疏远机构客户，这会对基金公司产生严重的负面效应。首先，基金公司会丧失机构客户的忠诚度，包括对基金产品本身、对基金公司形象、对基金营销人员的忠诚。其次，受到冷落的机构客户会将消息扩散，长此以往，基金产品会在市场上彻底失信于机构客户，口碑也将越来越差。

（4）基金营销人员素质参差不齐

一些基金营销人员受经验和能力的限制，对基金产品的条款和投资风格没有很好地理解，在推介过程中欺骗机构客户，提高机构客户的收益率预期。当机构客户感觉到被骗了以后，便很难再信任该基金营销人员，由此会造成机构客户对基金公司的不忠诚。

6.2.3 提升机构客户忠诚度的措施

（1）为机构客户提供高品质、多特色的基金产品和服务

相对来说，基金产品易于被模仿、复制，其他基金公司可提供同质化的基金产品和服务，这使得机构客户发生转换行为的可能性很大。鉴于此，基金公司应深入、细致地分析机构客户需求的差异性，针对不同的机构客户，提供高品质的差别化或特色产品，这是产品生命力和竞争力的体现，也是增加机构客户学习或搜寻成本从而形成高退出壁垒的有力举措。差别化或特色的基金产品往往是同业其他基金公司难以模仿、复制的，除了可以在某一特定基金公司购买和享受服务外，机构客户很难在其他基金公司那里购买和享受到，这样不仅使机构客户在行为上重复购买和享受该基金公司的服务，而且

在心理上也会促使机构客户权衡转换基金公司所面临的不确定风险，进而产生某种依赖性。

（2）建立机构客户数据库

对任何一个准备加强机构客户忠诚管理的基金公司来说，掌握每一位机构客户的详细资料相当关键。没有理想的机构客户资料，就不可能长期保持现有客户。

提高机构客户的忠诚度，意味着基金公司必须对机构客户资料有深入的了解与调查，建立客户数据库，并有效运用数据库所储存的机构客户资料，对机构客户进行科学化、系统化的管理，形成一个有机的数据库。

（3）超越机构客户的期望，提高机构客户的满意度

机构客户的期望是指机构客户希望基金公司提供的产品和服务能满足其需要。基金公司应关心机构客户需要的产品和服务，超越机构客户预期的要求，使之得到意想不到甚至感到惊喜的服务和好处，获得更高层次的满足，对基金公司产生一种情感上的满意，从而发展成稳定的忠诚客户群。超越机构客户期望的方法多种多样，基金营销人员可在调查、分析重要机构客户潜在需求和购买动机的基础上，根据自身条件和能力，采用适当方法，如延伸服务、附加服务、增值服务等，为机构客户提供更多方便。需要强调的是，不同类型的机构客户对同一产品或服务有着不同的期望及要求，因此，对基金公司而言，一定要细分机构客户的类别，根据各类机构客户为基金公司所能带来的回报，提供相应的产品或增值服务。机构客户的期望随着时间的推移会不断提高，基金公司要想超越机构客户不断提高的期望，就需要不断了解、分析及研究机构客户期望的动态变化，不断创新与开拓，提供更富有个性化、差别化的特色产品与服务，才能有效维系现有机构客户，提高机构客户的忠诚度。

（4）加强基金公司内部员工忠诚度的培养

机构客户了解、认同基金公司的过程其实是一个在投资中寻求尊重的过程，而基金公司内部员工在经营中的参与程度和积极性，很大程度上影响着机构客户的忠诚度。机构客户忠诚与基金公司员工忠诚其实是基金公司忠诚管理活动中相辅相成的两个环节。一个员工流失率很高的基金公司很难拥有忠实的机构客户。

因此，基金公司招聘和培养高素质员工并完成对基金公司忠诚的转变就变得十分重要。然而，内部员工忠诚度的培养是一个相当复杂的过程，既要从工作制度、奖惩制度等制度范畴上去约束，又要通过塑造合适的企业文化及氛围来培养员工的忠诚，以提高基金公司的内部服务质量。

（5）正确对待机构客户的投诉与抱怨

要想与机构客户建立长期的相互信任的伙伴关系，就必须善于处理机构客户的投诉与抱怨。机构客户的投诉与抱怨实际上代表了部分客户的意见，为基金公司提供了难得

的改进机会。有远见的基金公司应尽力鼓励机构客户提出更多的投诉与抱怨，然后再设法解决其遇到的问题。调查结果显示，一个最好的客户往往是受到过最大挫折的客户，投诉得到满意解决的客户往往比从没有不满意的客户更容易成为基金公司最忠诚的机构客户。美国运通公司副总裁玛利安·雷斯缪森提出了这样一个公式：更好的投诉处理 = 更高的客户满意度 = 更高的品牌忠诚度 = 更好的业绩。

在对机构客户的投诉与抱怨作出补偿时，必须设身处地为机构客户着想。对机构客户的价值进行评判时，要依据其终身价值，尽量做到公平。在必要的补偿之后，基金公司还要采取一定的跟进措施，了解机构客户的最终想法，比如，通过电话、微信、QQ或者 E-mail 的方式告知机构客户问题的解决方案。最好的方式是投研人员或基金营销人员直接上门与机构客户交流，这样不仅能提高机构客户的忠诚度，而且还有助于提升基金公司的整体形象。

（6）重视营销服务的补救

营销服务补救是指基金营销人员在出现服务失误时，作出的一种即时性和主动性的反应。其目的是通过这种反应，将服务失误对机构客户忠诚度带来的负面影响减少到最低限度。需要指出的是，服务补救具有即时性与主动性特征，与客户投诉管理不同，服务补救要求基金营销人员去发现服务失误并及时采取措施解决失误，这种前瞻性的管理模式，能恰当、及时和准确地减少机构客户的不满情绪，并部分恢复机构客户的满意度和忠诚度，甚至可能大幅提升机构客户的满意度和忠诚度。

但需要注意的是，营销服务的补救并不总是有效的。若机构客户持有很大比例的基金公司产品，而且价值很大，服务补救则只能起到缓解机构客户不满情绪的作用，对机构客户忠诚度的提高不会具有实质性意义。

（7）提高机构客户的转换成本，实现机构客户的长期锁定

转换成本是使机构客户产生重复购买行为的重要原因，也可以说是基金公司赢得机构客户忠诚度的重要因素，这是一个不断投入与逐步积累的过程，会随着时间的推移而发生改变。因此，基金公司可以适当利用转换成本，使机构客户不得不锁定。累积机构客户的转换成本是基金公司实现机构客户锁定的重要策略，具体措施如下。

① 引导机构客户提高时间与精力的付出。

② 提高机构客户的心理成本。

③ 持续、系统地关注机构客户的需求变化，提高机构客户的感知价值。

④ 运用丰富的营销激励措施，促进机构客户的重复购买行为等。

（8）加强退出管理，减少机构客户的流失率

退出的意思是机构客户停止购买或大额赎回基金公司的产品，终止与基金公司的业务关系。此时正确的做法是，及时做好机构客户的退出管理工作，认真分析机构客户的退出原因，总结经验教训，并利用这些信息改进基金公司产品和服务的质量，最终与退

出的机构客户重新建立起正常的业务关系。分析机构客户的退出原因，是一项非常复杂的工作。机构客户退出可能是单一因素引起的，也可能是多种因素交错影响的结果。此外，在对流失的机构客户进行调查时，往往会被一些表面现象所误导。基金公司应认真分析机构客户退出的原因，采取针对性措施，加强退出管理，及时补救，从而最大限度地减少机构客户的流失率。

6.3 特定客户资产管理业务

6.3.1 什么是特定客户资产管理业务

基金公司特定客户资产管理业务简称专户理财，是指基金管理公司向特定客户募集资金或者接受特定客户财产委托并担任资产管理人，由商业银行担任资产托管人，为了资产委托人的利益，运用委托财产进行的证券投资活动。

中国证券监督管理委员会（简称"中国证监会"）对特定资产管理业务实施监督管理。

6.3.2 基金公司开展特定客户资产管理业务的形式

目前，基金管理公司可以采取以下两种形式开展特定客户资产管理业务。

（1）为单一客户办理特定资产管理业务。

（2）为特定的多个客户办理特定资产管理业务。

提醒您

符合下列条件的基金管理公司经中国证监会批准，可以开展特定资产管理业务。

（1）经营行为规范且最近1年内没有因违法违规行为受到行政处罚或被监管机构责令整改，没有因违法违规行为正在被监管机构调查。

（2）已经配备了适当的专业人员从事特定资产管理业务。

（3）已经就防范利益输送、违规承诺收益或者承担损失、不正当竞争等行为制定了有效的业务规则和措施。

（4）已经建立了公平交易管理制度，明确了公平交易的原则、内容及实现公平交易的具体措施。

（5）已经建立了有效的投资监控制度和报告制度，能够及时发现异常交易行为。

（6）中国证监会根据审慎监管原则确定的其他条件。

基金管理公司开展特定资产管理业务，应当设立专门的业务部门或者设立专门的子公司。基金管理公司的子公司开展特定资产管理业务，也应当符合前款规定的条件。

6.3.3 特定客户资产管理业务的要求

《基金管理公司特定客户资产管理业务试点办法》（2012 年 11 月 1 日起施行）第十一条至第三十六条对基金公司特定客户资产管理业务的要求进行了规范，现摘录如下。

> 第十一条 为单一客户办理特定资产管理业务的，客户委托的初始资产不得低于 3000 万元人民币，中国证监会另有规定的除外。
>
> 第十二条 为多个客户办理特定资产管理业务的，资产管理人应当向符合条件的特定客户销售资产管理计划。
>
> 前款所称符合条件的特定客户，是指委托投资单个资产管理计划初始金额不低于 100 万元人民币，且能够识别、判断和承担相应投资风险的自然人、法人、依法成立的组织或中国证监会认可的其他特定客户。
>
> 第十三条 资产管理人为多个客户办理特定资产管理业务的，单个资产管理计划的委托人不得超过 200 人，但单笔委托金额在 300 万元人民币以上的投资者数量不受限制；客户委托的初始资产合计不得低于 3000 万元人民币，但不得超过 50 亿元人民币；中国证监会另有规定的除外。
>
> 资产管理计划应当设定为均等份额。除资产管理合同另有约定外，每份计划份额具有同等的合法权益。
>
> 第十四条 资产管理人从事特定资产管理业务，应当将委托财产交托管机构进行托管。
>
> 第十五条 从事特定资产管理业务，资产委托人、资产管理人、资产托管人应当订立书面的资产管理合同，明确约定各自的权利、义务和相关事宜。
>
> 资产管理合同的内容与格式由中国证监会另行规定。
>
> 第十六条 资产管理人向特定多个客户销售资产管理计划，应当编制投资说明书。投资说明书应当真实、准确、完整，不得有任何虚假记载、误导性陈述或者重大遗漏。
>
> 投资说明书应当包括以下内容。
>
> （一）资产管理计划概况。
>
> （二）资产管理合同的主要内容。
>
> （三）资产管理人与资产托管人概况。
>
> （四）投资风险揭示。
>
> （五）初始销售期间。
>
> （六）中国证监会规定的其他事项。
>
> 第十七条 为多个客户办理特定资产管理业务的，资产管理人在签订资产管理合同前，应当保证有充足时间供资产委托人审阅合同内容，并对资产委托人资金能力、

金融投资经验和投资目的进行充分了解，制作客户资料表和相关证明材料留存备查，并应指派专人就资产管理计划向资产委托人作出详细说明。

第十八条　资产管理人、资产托管人应当在资产管理合同中充分揭示管理、运用委托财产进行投资可能面临的风险，使资产委托人充分理解相关权利及义务，愿意承担相应的投资风险。

第十九条　资产管理人可以自行销售资产管理计划，或者通过有基金销售资格的机构销售资产管理计划。

第二十条　为多个客户办理特定资产管理业务的，资产管理人应当在投资说明书约定的期限内销售资产管理计划。初始销售期限届满，满足本办法第十三条规定的条件的，资产管理人应当自初始销售期限届满之日起 10 日内聘请法定验资机构验资，并自收到验资报告之日起 10 日内，向中国证监会提交验资报告及客户资料表，办理相关备案手续。

第二十一条　为多个客户办理特定资产管理业务的，资产管理人、销售机构应当在具备基金销售业务资格的商业银行或者从事客户交易结算资金存管的指定商业银行，或者中国证券登记结算有限责任公司开立资产管理计划销售结算专用账户。

资产管理人应当将资产管理计划初始销售期间客户的资金存入专门账户，在资产管理计划初始销售行为结束前，任何机构和个人不得动用。

第二十二条　资产管理计划初始销售期限届满，不能满足本办法第十三条规定的条件的，资产管理人应当承担下列责任。

（一）以其固有财产承担因初始销售行为而产生的债务和费用。

（二）在初始销售期限届满后 30 日内返还客户已缴纳的款项，并加计银行同期活期存款利息。

第二十三条　资产管理合同应当明确委托财产的投资目标、投资范围、投资比例和投资策略，采取有效措施对投资风险进行管理。

委托财产的投资组合应当满足法律法规和中国证监会的有关规定；参与股票发行申购时，单个投资组合所申报的金额不得超过该投资组合的总资产，单个投资组合所申报的股票数量不得超过拟发行股票公司本次发行股票的总量。

第二十四条　因证券市场波动、上市公司合并、资产管理计划规模变动等资产管理人之外的因素致使委托财产投资不符合资产管理合同约定的投资比例的，资产管理人应当按照资产管理合同的约定进行及时调整。

第二十五条　资产管理合同存续期间，资产管理人可以根据合同的约定，办理特定客户参与和退出资产管理计划的手续，由此发生的合理费用可以由资产委托人承担。

资产管理计划每季度至多开放一次计划份额的参与和退出，为单一客户设立的资产管理计划、为多个客户设立的现金管理类资产管理计划及中国证监会认可的其他资产管理计划除外。

资产委托人可以通过交易所交易平台向符合条件的特定客户转让其持有的资产管理计划份额。

第二十六条　资产管理计划份额的登记，由资产管理人负责办理；资产管理人可以委托其他机构代为办理。

第二十七条　从事特定资产管理业务，资产管理人、资产托管人和资产委托人应当依照法律法规和中国证监会的规定，履行与特定资产管理业务有关的信息报告与信息披露义务。

第二十八条　资产管理人应当根据资产管理计划的特点在资产管理合同中约定相应的管理费率和托管费率。

资产管理人在设定管理费率、托管费率时，不得以排挤竞争对手为目的，压低资产管理计划的管理费率水平和托管费率水平，扰乱市场秩序。

资产管理人可以与资产委托人约定，根据委托财产的管理情况提取适当的业绩报酬。固定管理费用和业绩报酬可以并行收取。

第二十九条　资产委托人在订立资产管理合同之前，应当充分向资产管理人告知其投资目的、投资偏好、投资限制和风险承受能力等基本情况，并就资金和证券资产来源的合法性作出特别说明和书面承诺。

资产委托人从事资产委托，应当主动了解所投资品种的风险收益特征，并符合其业务决策程序的要求。

第三十条　资产委托人应当遵守法律法规及本办法的有关规定，审慎、认真地签署资产管理合同，并忠实履行资产管理合同约定的各项义务。在财产委托期间，不得有下列行为。

（一）隐瞒真相、提供虚假资料。

（二）委托来源不当的资产从事洗钱活动。

（三）向资产管理人提供或索要商业贿赂。

（四）要求资产管理人违规承诺收益。

（五）要求资产管理人减免或返还管理费。

（六）要求资产管理人利用所管理的其他资产为资产委托人谋取不当利益。

（七）要求资产管理人在证券承销、证券投资等业务活动中为其提供配合。

（八）违反资产管理合同干涉资产管理人的投资行为。

（九）从事任何有损资产管理人管理的其他资产、资产托管人托管的其他资产合法权益的活动；

（十）法律法规和中国证监会禁止的其他行为。

第三十一条 资产管理人应当了解客户的风险偏好、风险认知能力和承受能力，评估客户的财务状况，向客户说明有关法律法规和相关投资工具的运作市场及方式，充分揭示相关风险。

第三十二条 资产管理人和资产托管人应当按照中国证监会的相关规定，为委托财产开立专门用于投资管理的证券账户、期货账户和资金账户等相关账户，以办理相关业务的登记、结算事宜。

资产管理人应当公平地对待所管理的不同资产，建立有效的异常交易日常监控制度，对不同投资组合之间发生的同向交易和反向交易（包括交易时间、交易价格、交易数量、交易理由等）进行监控，并定期向中国证监会报告。

严格禁止同一投资组合在同一交易日内进行反向交易及其他可能导致不公平交易和利益输送的交易行为。

第三十三条 资产管理人应当主动避免可能的利益冲突，对于资产管理合同、交易行为中存在的或可能存在利益冲突的关联交易应当进行说明，并向中国证监会报告。

第三十四条 基金管理公司办理特定资产管理业务的投资经理与证券投资基金的基金经理不得相互兼任。

办理特定资产管理业务的投资经理应当报中国证监会备案。

第三十五条 资产管理人从事特定资产管理业务，不得有以下行为。

（一）利用所管理的其他资产为特定的资产委托人谋取不正当利益、进行利益输送。

（二）利用所管理的特定客户资产为该委托人之外的任何第三方谋取不正当利益、进行利益输送。

（三）采用任何方式向资产委托人返还管理费。

（四）违规向客户承诺收益或承担损失。

（五）将其固有财产或者他人财产混同于委托财产从事投资活动。

（六）违反资产管理合同的约定，超越权限管理、从事投资活动。

（七）通过报刊、电视、广播、互联网站（资产管理人、销售机构网站除外）和其他公共媒体公开推介具体的特定资产管理业务方案和资产管理计划。

（八）索取或收受特定资产管理业务报酬之外的不当利益。

（九）从事内幕交易、操纵证券交易价格及其他不正当的证券交易活动。

（十）法律法规和中国证监会禁止的其他行为。

第三十六条 资产托管人发现资产管理人的投资指令违反法律、行政法规和其他有关规定，或者违反资产管理合同约定的，应当拒绝执行，立即通知资产管理人和资产委托人并及时报告中国证监会。

资产托管人发现资产管理人依据交易程序已经生效的投资指令违反法律、行政法规和其他有关规定，或者违反资产管理合同约定的，应当立即通知资产管理人和资产委托人并及时报告中国证监会。

6.3.4　特定客户资产管理业务的监督管理

关于特定客户资产管理业务的监督管理，《基金管理公司特定客户资产管理业务试点办法》第三十七条至第四十四条进行了规定，现摘录如下。

第三十七条　为单一客户办理特定资产管理业务的，资产管理人应当在5个工作日内将签订的资产管理合同报中国证监会备案。对资产管理合同任何形式的变更、补充，资产管理人应当在变更或补充发生之日起5个工作日内报中国证监会备案。

第三十八条　为多个客户办理特定资产管理业务的，资产管理人应当在开始销售某一资产管理计划后5个工作日内将资产管理合同、投资说明书、销售计划及中国证监会要求的其他材料报中国证监会备案。

第三十九条　资产管理人应当按照资产管理合同的约定，编制并向资产委托人报送委托财产的投资报告，对报告期内委托财产的投资运作等情况作出说明。该报告应当由资产托管人进行复核并出具书面意见。

第四十条　资产管理人、资产托管人应当保证资产委托人能够按照资产管理合同约定的时间和方式查询委托财产的投资运作、托管等情况。发生资产管理合同约定的可能影响客户利益的重大事项时，资产管理人应当及时告知资产委托人。

第四十一条　基金管理公司应当分析所管理的证券投资基金和委托财产投资组合的业绩表现。在一个委托投资期间内，若投资目标和投资策略类似的证券投资基金和委托财产投资组合之间的业绩表现有明显差距，应当出具书面分析报告，由投资经理、督察长、总经理分别签署后报中国证监会备案。

第四十二条　基金管理公司应当在每季度结束之日起的15个工作日内，编制特定资产管理业务季度报告，并报中国证监会备案。特定资产管理业务季度报告应当就公平交易制度执行情况和特定资产管理业务与证券投资基金之间的业绩比较、异常交易行为作出专项说明，并由投资经理、督察长、总经理分别签署。

资产管理人、资产托管人应当在每年结束之日起3个月内，编制特定资产管理业务管理年度报告和托管年度报告，并报中国证监会备案。

第四十三条　资产管理人、资产托管人应当按照法律、行政法规以及中国证监会的有关规定，保存特定资产管理业务的全部会计资料，并妥善保存有关的合同、协议、交易记录等文件和资料。

　　第四十四条　证券、期货交易所应当对同一基金管理公司管理的证券投资基金与委托财产投资组合之间发生的异常交易行为进行严格监控，并及时向中国证监会报告。

6.3.5　特定客户资产管理业务的开展

6.3.5.1　特定客户资产管理业务模式

专户运作模式与基金类似，包括客户、管理人和托管人三方，如图6-2所示。

（1）基金公司向特定客户募集资金或接受特定客户财产委托，为资产委托人进行投资管理。

（2）商业银行担任资产托管人，负责保管资金，进行清算交收，并监督基金公司的投资运作。

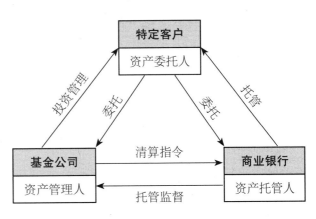

图 6-2　特定客户资产管理业务模式

6.3.5.2　特定客户资产管理业务的优势

特定客户资产管理业务的优势如图6-3所示。

量身定做投资方案		（1）为客户提供满足投资需求、适合风险收益特征的投资方案 （2）根据市场形势和委托人资产情况变化，灵活调整投资组合
专享专业投资服务		（1）为客户配备专门的投资经理、产品经理及客户经理 （2）在公司统一平台支持下，提供更细致、更贴身的专业服务
规模适中稳定，资产配置灵活		（1）客户委托规模适中，且比较稳定，资产配置灵活 （2）投资经理操作灵活度更高
适度集中投资，提高收益潜力		（1）专户组合投资限制相对较少，看准机会时可以适度集中投资 （2）专户组合投资范围未来可超越公募基金，创新空间更大

图 6-3

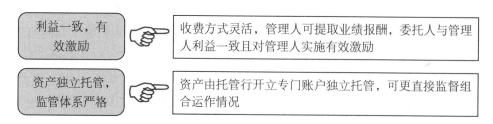

图 6-3　特定客户资产管理业务的优势

6.3.5.3　特定客户资产管理业务的开展

基金公司开展特定客户资产管理业务，必须在以下方面进行充分准备。

（1）组织架构。

（2）风险控制。

（3）市场营销。

（4）客户服务。

（5）产品设计。

（6）会计核算等后台建设。

【实例1】▶▶▶

某基金公司特定客户资产管理业务架构与模式

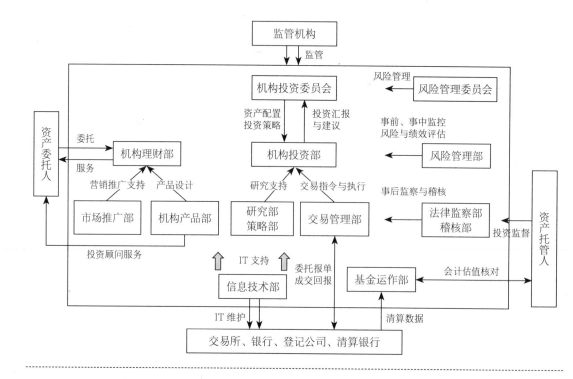

【实例2】

某基金公司特定客户资产管理业务流程图

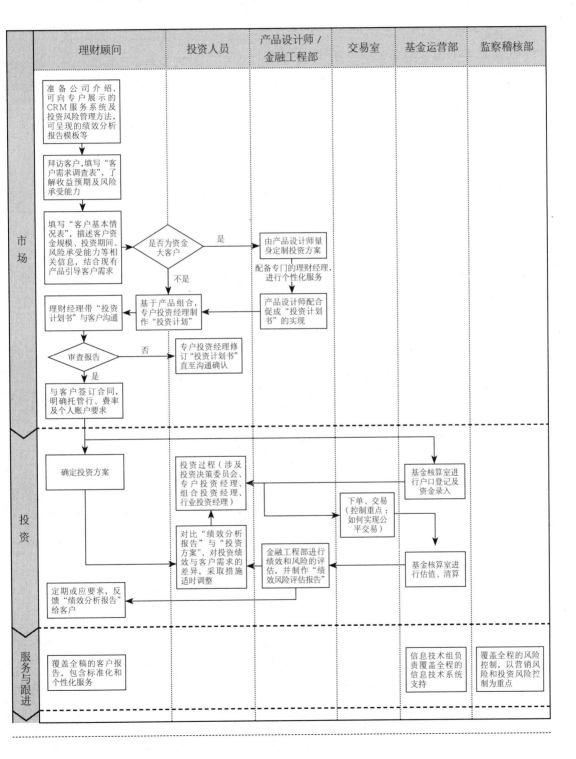

【实例3】▶▶▶ ··

某基金公司特定客户资产管理业务管理制度

1. 目的

为规范 ×× 基金管理有限公司（以下简称"公司"）特定客户资产管理业务，促进各项工作科学、高效、安全、有序开展，明确特定客户资产管理业务的工作程序及相关岗位职责，特制定本制度。

2. 适用范围

本制度适用于公司开展特定客户资产管理业务的全过程。

3. 管理规定

3.1 总要求

3.1.1 公司开展特定客户资产管理业务，本着公平、诚信、规范的原则，坚持客户利益至上，严格按照有关规章和资产管理合同的约定进行投资管理，以公司客观化投资平台为依托，为客户谋求长期、稳定的绝对收益，并通过模式化营销体系为客户提供全方位的感动式服务。

3.1.2 公司开展特定客户资产管理业务，严格禁止各种形式的利益输送，应恪尽职守、诚实信用、谨慎勤勉，公平对待所有投资人。

3.1.3 公司应主动避免可能的利益冲突，对于资产管理合同、交易行为中存在或可能存在利益冲突的关联交易，应当进行说明，并向中国证监会报告。

3.1.4 公司与特定客户资产管理业务相关的所有部门和员工，在业务开展过程中，应严格遵守《基金法》及《基金管理公司特定客户资产管理业务试点办法》等有关法律法规及公司"特定资产客户业务专职人员行为规范"等各项规章制度的要求。

3.2 业务推广与营销体系

3.2.1 公司特定资产管理业务的推广及营销，指公司通过各种业务推广及营销活动，向潜在特定客户宣导公司文化及投资理念，全面了解潜在特定客户需求，为其量身定制产品和投资方案，使其成为公司客户，并为其提供各类定制化与个性化服务以及投资收益情况反馈的全过程。

3.2.2 业务推广及营销工作人员在与客户接触过程中，应坚持以下原则。

（1）诚实守信原则。特定客户资产管理业务推广及营销工作应客观、真实和准确，避免过度宣传和引导。

（2）互动沟通原则。公司应充分了解特定客户的基本情况和投资需求等重要信息，主动听取其意见与建议，与特定客户之间实现无障碍双向沟通。

（3）及时准确原则。公司应保证客户信息、公司信息等各种信息的收集及传递及时、准确。

（4）全流程服务原则。公司应为客户提供全流程的标准化及个性化服务。

3.2.3 各营销中心负责开展辖区内特定客户的前期营销和挖掘工作。区域经理与潜在特客户进行经常性的沟通交流，并安排有投资意向的客户与公司理财顾问会面、沟通相关事宜。

3.2.4 理财顾问在与特定客户进行沟通交流的过程中，应充分了解其投资目的、投资偏好、投资限制和风险承受能力等基本情况，协助客户填写相关调查表格，并将客户信息及时反馈给专户投资经理；负责与客户签订资产管理合同，并保持日常的信息沟通与交流。

3.2.5 产品设计师应根据公司产品线需要和市场需求，不断设计各类标准产品组合，作为公司向特定客户提供个性化产品的基本元素；配合专户投资经理根据客户需求进行特定客户产品的量身定制。

3.2.6 专户投资经理负责根据特定客户的具体需求及风险收益预期，利用公司各类标准产品组合，通过不同的配置为客户量身定制"投资计划书"。

3.2.7 客户服务中心负责对特定客户提供标准化的服务，包括全国统一客服电话、手机短信、电子邮件、对账单、资料邮寄、传真和资讯服务等。

3.2.8 电子商务小组负责维护公司网站信息，并为特定客户提供安全、便捷的网上专用通道，用于客户账户信息和投资收益查询等自助服务。

3.2.9 公司在向特定客户进行业务推广的过程中，应当充分了解客户的风险偏好、风险认知能力和承受能力，评估客户的财务状况；确认资金来源的合法性，并与客户就资金和证券资产来源的合法性签订特别说明和书面承诺；向客户说明有关法律法规和相关投资工具的运作市场及方式，充分揭示相关风险。

3.2.10 公司与客户签订资产管理合同后，应按照中国证监会有关规定，为委托财产开设专门用于证券买卖的证券账户和资金账户，以便办理相关业务的登记、结算事宜，确保委托财产独立于资产管理人和资产托管人的固有财产，并独立于资产管理人管理的和资产托管人托管的其他财产。

3.2.11 公司应在5个工作日内将签订的资产管理合同报中国证监会备案。对资产管理合同任何形式的变更、补充，公司应在变更或补充发生之日起5个工作日内报中国证监会备案。

3.2.12 公司应按照资产管理合同的约定，编制并向资产委托人报送委托财产的投资报告，对报告期内委托财产的投资运作等情况作出说明。该报告应当由资产托管人进行复核并出具书面意见。

3.2.13 公司应保证资产委托人能够按照资产管理合同约定的时间和方式查询委托财产的投资运作情况。发生资产管理合同约定的、可能影响客户利益的重大事项时，应当及时告知资产委托人。

3.2.14 特定客户资产管理业务的推广与营销具体工作按照公司"特定客户关系管理制度""特定客户资产管理业务记录与档案管理制度"以及公司营销管理相关制度执行。

3.3 投资管理系统

3.3.1 特定客户资产投资管理系统是公司针对特定客户资产管理业务，建立的包括投资、研究、交易、风险管理和业绩评估在内的业务体系。

3.3.2 公司在对特定客户资产进行投资管理的过程中，应坚持以下基本原则。

（1）一致性原则。特定客户资产的运作应与委托合同中的规定和要求一致。

（2）公平交易原则。保证所有公募基金和特定客户资产在研究、投资、交易的过程中得到公平对待，防范利益输送行为。

（3）明确授权原则。投资管理应建立系统的投资管理流程，并明确授权，投资人员应在授权范围内工作，并承担相应的责任。

（4）动态管理原则。特定客户资产投资管理工作应与法律法规、监管要求保持一致，并根据外部环境和公司策略方针及时调整。

3.3.3 投资决策委员会是公司负责各类资产投资的最高决策机构，其在特定客户资产管理业务中履行以下职责。

（1）决定特定客户资产管理的投资策略。

（2）确定特定客户资产的组合配置基准及各组合中的行业配置基准。

（3）检查投资决策程序和风险管理机制，并依据实际需要对其进行必要的调整。

（4）特定客户资产管理重大投资的批准和授权。

（5）法律、公司制度和特定客户资产管理合同中赋予的其他职责。

3.3.4 特定客户资产管理部总监负责主持与特定客户资产管理相关的投资工作，领导相关人员有效执行投资决策委员会的决议，保证特定客户资产投资管理行为符合法律法规和资产管理合同的规定。

3.3.5 专户投资经理负责按照资产管理合同、"投资计划书"及投资决策委员会相关决议，将特定客户资产账户的资金量分配到各产品组合。专户投资经理应跟踪各产品组合的整体投资收益与投资计划的偏离情况，及时向投资决策委员会汇报并作出相应调整。

3.3.6 组合投资经理负责根据投资决策委员会决议，确定组合资产配置方案，在其权限范围内确定各行业投资比例，并将各个行业的配置规模通知行业投资经理，根据行业投资经理的建议，确定行业内具体证券的配置。

3.3.7 行业投资经理负责依据组合投资经理的行业配置计划，在深入研究的基础上，对本行业内的证券投资组合构建以及调整提出具体建议。

3.3.8 集中交易室独立于专户投资经理和组合投资经理，直接对分管投资的副总经理负责。集中交易室对于组合投资经理发出的不符合有关法律法规及公司投资管理制度规定的交易指令，有权暂停执行，并立即向分管副总经理报告。

3.3.9 金融工程部利用数量化分析工具对投资风险状况从多个层面进行评估，并从风险管理的角度向投资决策委员会、专户投资经理和组合投资经理提出操作建议；及时对投资业绩进行评估和归因分析，为专户投资经理、组合投资经理和行业投资经理调整配置策略提供数据支持和建议。

3.3.10 公司从事特定资产的投资运作时，委托财产的投资组合应满足法律法规和中国证监会有关规定；参与股票发行申购时，单个投资组合申报的金额不得超过该投资组合的总资产，单个投资组合所申报的股票数量不得超过拟发行股票公司本次发行股票的总量。

3.3.11 公司应公平对待所管理的不同资产，针对特定客户资产管理业务建立有效的异常交易日常监控制度，对不同投资组合之间发生的同向交易和反向交易（包括交易时间、交易价格、交易数量、交易理由等）进行监控，并定期向中国证监会报告。

3.3.12 特定客户资产投资管理的具体工作按照公司"特定客户资产管理业务投资管理制度""公平交易制度""异常交易和报告制度"以及公司其他相关制度执行。

3.4 估值与核算系统

3.4.1 特定客户资产管理业务估值与核算，严格遵守和执行国家法律法规的有关规定，根据特定客户资产管理合同和公司制度规定，对委托财产所发生的各种事项进行独立、全面、及时、真实的核算与估值，维护特定客户的合法权益，确保特定客户委托财产的安全和完整。

3.4.2 基金核算室负责特定客户资产的估值与核算，并主要承担以下职责。

（1）实施会计监督，严格遵守和执行国家有关规定，执行特定资产管理合同，维护特定资产委托人合法权益。

（2）根据资产管理合同以及特定客户资产管理部书面投资指令办理资金划转。

（3）组织特定资产业务的核算与估值，对特定财产发生的所有业务进行独立、全面、及时、真实的核算与估值。

（4）与资产托管人进行账务核对。

（5）数据备份及档案的存档与保管。

（6）向有权限的部门和人员提供数据和报表等资料。

（7）根据证监会有关规定制作并报备有关财务报告。

3.4.3 对特定客户委托的财产应开设专门的证券账户和资金账户，以办理相关业务的登记、结算事宜。特定客户账户与公司自有账户、公司管理的公募基金账户、企业年金基金账户、其他特定客户资产委托管理的账户等均保持严格分离。

3.4.4 每个特定客户委托的财产均为独立核算单元，并单独建账，独立核算。不同特定委托财产之间在名册登记、账户设置、资金划拨、账簿记录等方面相互独立。

3.4.5 对委托财产所发生的各种事项进行会计确认、计量和报告，以权责发生制为基础，并遵循实质重于形式原则、重要性原则、谨慎性原则和及时性原则，确保对外提供的财务会计报告信息真实、可靠、完整、相关、明晰及可比。

3.4.6 资产管理人按照国家有关规定或行业约定，采取合理的估值方法和科学的估值程序，客观、准确、公允地反映特定客户委托财产所投资的有价证券相关的金融资产和金融负债的价值。

3.4.7 如有充足理由表明资产管理人采用的估值原则仍不能客观反映相关投资品种的公允价值，资产管理人应根据具体情况与资产委托人进行商定，并征求资产托管人意见，按最能恰当反映公允价值的价格估值。

3.4.8 相关法律法规以及监管部门有强制规定的，从其规定。如有新增事项，按国家最新规定估值。

3.4.9 由于数据传输差错、数据计算差错、系统故障差错、下达指令差错等会导致特定客户财产核算与估值出现差错，应及时计算差错对委托财产的影响程度，并出具差错分析报告；同时应向公司领导、监察稽核部和有关部门汇报，并采取有效的解决方案与措施。

3.4.10 特定客户资产管理业务估值与核算应遵循《企业会计制度》《证券投资基金会计核算业务指引》等相关法律法规以及公司相关制度的规定。

3.5 内部风险控制体系

3.5.1 为防范和降低特定客户资产管理中的潜在风险，尤其是利益输送风险，切实保障特定客户资产委托人的合法权益，公司应建立行之有效的风险控制机制和制度。

3.5.2 特定客户资产管理风险控制应当遵循的原则。

（1）合法性原则：公司应在合法合规的前提下签署资产管理合同，忠实履行合同义务，特定资产管理运作应与合同和委托人的收益目标和风险承受度相一致，充分依据合同规定构建投资组合。

（2）健全性原则：风险控制必须覆盖特定客户资产管理的决策、执行、监督、反馈等各个环节和各级人员。

（3）独立性原则：公司设风险控制委员会、督察长和监察稽核部，各风险控制机构和人员具有高度的独立性和权威性，负责对公司各部门风险控制工作进行监察和稽核。

（4）防火墙原则：公司单独设立特定客户资产管理部；公司自有资产与公募基金、特定客户资产等各类不同资产的运作严格分离，分别独立运作。

（5）公平原则：公司在特定客户资产管理风险控制过程中，应通过完善相关制度、流程，在公平的基础上充分利用公司既有的研究平台、技术系统和行政资源，同时防范利益输送行为，保证公平对待各类委托人。

3.5.3 公司特定客户资产管理风险控制的重点是防范公司管理的公募基金与特定客户资产之间、不同的特定客户资产之间以及特定客户资产与特定客户资产之外的第三人之间进行利益输送，保证公平对待公司管理的各资产，并防范资产管理合同风险。

3.5.4 公司特定客户资产管理业务风险控制组织架构按照风险控制制度相关规定设置，并在风险控制方面实行自上而下和自下而上相结合的内控流程。

自上而下，即通过风险控制委员会和投资决策委员会、督察长、监察稽核部、各业务部门及每个业务环节和岗位对风险工作理念和要求进行传达和执行的过程。

自下而上，指通过每个业务岗位及各业务部门逐级对各种风险隐患、问题进行监控，并及时向上报告、反馈风险信息，实施风险控制的过程。

3.5.5 公司实行严格的岗位分离机制、独立的账户管理、全面的专职人员行为规范、严格的信息保密机制、独立的监察稽核体系以及独立的风险准备金制度，从基本面防范各类风险，保障特定客户资产管理业务的规范运作。

3.5.6 公司对特定客户资产管理业务实行事前防范、事中监控和事后控制的动态风险控制机制。

3.5.7 在业务承接与营销阶段，公司应加强对资产管理合同的管理，包括对合同内容的管理和对合同签订流程的管理。

3.5.8 公司通过投资决策委员会、基金经理、研究人员、风险管理人员四位一体的投资决策流程，基于多账户统一管理的程序化公平交易系统、动态的风险组合管理以及严格的监察稽核体系，对投资过程进行严密监控。

3.5.9 公司金融工程部对不同专户、不同组合定期或不定期进行绩效评价和差异分析，如果收益率出现显著差异，应及时向投资决策委员会汇报，并要求相关责任人作出处理。如出现重大危机，公司将按照"特定客户资产管理业务微机处理制度"，采取相应措施进行处理。

3.5.10 公司从事特定资产管理业务，不得有以下行为。

（1）利用所管理的其他资产为特定的资产委托人谋取不正当利益，进行利益输送。

（2）利用所管理的特定客户资产为该委托人之外的任何第三方谋取不正当利益，进行利益输送。

（3）采用任何方式向资产委托人返还管理费。

（4）违规向客户承诺收益或承担损失。

（5）将其固有财产或者他人财产混同于委托财产从事证券投资。

（6）违反资产管理合同的约定，超越权限管理、从事证券投资。

（7）通过报刊、电视、广播、互联网（基金管理公司网站除外）和其他公共媒体公开推介具体的特定资产管理业务方案。

（8）索取或收受特定资产管理业务报酬之外的不当利益。

（9）从事内幕交易、操纵证券交易价格及其他不正当的证券交易活动。

（10）法律法规和中国证监会禁止的其他行为。

3.5.11 公司应当分析所管理的证券投资基金和委托财产投资组合的业绩表现。在一个委托投资期间内，若投资目标和投资策略类似的证券投资基金和委托财产投资组合之间的业绩表现有明显差距，则应出具书面分析报告，由投资经理、督察长、总经理分别签署后报中国证监会备案。

3.5.12 公司应当在每季度结束之日起15个工作日内，完成特定资产管理业务季度报告，并报中国证监会备案。特定资产管理业务季度报告应当就公平交易制度执行情况和特定资产管理业务与证券投资基金之间的业绩比较、异常交易行为作出专项说明，并由投资经理、督察长、总经理分别签署。

3.5.13 公司在特定客户资产管理业务中的风险控制具体工作按照公司"内部控制大纲""监察稽核制度""风险控制制度""监察稽核部管理制度""特定资产管理风险控制制度"和"特定资产管理监察稽核制度"执行。

3.6 客户关系管理系统

3.6.1 公司通过客户关系管理系统（CRM）平台对客户信息数据进行记录、分类、管理、分析，以保障客户关系管理过程中收集到的各项客户信息能及时、准确地进行传递与共享，保障为特定客户提供及时性、针对性、个性化的服务。

3.6.2 客户关系管理系统相关工作应遵循及时、准确原则，确保客户基本信息、个性化需求等各种信息的记录及传递及时、准确。

3.6.3 各营销中心的区域经理应将营销活动中挖掘到的潜力客户的基本信息输入CRM系统，建立初步的特定客户资料档案库。

3.6.4 理财顾问应努力完善每一位客户的信息，将了解到的特定客户详细信息及各类个性化需求输入CRM系统，完善特定客户资料档案库，保证客户资料收集及保管的完整性，并实时更新CRM系统中客户需求等信息。

3.6.5 专户投资经理应通过CRM系统全面掌握其负责管理的特定客户的最新信息及动向，并进行客观的分析，保证向其及时提供满足投资需求的个性化服务。

3.6.6 客户服务中心通过CRM系统将大量客户的各项信息数据进行有逻辑、有条理的分类，以方便对相同特征的客户进行模式化管理；对客户信息数据进行分析，并保证严谨、客观，避免由于主观因素而导致分析结果出现偏差；根据CRM系统中客户的个性化信息，提供与之相适应的个性化服务，并在分类管理的基础上进行模式化服务，提高服务效率和质量。

3.6.7 电子商务小组应根据CRM系统中的客户信息，为特定客户开设专门账户，使其可方便、快捷、安全地登录账户，了解自己的投资组合、绩效评估、风险预算等情况，以及其他各类报告。

3.7 技术系统

3.7.1 公司与特定客户资产管理业务密切相关的信息技术系统包括客户关系管理（CRM）系统、研究管理及投资决策系统、投资及交易管理系统、风险控制及预警系统、基金清算估值系统、绩效评估系统。

3.7.2 公司以保障特定客户资产管理业务高效、安全运行为基本原则，通过加强内部日常管理，控制信息技术风险；同时根据中国证监会的要求和特定客户资产管理业务需要，保证特定客户资产管理业务系统与公募基金管理系统之间的独立性。

3.7.3 信息技术系统管理应遵循以下基本原则。

（1）安全性原则。树立技术风险的防范意识，把安全措施落实到信息技术管理的每个环节、每个方面，在信息系统设计、开发、运行、维护的各环节和硬件、软件、网络通信、数据、管理的各方面，贯彻安全性原则。

（2）实用性原则。加强信息技术管理，注重采用成熟的先进技术，在确保信息系统性能和安全的前提下，遵循高效益、低成本、易操作的原则。

（3）系统化原则。将公司信息技术管理有关的资源和活动以系统的观点进行管理，理解和识别管理过程中的相互关系和作用，明确每个管理过程的职责和权限。

3.7.4 信息技术负责人负责制订信息技术工作规划、技术发展规划；制定IT系统的建设和发展规划，跟踪系统需求的收集、整理、更新；组织并完成系统开发、测试和部署；完成外包开发商技术接口规范的制定和实施。

3.7.5 系统管理员应协助信息技术负责人跟踪分管系统的建设，制订发展规划，收集、整理并更新系统需求；负责设备选型、系统选型；完成分管设备和软件系统的测试、部署和维护；根据公司相关制度，完成分管系统设备的软件系统关键数据的保密、安全保障、备份、维护和恢复。

3.7.6 软件工程师负责跟踪分管系统的建设，制订发展规划，收集、整理或更新系统需求；完成系统开发的需求调研，撰写详细的系统调研报告、系统设计文档、部署方案；完成系统开发、测试和部署；完成外包开发商技术接口规范的制定和实施。

3.7.7 特定客户资产管理业务信息技术管理应遵守《中华人民共和国计算机信息系统安全保护条例》《计算机安全管理条例》《计算机软件保护条例》《计算机站地技术条件》《计算机场地安全要求》《证券经营机构营业部信息系统安全管理手册》等国家有关法律法规，并在公司管理范围内进行规范。

学习笔记

请对本章的学习做一个小结，将你认为的重点事项和不懂事项分别列出来，以便于自己进一步学习与提升。

本章重点事项
1.
2.
3.
本章不懂事项
1.
2.
3.
个人心得
1.
2.
3.

参考文献

[1] 徐继金等 . 私募基金管理人设立登记实操指引：跟着站长做好私募 . 北京：中国市场出版社，2019.

[2] 李学峰 . 证券投资基金管理 . 北京：首都经济贸易大学出版社，2023.

[3] 黄士铨 . 从零开始学基金 . 北京：电子工业出版社，2021.

[4] 李震坚 . 手把手教你买基金 . 北京：民主与建设出版社，2022.

[5] 中国证券投资基金业协会 . 证券投资基金 . 北京：高等教育出版社，2017.

[6] 张崧，王梅，罗胜男 . 私募基金管理人相关法律意见书撰写要点及实务攻略 . 北京：法律出版社，2021.

[7] 丹尼尔·斯特拉曼 . 对冲基金管理指南 . 北京：中信出版社，2017.

[8] 何孝星，邱杨茜 . 证券投资基金管理学 . 大连：东北财经大学出版社，2018.

[9] 林杰宸 . 基金管理：资产管理的入门宝典现代金融市场系列 . 北京：中国人民大学出版社，2006.

[10] 徐继金 . 私募基金管理人风险管理实操指引 . 北京：中国市场出版社，2019.

[11] 徐继金 . 私募基金管理人内部控制实操指引 . 北京：中国市场出版社，2019.